**정로**로 가라

## **정로**로 가라

지은이 | 김석기, 김경숙
기획 | 남아림, 조앤리
초판 발행 | 2025년 10월 31일
발행처 | 국민일보
등록 | 제1995-000005
주소 | 서울시 영등포구 여의공원로 101
전화 | 02-781-9870
홈페이지 | www.kmib.co.kr

값 18,000원

ISBN  978-89-7154-376-4

광야와 감옥을 지나 꽃피운 복음의 길,
한 목회자와 가족의 신앙으로 이어진
오네시모 선교회의 여정

# 정로로 가라

국민일보

이것이 정로니 너희는 이리로 행하라
이사야 30:21

하나님께서 걸어가게 하신 길,
눈물과 은혜로 기록하다.

| 차 례 |

추천사 _10
프롤로그 • 김경숙 사모, 눈물로 피워낸 믿음의 고백
　　　　 무엇을 하여 드리기를 원하십니까? _17

# 1부 | 부르심과 광야의 길

01　미국 광야 생활의 시작　　　　　　　　_37
02　광야의 배움　　　　　　　　　　　　　_42
03　주말 새벽에 들려온 부르심　　　　　　_58
04　도마뱀 이야기 – Chuckawalla Valley State Prison　_62
04　Texas Prison 방문기　　　　　　　　　_65
06　일본 스즈끼 형제와의 만남　　　　　　_70
07　엘살바도르와 콜롬비아 선교지에서　　 _76
08　우리 아이들과의 신앙 여정　　　　　　_80
09　우리 집 뒷마당의 배움　　　　　　　　_87

# 2부 | 감옥에서 만난 하나님의 사람들

10 여호와 이레, 감옥 사역의 시작 _95

11 에드가 보리스, 추방의 땅에서 피어난 사명 _100

12 우고 안토니오, 은혜가 인도한 순종의 여정 _104

13 수산빌 형제의 회복, 은혜가 이긴 시간 _108

14 샘 할아버지, 은혜의 종착역에서 _114

15 눈물로 남편을 품은 한 아내의 기도 _124

16 20달러의 불행, 은혜의 회복으로 _131

17 한 가정의 비극이 남긴 공의의 교훈 _140

18 법정에서 마주한 인간의 연약함 _147

19 다시 살아나게 하신 부활의 은혜 _153

# 3부 | 오네시모 선교회와 사역의 열매

20  오네시모 선교회의 시작　　　　　_159
21  마지막 기도　　　　　　　　　　_167
22  Normal Life – 가장 소중한 것, 가족　_173
23  효자의 눈물, 고난 속에서 빚어진 믿음의 고백　_175
24  Thrifty Store 사역　　　　　　　_182
25  나는 사형을 주셔도 달게 받겠습니다　_188
26  나는 권사도 아닙니다　　　　　　_195
27  인생을 설명해 주신 하나님　　　　_200
28  순종의 씨앗, 바다 위에 던진 믿음　_208
29  잘되는 사람　　　　　　　　　　_212
30  세상에서 가장 아름다운 인연　　　_216
31  실수 속에서 배우는 은혜　　　　　_221
32  양식을 허락하시는 하나님　　　　_229
33  여호와 이레의 체험 – 사역 길에서 채우신 하나님　_235
34  5번 프리웨이 사역의 길　　　　　_240
35  하나님을 드러내는 봉사자들　　　_254
36  하나님이 기억하시는 헌신　　　　_257
37  광야의 끝에서 정로로 가라　　　　_260

# 4부 | 교정 선교의 확장, 하나님이 예비하신 만남들

38 오네시모 선교회의 사역과 비전 _271
- 사역의 설립 배경(Background)
- 주요 사역 영역(Main Ministry Areas)
- 세부 사역 소개(Detailed Ministries)
- 사역의 성과 및 영향(Fruits & Impact)
- 향후 비전 및 전략(Future Vision & Strategy)

39 PFK곽성훈 대표와 김석기 목사, 하늘이 이어주신 인연 _282

40 PFI(국제교도협회), 세계 교정 선교의 역사와 비전의 길 _292
- 감옥, 복음이 가장 빛나는 자리
- 역사적 배경, 감옥에서 태어난 복음의 씨앗
- 사역의 핵심, 복음, 회복, 화해, 그리고 책임
- 주요 프로그램, 세계 곳곳에서 피어나는 회복의 이야기
- 한국 PFK의 여정과 오네시모 선교회와의 협력
- 비전의 길, 감옥에서 세상으로, 세상에서 천국으로

41 PFK(한국교도협회), 한국 교정 선교의 동행과 새로운 지평 _297
- 설립 배경, 갇힌 자를 위한 복음의 부르심
- 협력과 확장, 오네시모 선교회와의 동행
- 주요 사역, 복음과 회복, 책임과 화해
- 문화사역, 담장을 낮추는 복음의 통로
- Faith-Based Rehabilitation Vision (신앙기반 재활센터)
- 한국 교정선교의 새로운 길

42 PFK 제이원 목사, 예비된 인연 위에 세워진 교정사역의 유업 _303

에필로그 · 삶과 사역의 고백 – 독자에게 보내는 메시지 _317

| 추천사 |

●

이 책은 한 목회자와 가족이 걸어온 광야와 감옥의 여정을 따라가게 합니다. 눈물의 자리마다 주님은 길을 내셨고, 절망의 벽은 복음의 통로로 바뀌었습니다. 『정로로 가라』는 단순한 간증집이 아니라, 오늘도 믿음의 길을 걷는 모든 이들에게 '정로(正路)'의 길이 어디인지 보여주는 살아 있는 증언입니다.

김성찬 목사 미국 연합 감리교회(UMC), 뉴욕 연회 은퇴 목사

●

김석기 목사님과 사모님, 그리고 가족의 여정은 곧 하나님의 신실하심을 증거하는 발자취입니다. 감옥 안팎에서 복음이 어떻게 꽃피울 수 있는지, 한 가정의 믿음이 어떻게 선교회로 확장되는지를 이 책은 보여 줍니다. 오네시모 선교회의 이야기는, 우리 모두에게 맡겨진 사명이 무엇인지를 다시금 일깨워 줍니다.

민병덕 목사 미국 Soledad CTF prison Chaplain

●

저는 김석기 목사님의 삶과 사역을 가까이에서 보며, 그분의 걸음이 결코 쉽지 않았음을 압니다. 그러나 그 광야와 감옥의 길에서 피어난 복음의 열매는 오늘날 수많은 영혼의 생명을 살리고 있습

니다. 『정로로 가라』는 단순히 한 목회자의 자서전이 아니라, 하나님 나라의 증언이자, 후대에게 전해야 할 믿음의 유산입니다.

조해완 목사 미국 HASON 신학교 총장

●

This inspiring work by Reverend Suk Ki Kim shares decades of heartfelt testimony, from his arrival in America with nothing but a suitcase to the launch of his jail and prison ministry in April 1994. Reverend Kim is a modern-day Benaiah, a valiant warrior for Christ, and a modern-day Paul. Like Paul, he ministers to the neglected, the marginalized, the addicts, and the incarcerated. With clarity and compassion, he offers wisdom and practical guidance that speaks directly to the heart.

This book calls readers to grow, strengthens their faith, and fills them with the courage to persevere. I wholeheartedly recommend it to anyone seeking faith, renewal, hope, and transformation.

Derek Yim Executive Director, Onesimus Ministry

●

『정로로 가라』는 김석기 목사님과 김경숙 사모님께서 함께 써 내려간 믿음의 여정이자 사역 보고서입니다. 이 책에는 평탄치 않은 환경 속에서도 흔들림 없이 사명을 감당할 수 있었던 두 분의 투철한 신앙과 헌신이 오롯이 담겨 있습니다.

하나님을 사랑하는 자, 곧 그 뜻대로 부르심을 입은 자들에게는 모든 것이 합력하여 선을 이루느니라 | 롬 8:28

우리가 잠시 받는 환난의 가벼운 것이 지극히 크고 영원한 영광의 중한 것을 우리에게 이루게 함이니 | 고후 4:17

이 두 말씀을 붙잡고, 두 분은 이민자의 땅 미국에서 30여 년간 감옥에 갇힌 자들과 추방된 이민자들에게 복음을 전하며, 오네시모 선교회를 세워 교정 사역의 길을 열어오셨습니다.

이 책은 단순한 회고록이 아니라, '합력하여 선을 이루시는 하나님'을 신뢰하는 한 부부의 믿음의 기록이며, 오늘을 사는 우리 모두에게 깊은 도전과 위로를 전합니다. 저는 같은 목사로서 이 책을 통하여 김석기 목사님과 김경숙 사모님을 깊이 존경하게 되었으며, 이 귀한 책이 많은 이들에게 읽히기를 바라며 진심으로 추천드립니다.

최희범 목사 CTS 기독교 TV 전 상임고문

●

본서는 미국 LA 교도소사역을 통하여 수많은 영혼을 복음으로 이끌어 온 오네시모선교회 김석기 목사님의 신앙 여정과 헌신의 기록입니다. 『정로로 가라』는 단순한 사역의 회고가 아니라, 하나님의 사랑이 어떻게 절망의 자리에서 새 생명을 일으키시는지를 보여주는 살아 있는 간증이라 할 수 있습니다.

김석기 목사님과 사모님께서는 오랜 세월 교정선교의 현장에서 버림받은 이들을 품으시며, 하나님의 무한한 사랑을 삶으로 증거해 오셨습니다. 그 길은 이사야 30장 21절의 말씀처럼, "너희가 오른쪽으로 치우치든지 왼쪽으로 치우치든지 네 뒤에서 말소리가 네 귀에 들려 이르기를 '이것이 바른 길이니 너희는 이리로 가라' 하리라"는 하나님의 음성에 순종하는 믿음의 여정이었습니다.

또한 본서는 마태복음 25장 35-36절의 주님 말씀, "내가 주릴 때에 너희가 먹을 것을 주었고 목마를 때에 마시게 하였고 나그네 되었을 때에 영접하였고 옥에 갇혔을 때에 네가 와서 보았느니라"를 실천으로 증명하신 복음의 현장이기도 합니다. 김 목사님은 교도소라는 닫힌 공간 속에서도 하나님의 자비와 회복의 역사가 여전히 살아 있음을 몸소 보여주셨습니다.

『정로로 가라』는 오늘을 사는 우리 모두에게 '바른 길'이란 무엇인지를 다시금 묻게 합니다. 그것은 완전한 인간의 길이 아니라, 하나님의 은혜와 사랑 안에서 회복과 용서를 이루는 길임을 일깨워 줍니다.

김석기 목사님과 사모님의 헌신은 하나님의 나라를 향한 참된 사명의 본이 되며, 본서는 모든 목회자와 신앙인들에게 큰 도전과 깊은 감동을 줄 귀한 신앙의 유산이라 확신합니다.

이 귀한 책의 출판을 진심으로 축하드리며, 본서를 통해 더 많은 이들이 하나님의 정로 위로 걸어가게 되기를 기원합니다.

유경동 총장 감리교신학대학교

●

나는 살인자가 아니라고 절규하던 청년은 낯선 이국땅에서 결국 수천 마일 떨어진 교도소로 이송되었다. 그리고 매월 2박3일 광야 길을 가로질러 그를 찾아 돌아보는 또 한 사람, 김석기 목사님은 잃어버린 지극히 작은 양 하나를 찾으셨던 예수의 길을 따라가고 계시지요.

김영식 소장 소망교도소

●

김석기 목사님과 김경숙 사모님의 저서『정로로 가라』원고를 읽으면서 나는 깊은 은혜와 감동을 받았습니다. 나 자신도 25년 동안 교정 선교 사역을 해 오지만 목사님의 생생한 교정 선교 사역 이야기를 읽으면서 참으로 대단하신 생각이 들었습니다.

특히 미국이라는 거대한 나라에서 오랜 시간 동안 어느 곳이든 한 영혼을 사랑하며 그 먼 길을 찾아가 하나님의 말씀을 전하고 기도하고 위로해 주는 목사님의 사역의 모습을 보면서 같은 교정선교를 하는 나는 김 목사님의 수고와 열정에 비하면 부족함이 많기만 합니다. 특히 조국을 떠나 미국 이민 사회에서 고생하며 살고있는 교민들이 각종 사고로 수감되어 있을 때 찾아가 기도와 격려로 함께 하시고 출소 후에도 끝까지 관심을 갖고 함께 하시는 목사님은 참으로 하나님이 기뻐하시는 목사님이라고 믿습니다.

산을 넘고 넘고 13시간을 운전하여 25년간을 찾아간 형제가 목사님을 통하여 하나님을 믿고 신앙생활을 하다가 출소하여 한국으로 추방되어 믿음 안에서 살고 있는 이야기를 읽으면서 한 영혼을 사랑하는 주님의 말씀을 생각합니다. 교정 선교는 소망의 인내와 사랑의 수고가 없이는 감당하기 어렵습니다. 그런데 김 목사님은 오랜 시간을 묵묵히 잘 감당하셨습니다.

"갇힌 자를 생각하고 돌보라"고 하셨고 "내가 옥에 갇혔을 때에 나를 돌보았느냐?"라고 갇힌 자를 주님과 동일시하신 성경말씀을 우리는 읽으면서도 대 부분의 교회와 교인들은 교정 선교에 참여도 관심도 갖고 있지 않고 있습니다. 그러다가 교인 중에 구속이 되면 잠시 관심을 갖게 되는 경우가 있습니다. 그러나 교정 선교는 주님의 명령입니다. 어느 특정한 사람들만 하는 선교가 아닙니다.

아무쪼록 이 귀한 책을 통하여 하나님의 역사하심에 은혜와 갇힌 자를 향한 선교에 기도와 관심과 참여가 넘치기를 원합니다.

안현수 목사 현 수지광성교회 담임, 서울구치소 교정위원,<br>전 대한 예수교 장로회 총회 교정 선교부장, 전 신한대학교 이사장

●

김석기 목사님과 김경숙 사모님께서 절망 속 어두운 감옥에서 만나 섬겼던 수감자들을 그 돌아온 고향에서 다시 만나 서로 얼싸 안고 기뻐하는 장면들은 성도들의 천국잔치 기쁨을 미리 맛보는 것 같았습니다.

이 책 "정로를 가라"를 통해, 목사님과 사모님께서 본을 보여주신 천국 여정에 여러분도 손잡고 동행해 보시기 바랍니다.

임금이 대답하여 이르시되 내가 진실로 너희에게 이르노니 너희가 여기 내 형제 중에 지극히 작은 자 하나에게 한 것이 곧 내게 한 것이니라 | 마 25:40

박영목 변호사 국제교도협회 PFK 감사

| 프롤로그 |

## 김경숙 사모, 눈물로 피워낸 믿음의 고백
## 무엇을 하여 드리기를 원하십니까?

나는 서울 종로구 효자동에서 태어났다. 우리 아버님은 6남매 중 막내로, 제일 큰아버지를 제외하고는 아무도 하나님을 믿지 않는 가정이었다.

어릴 적 가끔 안국동에 사시는 큰집에 가면, 안방에 둥그렇게 둘러앉아 가정예배를 드리실 때가 있었다. 그때 나는 할아버지 옆에 앉아, 기도 시간이 되면 작은 두 손을 모으고 그저 눈만 감고 있었던 기억이 난다. 아마 그것이 나의 첫 예배였을 것이다.

중·고등학교 시절, 친구를 따라 2~3년간 교회를 다니다가 대입 준비로 인해 교회를 그만 나가게 되었다. 그 후 결혼을 했는데, 남편의 가정 또한 하나님을 믿지 않는 불교 집안이었다. 남편의 건강 문제와 시어머님의 간곡한 부탁으로 절에 다니기 시작했다. 부처님께 절을 많이 하면 좋다고 하여 하루에 100번씩 절을 하고 집에 돌아오면, 다음 날은 몸살이 나서 앓아누워야 했다. 그렇게 거의 1년을 다녔지만, 내 마음에는 아무런 감동이 없었다. 당시 남편의 건강도 안 좋았는데 나아지지 않았고, 내 안에 어떤 신에 대한 믿음이나 평안함도 전혀 없었다.

그러던 어느 날, 하나님께서 꿈속에서 십자가를 보여주셨다. 그 후 내 마음속에 하나님을 향한 갈망이 싹트기 시작했다. 성경이 읽고 싶어졌고, 시간 가는 줄 모르고 성경을 읽었다. 누군가의 권유가 아니라, 내 마음속에서 일어나는 하나님에 대한 그리움과 열망 때문에 교회를 나가기 시작했다. 그때부터 하나님께서 일하시기 시작하셨다.

성경을 읽는 것은 너무나 재미있고 감동적이었다. 주님의 '십자가의 도'를 공부할 때는 눈물이 범벅이 되었다. 나 때문에, 나의 죄 때문에 돌아가신 주님을 생각하며 눈물이 펑펑 쏟아졌다. 저절로 무릎이 꿇어졌다. 그렇게 나의 신앙생활은 시작되었다.

그 후 하나님은 우리를 미국으로 인도하셨고, 남편을 주의 종으로 부르셨다. 창세기 말씀 속 하나님이 아브라함을 만들어 가신 과정은 곧 우리의 모습이었다. 하나님께서는 아브라함을 갈대아 우르를 떠나게 하셨고, 믿음이 부족하여 아내를 누이라 속이는 실수를 하게 하셨다. 그러나 그러한 연약함 속에서 그의 믿음은 자라났고, 마침내 독자 이삭을 바치기까지 순종과 헌신의 삶을 살게 하셨다. 하나님께서는 우리에게도 그러한 믿음을 요구하셨다. 세상과 하나님 사이에 발을 걸친 신앙을 기뻐하지 않으셨다.

하나님은 세상의 모든 것을 끊게 하셨다. 우리가 좋아하던 세상의 것들―우상, 환경, 화려함, 사치, 교만, 재물―을 내려놓게 하시고, 우리를 가나안 땅으로 불러내셨다. 그 과정에서 막막한 광야 생활을 하게 하셨다. 환경의 어려움과 그로 인해 생기는 마음의 갈등, 하나님에 대한 불신과 떼씀, 외로움, 자존심의 상실… 그러나 그 속에서 인내를 배우게 하셨고, 어려움 가운데서 하나님을 진실로 바라보게 하셨다. 그때마다 조금씩 보여주시는 은혜로, 이전에는 경험하지 못했던 감사와 기쁨의 눈물을 흘리게 하셨다. 나만 생각하던 마음에서 벗어나 주위를 돌아보게 하셨고, 다른 이들의 고통을 이해하며 나누고 싶은 마음을 주셨다.

어느 날 저녁 기도 중에 나는 하나님께 이렇게 기도했다.

"하나님, 제가 주님께 어떻게, 무엇을 하여 드리기를 원하십니까?"

그날 밤 꿈속에서 신명기 6장 4~5절 말씀을 주셨다.

"이스라엘아, 들으라. 우리 하나님 여호와는 오직 하나인 여호와시니 너는 마음을 다하고 성품을 다하고 힘을 다하여 네 하나님 여호와를 사랑하라."

그렇다면 하나님을 사랑하는 것이란 무엇일까? 말씀을 읽는 중에 마태복음 25장 34~40절의 깨달음을 주셨다.

"내가 주릴 때에 너희가 먹을 것을 주었고, 목마를 때에 마시게 하였고, 나그네 되었을 때에 영접하였고, 벗었을 때에 옷을 입혔고, 옥에 갇혔을 때에 와서 보았느니라… 너희가 여기 내 형제 중에 지극히 작은 자 하나에게 한 것이 곧 내게 한 것이니라."

그것이 바로 하나님을 사랑하는 길임을 깨달았다. 그 후 하나님은 남편을 교회 사역이 아닌 감옥 사역으로 부르셨다. 그곳에서 복음을 전하게 하셨고, 그들을 사랑하는 마음을 주셨다. 오랜 거리를 마다하지 않고 찾아가게 하셨으며, 그들의 사연과 아픔이 곧 나의 아픔이 되어 기도하게 하셨다.

지금 나의 가장 큰 기쁨은 그들이 하나님을 믿고 변화되어 가는 모습을 지켜보는 일이다. 하나님을 모르던 이가 성경공부를 하겠다며 교재를 보내달라는 편지를 보냈을 때, 또는 복역을 마치고 하나님의 사람으로 변화되어 우리를 찾아왔을 때, 그때가 가장 보람되고 기쁜 순간이었다. 하물며 하나님께서는 방탕한 자 하나가 하나님께로 돌아올 때 얼마나 기뻐하실까? 그 마음을 조금은 알 것 같다.

그러나 나의 나 된 것은 하나님의 은혜로 된 것이니…
| 고전 15:10

한없이 부족하고 연약한 나를 하나님은 이렇게 빚어 오셨고,

앞으로도 그렇게 하실 것이다. 천국에 가는 날까지.

나의 소원은 단 하나다. 천국에 갔을 때 주님이 나를 기억해 주시고 마음에 두실 수 있다면, 그리고 하나님이 자랑하고 싶은 사람이 될 수 있다면… 그것보다 더 큰 영광은 없을 것이다.

### 신앙생활의 시작

나는 중·고등학교 2학년 때까지 친구를 따라 교회를 다녔다. 교회 청년 성가대에서 활동하기도 했고, 크리스마스이브에는 교회 집사님들의 가정을 찾아다니며 새벽송을 돌곤 했다. 해마다 연초가 되면 새해 특별 새벽기도회에도 빠지지 않고 참석하며 기도에 힘썼다.

그러나 대학 입시 준비로 조금씩 교회를 빠지기 시작했고, 점점 교회와 멀어졌다. 결국 나중에는 아예 나가지 않게 되었다.

그 후 결혼을 했다. 남편의 집안 역시 교회와는 거리가 멀었고, 철저한 불교 가정이었다. 믿음이 없던 친정어머니도 "여자가 시집을 가면 그 가문의 풍습을 따라야 한다"라고 하셨다.

결혼 후 아이 둘을 낳고 평범하게 지내던 중, 남편의 건강에 문제가 생겼다. 남편은 직장에서 업무상 사람을 자주 만나야 했고, 바이어들을 상대하며 늘 술자리에 시달렸다. 어떤 날은 술이 채 깨기도 전에 출근했고, 또 어떤 날은 늦게까지 술에 취해 귀가

하는 일이 반복됐다. 이런 생활이 계속되니 몸이 버틸 리 없었다. 남편은 점점 피곤해하며 힘들어했고, 결국 병원을 찾았다. 예감대로 간에 문제가 있었다. 진단은 간염과 지방간이었다. 의사는 당장 일을 멈추고 쉬어야 한다고 했다.

그러나 남편의 성격상 일을 쉬는 것은 불가능했다. 업무 특성상 휴식이 쉽지 않았고, 결국 진단을 받고도 같은 생활을 이어갔다. 나는 '이러다 큰일 나겠다'는 생각이 들었다. 한양대학교병원 내과 과장이 남편의 주치의였는데, 상의 끝에 한 달에 일주일은 병원에 입원시켜 강제로 쉬게 하는 것이 방법이라는 결론이 나왔다.

남편을 살리기 위해서는 결단이 필요했다. 나는 남편에게 조용히 말했다.

"한 달에 한 번 병원에 입원하겠어요, 아니면 나와 헤어지겠어요?"

마지못해 남편은 병원에 가겠다고 약속했다.

나는 병실에 전화기를 두지 않게 했고, 입원 동안은 회사 생각을 하지 못하도록 했다. 병원에서 주는 약과 식사, 치료 프로그램에만 전념하게 했다. 아이들을 유치원에 보내놓고, 혼자 병실에 있을 남편이 외롭지 않도록 매일 병원을 찾았다. 저녁에는 아이들 때문에 돌아왔지만, 입원 동안은 매일 그렇게 지냈다.

그러던 어느 날 아침, 병원에 갔는데 남편이 병실에 없었다.

찾아보니 공중전화 박스에서 동전을 한 움큼 쥐고 회사에 전화를 걸며 업무 지시를 하고 있었다. 남편이 회사와 연락하지 못하도록 일부러 병실 전화를 치웠는데, 내가 없는 사이에 몰래 전화를 하고 있었던 것이다. 몇 달을 그렇게 보낸 후, 남편은 조금 좋아져 술을 끊겠다고 의사와 약속했고, 입원 치료를 그만두었다.

그 후 나는 간에 좋다는 약을 닥치는 대로 구해 먹였다. 굼벵이, 돌미나리, 개소주, 한약 등을 다려 마호병에 담아 운전기사에게 매일 보내곤 했다. 돌미나리는 경동시장에서만 살 수 있었는데, 그곳에 가면 강원도에서 일주일에 한 번 돌미나리를 캐서 가져오는 할머니가 있었다. 나는 그 할머니에게서 한 자루를 전부 사겠다고 하고, 약속까지 했다. 시세보다 조금 더 얹어드려 넉넉히 드렸다.

돌미나리를 가져와 일주일 치 즙을 내어 남편에게 먹였다. 주스기에 갈면 효능이 떨어진다고 해서 작은 돌절구에 빻아 약수건에 싸서 짜냈다. 몇 달을 그렇게 하다 보니 양손에 굳은살이 잡혔다.

그즈음, 인천에 계신 시어머님이 오셔서 남편을 위해 한 달에 한 번 불공을 드리러 절에 다니라고 하셨다. 매년 1월 초에는 한강에 방생도 하라고 하셨다. 나는 경기도에 있는 절을 정해 한 달에 한 번 불공을 드렸고, 매번 백 번씩 절하며 남편의 건강을 기원했다. 동대문시장에서 거북이를 사서 한강에 풀어주는 방생도 했다.

그렇게 열심히 했는데도 내 마음속에는 믿음이 생기지 않았다. 마음의 평안이 없었고, 불안하기만 했다. '내가 뭔가 잘못 가고 있는 건 아닐까? 내가 교회를 다녔었는데 이렇게 해도 되는 걸까?'라는 의문이 생기기 시작했다.

어느 날 절에 다녀온 후, 마음이 더 혼란스러웠다. 잠들기 전, 마음속으로 이렇게 기도했다.

"하나님이든 부처님이든, 제가 믿어야 할 대상을 정확하게 보여 주십시오. 저는 지금 절에 다니며 불공을 드리고 있지만, 제 마음이 불안합니다. 확신할 수 있는 것을 보여주신다면 더 열심히 믿겠습니다."

그날 밤, 꿈을 꾸었다. 내 손에는 십자가가 들려 있었고, 나는 그 십자가로 마귀를 쫓아내고 있었다. 꿈에서 깨어나자 의문이 들었다. '어제 절에 가서 정성껏 백 번 절을 했는데, 왜 부처님이 아닌 십자가가 나타난 걸까? 나는 지금까지 엉뚱한 일을 한 것이 아닐까?'

그렇다면 시험해 보기로 했다. '어제 꿈에서 마귀를 쫓았다면, 오늘 남편의 건강에 무슨 변화가 있지 않을까?' 남편은 늘 오후만 되면 뒷머리가 아파 일을 못 하고 쉬어야 했다. 출근하는 남편에게 꿈 이야기를 하고 싶었지만, 참고 아무 말도 하지 않았다. 그런데 그날따라 남편이 일찍 귀가해 아이들과 함께 저녁을 먹었다. 아이들은 한 달에 한두 번밖에 볼 수 없는 아빠를 보고 기뻐하며 재잘거렸다.

식사 후, 나는 남편에게 물었다.

"오늘 머리는 어땠어요?"

"그냥 그랬어."

그때서야 꿈 이야기를 꺼냈다. 그러자 남편이 말했다.

"어… 그러고 보니 오늘은 머리가 안 아팠네. 정말 안 아팠어."

나는 말했다.

"어제 절에 다녀와서도 마음이 평안하지 않았는데, 꿈속에서 십자가를 들고 마귀를 쫓았어요. 여보, 나 절에 다니는 게 아니라 교회에 나가야 할 것 같아요."

남편은 반대하지 않았다.

"그래, 당신부터 나가 봐."

그 주일부터 나는 사촌 친정오빠가 담임목사로 섬기는 교회에 나가기 시작했다. 그리고 갑자기 성경이 읽고 싶어졌다. 결혼식 때 지인이 선물로 주었던 성경책이 생각났다. 버리지는 않았지만 어디에 두었는지 몰랐다. 집 천장 위 다락에서 먼지가 잔뜩 쌓인 성경책을 발견했다. 먼지를 닦으니 새 책처럼 깨끗해졌다.

그때부터 성경을 읽기 시작했다. 창세기부터 읽으며, 하나님이 천지를 창조하시고 나를 만드셨다는 사실에 감탄했다. 어린 시절 막연히 '하나님은 내가 원하는 것을 다 주시는 분'이라고만 생각했는데, 이제는 전혀 다른 하나님이 내게 다가오고 있었다.

나는 간절히 말씀을 읽으며, 나의 죄 때문에 십자가에서 죽어주신 주님 앞에 눈물을 흘렸다. 시간 가는 줄 모르고 읽어 내려갔다. 옆에 누워 있는 남편에게도 말씀을 읽어주었고, 남편은 "더 읽어봐"라고 했다.

그렇게 나는 다시 교회를 다니기 시작했다. 몇 달 후, 집에서 가까운 교회로 옮겼고 남편도 함께 다니기 시작했다. 아이들도 주일학교에 다니며 교회 프로그램을 즐겼다. 그러나 마음 한구석에는 시어머님께 죄송한 마음이 있었다. 남편은 "나중에 알게 되시면 그때 이야기하라"고 했지만, 나는 솔직히 말씀드리고 어떻게 하시든 받아들이고 싶었다.

### 시어머님의 개종

남편의 집안은 모두 불교 집안이었다. 작은 시아버님이 경영하시는 부산의 T그룹 공장에서는 매년 가을이 되면 가을 고사를 지냈다. 한 해 동안 사업이 무사히 잘되게 해주신 것에 대한 감사로, 서울에 있는 조계종의 큰스님을 모셔 와 고사를 지내고, 공장의 전 직원들에게 고사떡과 함께 음식을 나누어 먹으며 큰 잔치 아닌 잔치를 열었다.

새해가 되면 시어머님, 작은집 시어머님, 시고모님이 절에 가셔서 한 해 무사함을 기원하는 불공을 드리고, 자식들 한 사람 한 사람에게 부적을 써 오셔서 집집마다 나누어 주셨다. 아들 생일이면 새벽같이 절에 가서 생일 불공을 드리고, 출근 전까지 오셔서 불공 드린 떡을 입에 넣어 주고 가시곤 했다. 이렇게 철저한 불교 가정이 시댁이었다.

그런데 내가 교회를 다니기 시작하고 몇 달이 지난 어느 날, 시어머님이 집에 오셨다. 식사 대접을 정성껏 해 드리고 식사가 끝난 후, 나는 떨리는 마음으로 조심스럽게 말씀을 드렸다.

"어머니, 저 교회 나가기 시작했어요. 요즘 아범도 같이 교회 나가요."

시어머님은 눈이 휘둥그레지며 잠시 말을 잇지 못하셨다. 내 마음은 두근거렸다. 그러다 말씀하셨다.

"얘야, 종교를 바꾸면 집안이 망하고 뒤집힌다던데 그러면 어쩌려고 그랬냐?"

"어머니, 그럴 리 없어요."

그 무렵 회사가 정부로 넘어가고 여러 가지 힘든 상황이 이어지고 있었다.

"지금보다 더 나빠질 게 없어요. 그리고 남편 몸도 좋아질 거예요."

시어머님은 한참 생각하시더니 말씀하셨다.

"그래, 너희가 큰아들이면 절대 안 되지만, 제사를 모실 것도 아니니 반대는 안 하겠다. 그러나 걱정이 된다."

"어머니, 걱정하지 마세요."

나는 안도의 숨을 쉬었다.

그때는 무사히 넘어갔지만, 몇 달 후 시어머님이 아침 일찍 우리 집에 오셨다. 표정이 심상치 않았고, 뭔가 불안한 기색이 역력했다. 남편이 물었다.

"엄마, 왜 그러세요? 하실 말씀 있어요?"

그러자 시어머님이 말했다.

"그래, 내가 네 속옷을 가지러 왔다. 그걸 가지고 굿을 하면 네 몸이 낫는다고 해서 날을 잡아났다."

이제 우리가 교회를 다니기 시작했기에, 이 일을 해서는 안 될 것 같았다. 남편과 나는 어떻게 해야 좋을지 고민하고 있는데, 마침 교회 전도사님에게서 심방 전화가 왔다. 남편이 어머님이 안 계신 곳에서 작은 소리로 전화를 받으며 상황을 설명하자, 전도사님은 단호히 말씀하셨다.

"절대로 속옷을 드리면 안 됩니다."

남편은 잠시 생각하더니 어머님께 말했다.

"엄마, 아들 생각해서 그 많은 돈을 들여 불공을 드리려는 마음은 너무 고맙고 잘 알겠어요. 그런데 지금 우리가 교회를 다니고 있어서, 그건 괜히 돈만 버리고 오히려 우리한테 좋지 않아요. 하지 마세요."

그러자 시어머님은 크게 노하시며 말했다.

"너희한테 돈 달라는 것도 아니고 속옷 하나 달라는데 그걸 못 주냐?"

그렇게 말씀하시고는 아침 식사도 안 하시고 홱 돌아가 버리셨다.

그날부터 어머님은 우리 부부에게 노여움을 품으시고 병이 나셨다. 식사를 전혀 하지 않고 누워만 계셨고, "내가 죽어도 오지도 말고 집에 발걸음도 하지 말라"고 하셨다. 곧 여기저기 시누이들에게서 전화가 오기 시작했다. 어머님이 식사를 전혀 안 하셔서 헛것을 보고 헛소리를 하신다는 것이다. 80이신 어머님이 이러다 돌아가시면 어쩌겠냐며 나를 나무랐다.

나는 두려웠다. 시댁 식구들의 말은 다 참을 수 있었지만, 어머님께 무슨 일이 생기면 어떻게 하나 하는 생각에 마음이 무너졌다. 우리 구역 구역장님께 전화를 걸어 상황을 설명하니, 구역 식구들이 함께 기도하기 시작했고, 교회적으로도 기도가 시작됐다.

그러던 며칠 후, 시아버님이 서울에 볼 일이 있어 오셨다가 우리 집에 들르셨다. 아버님을 뵙자마자 눈물이 쏟아졌다. 내가 시집와서 어머님 말씀대로 절에 다니고 방생도 했지만, 남편의 병이 나아지지 않았다. 그리고 내가 꾼 꿈 이야기를 하며 교회를 나가게 된 이유를 말씀드렸다.

"어머님 사랑 못지않게 저도 남편을 사랑하기 때문에 교회를 나가기 시작했어요."

아버님은 조용히 들으시더니 말했다.

"그런 일이 있었구나. 알았다. 내가 가서 엄마에게 이 이야기를 다 해보마."

이틀 후 주일 예배 중에도 나는 말씀 하나가 귀에 들어오지 않았다. '하나님, 이러다가 어머님 돌아가시면 어떡하죠? 믿는다고 하다 부모님을 잃으면, 그 죄책감을 평생 안고 살아야 할 것 같습니다.' 울며 예배를 드리고 집에 돌아왔다.

그날 저녁, 인천에서 시아버님에게서 전화가 왔다.

"아가, 너희 엄마가 교회 나간단다."

할렐루야! 전화를 끊고 남편과 한참을 울었다.

아버님이 우리의 마음을 전하신 모양이었다. 처음엔 화가 나셨겠지만, 늦게 얻은 막내아들을 향한 사랑과, 평생 믿어온 종교를 버리는 결단까지 얼마나 많은 마음의 싸움이 있으셨을까. 생각할수록 감사하고 감격스러웠다.

나는 그대로 있을 수 없어 구역장님께 전화를 걸어 사정을 이야기했다. 그리고 다음 날 아침, 목사님과 전도사님, 구역 식구들과 함께 인천 시댁으로 향했다. 큰 글씨 성경책 하나를 준비해 갔다.

도착해 안방 문을 열자, 어머님이 누워 계셨고, 그때서야 보내 드린 링거를 맞고 계셨다. 모두 인사를 드린 후, 목사님이 잠시 예배드려도 되겠냐고 묻자 어머님은 고개를 끄덕이셨다. 예전 같으면 상상할 수 없는 일이었다. 우리는 찬양과 함께 예배를 드렸고, 그동안의 일들이 떠올라 눈물이 쏟아졌다. 구역 식구들도 함께 울었다.

그런데 어머님 머리맡에는 성당 성경책과 묵주가 놓여 있었다. 부모님을 모시고 계신 작은 형님이 성당을 다니셨는데, 어머님의 반대로 못 나가다가, 어머님이 교회를 나가겠다고 하시자 자기 성경책을 가져다 드린 모양이었다. 이후로 형님은 어머님을 성당에 모시고 다니셨다.

그 후로 어머님은 건강을 회복하셨고, 집안 식구들이 하나둘 교회를 다니기 시작했다. 지금은 시누이들이 모두 권사가 되어 열심히 신앙생활을 하고 있다.

그러나 어머님의 건강은 점차 약해졌고, 협심증으로 숨쉬기가 힘들어졌다. 나는 '돌아가시기 전에 세례를 받으셔야 할 텐데…'

라는 생각이 들었다. 시아버님과 작은형님께 말씀드려 한 달간 어머님을 우리 집으로 모시기로 했다. 좋아하시는 음식을 해 드리며 돌봤다.

"어머니, 몸이 힘드실 땐 마음속으로라도 하나님께 기도드리세요."

그러자 "어떻게 기도하는지 모르겠다"고 하셔서, 남편이 주기도문을 크게 써서 벽에 붙여드렸다.

"엄마, 이걸 보고 계속 읽으세요. 하나님께 드리는 기도문이에요."

그 후로 어머님은 숨이 차면 주기도문을 읊조리셨다.

나는 시댁에 심방 오셨던 목사님께 연락드려, 어머님 세례를 부탁드렸다. 목사님은 기쁘게 오셔서 세례 예식을 해 주셨고, 어머님은 환하게 웃으셨다. 며칠 후 내 손을 잡으며 말씀하셨다.

"걱정하지 마라. 나는 네가 믿는 하나님을 믿는다."

그 순간 온몸에 전율이 흘렀다. 감사가 눈물이 되어 흘렀다.

지금도 그 말씀을 떠올릴 때면, 나의 믿음과 삶을 돌아보게 된다.

이처럼 나의 신앙 여정은 한 여인의 작은 간증에서 시작되어, 가정의 변화를 지나 마침내 사명의 길로 확장되었다. 하나님은 우리를 광야로 이끄셨고, 감옥의 문 앞에 세우셨으며, 그 길에서 눈물과 기도를 통해 믿음을 빚어 내셨다.

돌아보니, 고난의 자리마다 하나님의 손길이 있었고, 절망의 순간마다 주님의 위로가 함께하였다. 결국 주님은 우리 가족을 정로(正路)의 길 위에 굳게 세우셨고, 그 길 끝에서 오네시모 선교회의 사명을 열매 맺게 하셨다.

"정로로 가라. 이는 선한 길이니 너희 심령이 평강을 얻으리라"고 하신 주님의 음성처럼, 우리의 걸음은 언제나 그 정로 위에 있었음을 이제야 고백한다. 그 길에서 흘린 모든 눈물과 기도가 결국 주님의 영광으로 빛나게 되었음을 감사드린다.

# 1부

여호와 하나님이 가라사대,
사람이 독처하는 것이 좋지 못하니
내가 그를 위하여
돕는 배필을 지으리라
창 2:18

부르심은
광야를 통해 다듬어집니다.
이민의 눈물 속에서도
하나님은
동역자를 붙여주시고,
사명을 향한 길로 이끄십니다.

# 부르심과
## 광야의 길

01 미국 광야 생활의 시작 | 02 광야의 배움 | 03 주말 새벽에 들려온 부르심 | 04 도마뱀 이야기 – Chuckawalla Valley State Prison | 05 Texas Prison 방문기 | 06 일본 스즈끼 형제와의 만남 | 07 엘살바도르와 콜롬비아 선교지에서 | 08 우리 아이들과의 신앙 여정 | 09 우리 집 뒷마당의 배움

# 01
## 미국 광야 생활의 시작

우리는 1977년 11월 13일에 결혼했다.

남편은 자기 사업을 하며 딸(10살)과 아들(8살) 두 자녀를 잘 키우고 있었다. 나름 여유롭고 편안한 생활을 누렸고, 아이들은 공부도 잘해 반장을 맡았으며 걸스카우트(Girl Scouts), 보이스카우트(Boy Scouts) 등 교외 활동에도 성실히 참여했다. 무엇이든 열심히 하는 아이들이었기에 선생님들의 사랑도 많이 받았.

주일이면 아이들과 함께 교회에 나가 예배를 드렸고, 나는 성가대에서 찬양을 드렸다. 남편은 구역장 직분을 맡아 성경공부와 구역예배를 인도하며 열심히 신앙생활을 했다.

그런데 1990년 8월 초, 사업차 미국 출장을 다녀온 남편이 갑자기 신학 공부를 하겠다며 미국으로 가겠다고 선언했다. 9월 초에 새 학기가 시작되니 8월 말까지는 미국으로 가야 한다는 것이었다. 그러면서 "허락하면 가고, 허락하지 않으면 안 가겠다"고 내게 답을 달라고 했다.

순간, 너무 황당하고 기가 막혀 아무 말도 할 수 없었다. 목회자가 된다니, 나는 생각조차 해 본 적이 없었고 마음의 준비는커녕 사전에 한 마디 상의도 없이 갑자기 이런 말을 하다니 믿기 어려웠다.

'안 돼! 못 가!'라는 말이 목까지 올라왔다. 하지만 마음 한구석에서는 '하나님의 일인데 네가 감히 막을 수 있느냐?'라는 소리가 들려왔다. 하나님의 일을 막는 것이 두려웠다. 그러나 정말 하나님이 남편을 주의 종으로 부르신 것인지 확신이 서지 않았다.

새벽 기도에 나가 하나님께 부르짖었지만, 정작 기도는 못 하고 울다가 돌아오기를 며칠이나 반복했다. 시간은 다가왔고, 반대할 수도 없었다. 결국 나는 가라고 허락했다. 남편은 사업체와 필요한 정리를 모두 내게 맡긴 채, 자신이 필요한 것만 챙겨 가방 하나 들고 먼저 떠났다. 나는 두 달 뒤 아이들과 미국으로 건너가게 되었다.

그 당시 시어머님은 협심증으로 많이 편찮으셨다. 숨이 차서 밤에 잠을 잘 이루지 못하셨다. 시어머님은 6남매 중 막내인 남편을 43세에 낳으셔서 유독 사랑과 걱정이 많으셨다. 막내며느리인 나도 무척 아껴주셨다.

신혼 초, 신접살이를 숙대 앞 청파동에서 시작했을 때, 친정어머니가 김장과 된장, 고추장을 담아다 주셨지만, 시부모님도 김장김치며 동치미까지 인천에서 전철과 버스를 갈아타고 날라다 주셨다. 그만큼 사랑과 정성을 쏟아주신 분들이었다.

그런 자식이 신학 공부를 하겠다며 멀리 미국으로 간다고 하니, 시어머님은 아픈 몸으로 언제 다시 볼지도 모르는 상황에 속상해하셨다.

나는 미국으로 가기 전까지라도 밤에 찾아가 어머님을 돌봐드려야겠다고 마음먹었다. 아이들을 학교에 보내놓고는 남편의 회사 일을 정리하고, 집안 살림을 정리했다. 차도 팔아야 했고, 가전제품과 가구들도 모두 처분해야 했다. 아이들이 집에 돌아오면 하나씩 사라진 물건들을 보며 울기도 했다. 그 모습을 보며 나도 남편이 원망스러웠다.

밤이면 아이들과 함께 인천 본가를 찾았다. 시어머님을 둘째 형님이 모시고 계셨는데, 우리가 미국에 간다는 소식에 서운함이 있었는지, 다른 가족들은 나와 보지 않으셨다. 시어머님만 안방에 누워 반갑게 맞아주셨다.

"이 밤에 아이들을 데리고 왜 왔니?" 하시면서도 좋아하셨다. 아이들을 옆에 재우고 어머님과 밤새 이야기를 나누며 약도 챙겨드리고, 몸도 주물러드렸다. 그러다 깜빡 잠이 들었는데, 깨어보니 어머님이 나를 물끄러미 내려다보고 계셨다.

아마 '애들이 가고 나면 언제 또 보려나…' 하는 생각을 하셨을 것이다. 이불을 덮어주시며 "더 자라" 하시던 그 따뜻한 손길이 지금도 기억난다. 그렇게 고부간의 정은 깊어졌다.

새벽이 되어 아이들을 깨워 서울로 돌아와 아침을 먹이고 학교에 보내고, 남은 일들을 처리했다. 그렇게 한 달 넘게 지내다 몸살이 나서 며칠을 앓았다. 집안은 텅 비었고, 결국 아파트를 시세보다 낮은 값에 전세를 놓고, 시부모님과 모든 가족에게 작별 인사를 드린 뒤 아이들과 미국으로 향했다.

우리는 미국 캘리포니아 오렌지카운티(Orange County, California) 플러턴(Fullerton)에서 생활을 시작했다. 그러나 도착한 날부터 광야 생활이 시작되었다. 모든 것이 낯설고, 언어의 장벽은 예상보다 훨씬 높았다.

자신만만하던 아이들도 점점 자신감을 잃어갔다. 딸은 초등학교 4학년, 아들은 3학년에 들어갔는데, 가방을 열어보면 그림만 그려온 날이 많았다. 학교에 가면 선생님이 그림만 그리게 하는 것이었다. 언어가 안 되니 수업에 참여하기 어려웠던 것이다.

어느 날, 두 아이가 동시에 말했다.

"엄마, 공부 좀 열심히 해봤으면 좋겠어요."

한국에서는 학교와 학원을 오가며 바쁘게 공부하던 아이들이었기에, 아무것도 배우지 못하는 시간이 답답했던 것 같다.

몇 달이 지나던 어느 날, 아들이 울상을 하고 돌아왔다.

"엄마, 나 오늘 싸웠어. 어떤 애를 때려줬어."

이야기를 들어보니, 학교 첫날부터 한 아이가 우리 아들을 '말도 못 하는 바보'라며 놀리고, 발을 걸어 넘어뜨리고, 팔꿈치로 때렸다고 했다. 말을 못 알아들으니 억울함을 설명할 수 없어서 참았던 것이다. 그러나 그날 또 괴롭힘을 당하자, 더는 참지 않고 때렸다고 했다.

그러고는 선생님께 지금까지 있었던 일을 모두 영어로 설명했다고 했다.

"이제는 말할 수 있어요. 그리고 나 태권도 블랙벨트(Black Belt)예요."

미국 오기 전, 국기원에서 태권도 블랙벨트를 땄던 아들은 그 사실도 선생님께 알렸다. 선생님은 아들을 꼭 안아 주시며 미안하다고 하셨고, 가해 학생과 부모를 불러 사과하게 했다. 그리고 전교에 "제임스 킴(James Kim)은 태권도 블랙벨트이니 건드리지 말라"라고 방송까지 하셨다.

그날 이후, 아들은 오히려 학교에서 인기가 높아졌고, 친구들도 많아졌다. ESL(English as a Second Language, 영어 보충 수업) 선생님은 우리 아이들의 사정을 듣고 눈물을 글썽이며 직접 영어를 가르쳐 주셨다.

그 결과, 딸은 초등학교 졸업식에서 졸업생 대표로 연설했고, 아들은 졸업식에서 클린턴 대통령상(Clinton Presidential Award)을 받았다.

## 02
## 광야생활

### 눈물의 시간

미국에 도착한 첫날 저녁, 시차 때문인지, 아니면 새로운 나라에 발을 디뎌서인지 아이들은 좀처럼 잠을 자려 하지 않았다. 이 방 저 방을 뛰어다니며 들떠 있었고, 나 또한 온갖 생각이 머릿속을 맴돌아 도무지 잠을 이룰 수 없었다. 그렇게 모두가 밤을 꼬박 새우고, 아침 6시쯤이 되었을 때 남편이 말했다.

"다들 잠을 못 잤으니, 공원에라도 나가자."

집 근처에는 꽤 넓은 공원이 있었다. 아침 공기는 유난히 맑고 싱그러웠다. 공원길을 걷는데, 스쳐 지나가는 사람들이 환하게 웃으며 "굿모닝!" 하고 인사를 건넸다. 모르는 사람에게 이렇게 다정하게 말을 건네는 모습이 한국과는 너무 달랐지만, 이상하게 기분이 좋았다.

남편이 아이들과 함께 벤치에 앉았다.

"미국 생활의 첫 시작이니, 하나님께 기도하자."

남편이 기도를 시작하는 순간, 가슴이 쿵 내려앉았다. 그동안 들어보지 못했던 깊고 간절한 기도였다. 하나님을 향한 애절한 호소가 느껴졌고, 내 마음에 강한 울림이 전해졌다.

'아… 하나님이 이 사람을 부르셨구나!'

사실 나는 이곳까지 쫓아오면서도 남편에 대한 믿음의 확신이 없었다. 너무 갑작스러운 결정이었고, 혹시 잠깐의 감정 변화로 이런 선택을 한 것은 아닌지, 하다못해 '잘못된 판단이었다'라고 포기하지는 않을까 하는 생각도 있었다. 식구들도 모두 이해하지 못했고, 심지어 "미쳤다"라는 말까지 했다. 그런데 떨어져 있는 동안 남편은 완전히 달라져 있었다.

미국 생활이 시작되면서 나는 매일 낯설고 다른 삶에 부딪혔다. 남편은 아침이면 아이들과 함께 각자 학교로 가고, 돌아오면 방으로 들어가 밤늦게까지 공부에만 몰두했다. 나이 마흔에 전혀 다른 분야를 공부하려니, 밤을 새워도 시간이 모자랄 터였다.

이해는 하면서도, 나는 이런 상황이 쉽게 적응되지 않았다. 남편과 아이들이 모두 학교로 가면 집에는 나 혼자 남았다. 길도 몰라 나갈 수 없고, 대화할 사람도 없는 고립된 생활. 마치 감옥에 갇힌 듯한 기분이었다. 성경을 읽다 울고, 찬양을 부르다 울고, 기도하며 또 울었다.

결국 하나님께 떼쓰듯 고백했다.

"하나님, 저 아이들 데리고 한국으로 돌아갈래요. 여기서는 이렇게 못 살겠어요. 목회자의 아내라는 건 생각해 본 적도 없고,

감당할 자신도 없습니다. 저는 못 해요. 남편 혼자 공부하게 하고, 저는 돌아가겠습니다."

그렇게 울고불고 하나님 앞에 마음을 쏟아놓은 뒤에도, 오후가 되어 아이들이 집에 돌아오면 아무 일 없었다는 듯 웃으며 맞아야 했다. 나의 유일한 외출은 주말에 가족과 장을 보러 가는 일과 주일 예배가 전부였다.

가끔 교회 담임목사님이 전화를 주셨다.

"집사님, 주일에 예배만 드리고 그냥 가지 마시고, 성가대도 좀 하세요."

"목사님, 당분간은 그냥 놔두세요. 하나님과 해결해야 할 문제가 있습니다. 그게 해결되면 시키지 않아도 열심히 할 겁니다."

그렇게 하나님과 씨름하며 시간을 보냈다. 그러던 어느 날, 성경 빌립보서를 읽는 중이었다.

"내게 능력 주시는 자 안에서 내가 모든 것을 할 수 있느니라."
| 빌 4:13

수없이 읽었던 말씀이었지만, 그날은 달랐다. 말씀 한 구절이 가슴 깊숙이 파고들며 깨달음을 주셨다.

'그래… 지금까지 나는 자신 없다고, 못 한다고만 했구나. 하지만 하나님이 능력을 주신다고 하지 않으셨나. 내가 하는 것이 아니라 하나님이 하시는 거구나.'

갑자기 속에서 무언가 솟구쳤다. 담대함이 생기고, 기쁨이 밀려왔다. 성령께서 역사하심이 분명히 느껴졌다. 나는 그 자리에서 엎드려 오열하며 고백했다.

"하나님, 죄송합니다. 용서해 주세요. 저는 모든 것을 제 힘으로 하려 했습니다. 하나님이 하시면 됩니다. 저는 못 하지만, 하나님이 능력을 주시면 할 수 있습니다."

그 순간, 8개월간의 답답한 씨름이 끝났다. 마치 깊은 잠에서 깨어난 듯 마음이 환해졌다. 이제 내가 해야 할 일은 분명했다. '돕는 배필'로서 남편이 신학 공부를 잘 마치고 신실한 종이 되도록 돕는 것. 그러려면 남편이 공부에만 집중할 수 있도록 내가 생활전선에 나서야 했다. 문제는, 한국에서도 직장 생활을 해 본 적이 없고 돈을 벌어본 적도 없었다는 것. 게다가 여기는 미국, 언어조차 통하지 않는 나라였다.

그래도 하나님이 능력을 주신다고 하셨으니 문을 두드려 보기로 했다. 유일하게 아는 사람인, 집을 구할 때 도와준 부동산 에이전트에게 전화를 걸었다. 뜻밖에 샌드위치 가게 파트타임 자리를 소개받았다.

출근 첫날, 당시 한국에서는 등산 갈 때나 신던 운동화를 신고 가게로 향했다. 한국 아주머니가 운영하는 그 가게에는 종업원 여섯 명이 있었고, 점심 장사만 해서 오전 11시부터 오후 3시까지만 영업했다. 아이들 하교 시간과 맞아 좋았다.

하지만 초보인 나는 당근 깎기, 양파 껍질 까기, 화장실 청소, 유리창 닦기 같은 허드렛일만 맡았다. 특히 밖에서 유리창을 닦을 때는 얼굴이 화끈거렸다. '아는 사람 없으니까…' 하며 이를 악

물고 했다.

점심시간이 되자 손님들이 줄을 서기 시작했다. 번호를 불러야 했는데, 부끄러움에 목소리가 나오지 않았다. 옆의 아주머니가 대신 불러주었다.

나흘째 되는 날, 주급 봉투를 받았다. 그 순간 눈물이 터져 나왔다. 고맙다는 말도 못 하고 화장실로 들어가 한참을 울었다. 차를 몰고 집으로 돌아오면서도 눈물이 멈추지 않았다. 그대로 갈 수 없어 도넛 가게에 들러 커피를 한잔 사놓고 뒷자리에 앉아 한참을 더 울었다.

집 근처에 다다르자, 현관 앞에 남편과 아이들이 고개를 숙이고 나란히 앉아 있는 모습이 보였다. 내가 올 시간이 한참 지났는데 오지 않자, 가게에 전화를 해봤더니 이미 떠난 지 오래라고 했고, 혹시 사고라도 났을까 봐 그렇게 기다린 것이다. 아이들은 나를 보자 달려오며 "엄마, 어디 갔었어?" 하고 물었다.

그날 밤, 남편이 말했다.

"여보, 힘들면 나가지 마. 우리 아직 당신이 일 안 해도 돼."

"그래, 나 안 나갈래. 힘든 게 아니라… 자존심이 상해서 못 하겠어."

월요일, 출근하지 않았다. 하지만 마음은 더 무거웠다. 다른 사람들도 다 이민 와서 잘 견디는데, 나는 왜 이렇게 약한가. 하나님이 용기를 주셨는데, 자존심이라는 벽은 여전히 무너뜨리지 못했다.

그때 가게 주인아주머니가 전화를 주셨다.

"Mrs. Kim, 오늘 왜 안 나왔어요? 그 심정 알아요. 누구나 처음엔 그래요. 내일부터 다시 나와요."

그 말에 위로를 받았다. '그래, 여기서 주저앉으면 아무것도 못한다. 우리는 먹고 사는 것 이상의 사명이 있는 사람들이다. 자존심 때문에 사명을 놓칠 수는 없다.'

그날 밤, 가게 메뉴 20개를 모두 외웠다. 아들에게 "엄마 테스트해 봐" 하며 번호를 부르게 했고, 완벽하게 답했다. 다음 날 출근해 당당히 말했다.

"저 오늘부터 샌드위치 쌀게요."

그날부터는 유리창 닦는 일을 내려놓고 샌드위치를 만들기 시작했다.

3개월 후, 자신감이 붙었다. 마침, 깨끗하고 예쁜 가게 매물이 나와 현금 10만 달러(USD)를 주고 인수했다. 그러나 3개월 뒤, 단골이던 큰 회사가 다른 곳으로 이전하면서 매출이 급감했다. 결국 임대료(Rent)를 내지 못해 가게를 빼앗기고, 집마저 은행에 넘어갔다.

신용점수(Credit)가 망가져 집을 구할 수 없게 되자, 남편과 나는 무릎 꿇고 기도했다.

"하나님, 오늘 집을 못 구하면 아이들과 함께 길거리로 나가야 합니다. 하나님, 그걸 원하시나요?"

그날, 기적처럼 한국인 매니저가 있는 아파트에서 방 세 칸짜리를 구했다. 두 달 치 렌트를 먼저 내기로 하고 겨우 이사했다. 미국에서는 남녀 아이가 함께 방을 쓰지 못해 어쩔 수 없이 세 개의 방이 필요했다.

그렇게 하나님은 우리를 서서히 낮추기 시작하셨다. 그리고 그때부터, 진짜 광야 생활이 시작됐다.

### 밤 청소의 눈물

남편이 신학교 3년 과정을 잘 마치고 목사고시에 합격해, 마침내 목사 안수를 받았다. 다니던 교회 사역을 마무리하고, 우리 집 거실에서 개척교회를 시작했다. 개척교회 성도는 우리 네 식구뿐이었다. 딸아이는 피아노 반주를 맡았고, 아들은 총무라며 청소를 도맡았다. 남편은 일주일 내내 설교를 준비해 강단에 섰다. 그렇게 우리의 첫 교회 사역이 시작됐다.

1년쯤 온 가족이 함께 예배드리던 어느 날, 한 집사님 부부가 교회에 나오기 시작했다. 그 부부의 합류로, 우리는 미국교회에 조그마한 교실 하나를 빌려 '갈릴리 장로교회'라는 간판을 달고 공식적으로 예배를 드리게 되었다.

그 무렵, 우리 샌드위치 가게와 집이 모두 넘어가는 일이 있었다. 아무 일도 하지 못하는 상황을 보시고, 그 부부 중 남자 집사님이 물었다.

"목사님, 앞으로 생활은 어떻게 하시렵니까?"

"글쎄요… 저도 잘 모르겠습니다."

"그럼, 밤 청소라도 해 보시렵니까?"

그제야 우리는 그 부부가 청소업체를 운영하고 있다는 사실을 알게 되었다. 집사님은 직접 우리를 맡은 건물로 데리고 가서 청소 장비를 하나하나 챙겨 주시고, 사용하는 방법을 자세히 가르쳐 주셨다. 그 건물 청소를 우리가 맡게 되었고, 그때부터 우리의 밤 청소가 시작됐다.

남편은 바닥을 진공청소기(Vacuum)로 청소했고, 나는 책상 먼지를 털고 휴지통을 비우고 화장실을 청소했다. '믿음의 근육'이 조금씩 자라 있었는지, 그래도 일할 수 있음에 감사가 나왔다. 아이들이 학교에서 돌아오면 저녁을 먹이고 공부하게 한 뒤, 우리는 청소도구를 챙겨 밤길을 나섰다.

가장 가기 싫을 때는 한겨울 저녁이었다. 다른 사람들은 퇴근 후 따뜻한 집에서 가족과 함께 시간을 보내는데, 우리는 아이들과 함께 있지도 못한 채, 얼굴에 매서운 찬바람을 맞으며 일하러 나가야 했다. 그때가 참 힘들었다.

낮에는 전도하러 다니고, 저녁에는 밤 청소를 하며, 주일이면 새벽부터 예배 후의 점심을 준비했다. 예배가 끝나면 집에서 미리 만든 점심을 교인들과 나누어 먹었다. 그러던 중 유학생 네 명이 교회에 출석하기 시작했다. 그들은 점심을 먹으러 오는 듯했지만, 그 모습조차 귀여웠다. 졸린 눈으로 듣는 설교라도, 한 구절은 마음 밭에 떨어져 언젠가 열매 맺으리라 믿었다.

교인들이 조금씩 늘어나 전도사님도 오고, 수련회도 가고, 아이들은 서로 친해졌다. 비록 숫자는 적었지만, 사역은 즐겁고 기뻤다. 주일 예배가 끝나고 집에서 쉬고 있으면, 유학생들이 우르르 몰려와 "사모님, 떡볶이 먹고 싶어요! 해주세요!" 하며 들이닥칠 때도 있었다. 귀찮을 법도 한데, 전혀 미울 수가 없었다.

그러던 중, 청소업체를 하시던 집사님 부부가 사정상 교회를 나오지 못하게 되었다. 걱정이 앞섰다. 교회의 유일한 집사님 부부였고, 우리의 의지처였는데… 이달부터 교회 임대료(Rent)는 어떻게 내야 할까. 당시 그분들이 내던 한 달 십일조가 150달러였고, 임대료 역시 정확히 150달러였다. 우리 형편에서는 그것도 큰돈이었다.

남편은 교회 앞 나무 아래 앉아 낙심한 마음을 안고 기도하고 있었다. 마치 로뎀나무 아래 엘리야가 천사를 만났던 장면처럼 하나님께 답을 구하고 있었다. 그때 멀리서 누군가를 찾는 듯 두리번거리며 뛰어오는 여인의 모습이 보였다. 가까이 다가온 그분은 우리가 이전에 다니던 교회의 성가대 지휘자 집사님이었다.

"목사님!" 하며 달려온 집사님은 반가움에 얼굴이 환해졌다. 초등학교 교사로 일하던 그분은, 그날 아이들을 가르치던 중 갑자기 목사님 생각이 떠올라 점심시간에 잠깐이라도 보고 가야겠다고 마음먹었다고 했다.

"목사님이 개척교회를 시작하면 꼭 도와드려야지 했는데, 사정상 그렇게 못 해서 늘 죄송했어요. 오늘은 그냥 못 참겠더라고요. 잠깐 들렀다 가야 할 것 같아서…"

그렇게 말하며 봉투 하나를 건네고는, 다시 수업이 있어 서둘러 돌아갔다. 갑작스러운 일이라 멍하니 그 뒷모습만 바라보다가, 문득 손에 들린 봉투를 열어 보니 그 안에는 150달러 수표가 들어 있었다.

우리는 그 순간, 임마누엘의 하나님, 살아계신 하나님의 손길을 똑똑히 느꼈다. 돈의 액수가 중요한 것이 아니었다. 모자라지도, 넘치지도 않게 딱 필요한 150달러. 그 정밀한 하나님의 공급하심이 놀랍고 감격스러워 감사가 터져 나왔다. 낙심하던 우리의 어깨가 다시 펴지고, 마음이 새 힘을 얻었다.

감옥 예배 사역을 갈 때면, 채플룸(Chapel Room)에 200~300명의 형제가 모였다. 남편은 설교 중에 가끔 이 150달러의 간증을 들려주었다.

"하나님은 살아 계십니다. 우리가 어떤 상황에 있든, 하나님은 함께하십니다. 비록 잠시 실수로 이곳에 갇혀 있다 할지라도, 주 예수를 믿고 회개하면 결코 정죄함이 없습니다. 우리가 낙심할 때 하나님은 천사를 보내 우리를 일으키십니다."

간증을 하던 어느 날, 시간이 다 되어 형제들이 채플룸을 나가야 했다. 모두가 궁금했는지 나가면서 외쳤다.

"Pastor Kim, How much was in it?"

남편이 크게 대답했다.

"150 dollars!"

그러자 온 채플룸이 "할렐루야!" 함성과 박수로 가득 찼다. 서로 끌어안으며 기뻐했다.

나는 믿는다. 이 이야기가 오늘 이 자리에 있는 어느 형제에게라도, 혹은 낙심 중인 누군가에게 용기를 줄 수 있다면, 그것이야말로 하나님께 드리는 최고의 영광일 것이다.

## 친구 이야기

한국에서 아이들이 유치원에 다닐 때 알게 된 친구가 있었다. 그녀는 입담이 좋고 성격이 활달해서 누구와도 쉽게 어울리는 사람이었다. 아이들 문제로 자주 만나게 되면서 자연스럽게 가까워졌고, 친구처럼 지냈다.

같은 동네에 살다 보니 오가며 서로 집에 들러 차를 마시고, 이런저런 이야기를 나눴다. 그녀는 동네 소식을 꿰뚫고 있었다. "그 집 아빠는 뭘 하고, 그 집 엄마는 어떻게 사는지"까지 술술 말했다. 내가 묻지도 않은 이야기를 들려주면서, 자기 집 사정도 가감 없이 털어놓았다. 나는 본래 사람에게 쉽게 다가가는 성격이 아니었기에, 그런 솔직하고 적극적인 성격이 오히려 신선하게 느껴져 가까워졌다.

가끔 그녀는 남편 월급만으로는 살림이 빠듯하다며 돈을 조금씩 빌려 갔다. 그러고는 곧잘 갚았다. 하지만 시간이 지날수록 빌리는 금액이 점점 커졌다. 울면서 사정을 이야기하면, 차마 거절할 수 없어 또 빌려주었다. 그때 나는 세상 물정도, 돈의 무게도 잘 몰랐다.

그 무렵, 우리 가족이 갑자기 미국으로 가게 되었다. 출국을 앞두고 그동안 빌려준 돈을 갚아 달라고 했더니, 당장 돈이 없으니 매달 조금씩 미국으로 송금하겠다고 했다. 그러나 미국에 와서도 돈은 들어오지 않았고, 전화를 해도 연락이 닿지 않았다.

몇 년이 지나서야 연락이 왔다. 내가 미국에서 힘들게 일하며 산다는 소식을 들었다며, 빌린 돈의 '이자'라면서 한 달에 얼마씩 몇 달간 보내왔다. 그러나 그것도 금세 끊겼고, 다시 연락이 두절됐다. 다른 친구들로부터 전해 들으니, 그녀는 아이들을 미국에 유학 보내고 잘 살고 있다고 했다. 그 말을 들었을 때, 우리는 가게도 집도 다 잃고, 밤 청소를 하며 하루하루 버티던 때였다. 아이들이 먹고 싶다는 햄버거 하나도 쉽게 사줄 수 없던 시절이었다.

얼마 후, 한국의 다른 친구에게서 전화가 왔다.

"너, 돈 받을 수 있게 해줄 테니 한국으로 나오라."

그런데 직접 한국에 나와야만 받을 수 있다는 것이다. 문제는 당장 비행기 값을 마련할 길이 없었다.

나는 잘 아는 여행사에 전화를 걸어 사정을 설명했다. 급히 한국에 나가야 하는데 돌아와서 갚을 테니 비행기표를 외상으로 해달라고 부탁했다. 다행히 나를 잘 아는 분이 흔쾌히 허락해 주셨다. 가슴 깊이 감사가 밀려왔다.

마음속에 기대가 피어났다. 아이들에게도 말했다.

"엄마가 돈을 받으면, 너희들 컴퓨터도 사주고, 나이키(Nike)

운동화도 사줄게."

그 시절, 아이들은 원하는 컴퓨터도, 좋아하는 신발도 없이 늘 싼 것만 신어야 했다. 엄마가 돈을 받으러 간다니 아이들은 기뻐했다.

"엄마 없을 동안 아빠 말씀 잘 듣고 있어야 해."

공항에 나온 아이들은 엄마와 처음 떨어져야 하는 아쉬움보다, 컴퓨터를 갖게 될 기대에 활짝 웃으며 손을 흔들었다. "엄마, 잘 다녀오세요!"

13시간 비행 끝에 전화를 준 친구의 집에 도착했다. 10여 년 만의 만남에 서로 얼싸안고 반가움을 나눴다. 그 친구가 말하길, 내가 돈을 빌려준 그 사람은 나뿐 아니라 여러 사람에게 돈을 빌리고 갚지 않았다고 했다. 큰아들은 뉴욕(New York)으로 유학을 보내고, 작은딸은 비싼 레슨비를 내며 첼로를 배우고 있다고 했다. 잘 살면서도 남의 돈을 빌려 쓰고 갚지 않는다는 것이다.

그래서 피해를 본 친구들이 모여 대책을 세웠고, 나를 부른 이유도 거기에 있었다. 다음 날 서초동에서 만나기로 했다. 약속 장소에 나가니 친구들이 이미 모여 있었다. 그들은 그녀가 힘들어서가 아니라 잘 살면서도 남의 돈을 갚지 않는 데 분노했다.

그런데 그 자리에는 모르는 남자 한 분이 있었다. 경찰서 형사과장이라고 소개받았다. 계획은 이랬다. 그녀를 사기죄로 고소해 구치소에 넣으면, 남편이라도 돈을 마련해 올 것이라는 것. 당시 그녀의 남편은 대기업 이사로 명예퇴직한 상태라 돈이 있다는 것이다.

고소가 성립하려면 금액이 일정 수준 이상이어야 했다. 내가 빌려준 돈이 당시 1억 원 가량으로 가장 많아, 내 서명이 있어야만 가능했다. 미리 준비해 온 고소장에는 다른 친구 다섯 명의 도장이 이미 찍혀 있었고, 나만 남았다.

순간 머리가 하얘졌다.

"친구를… 고소한다고?"

태어나서 남을 고소하는 건 처음 듣는 이야기였다.

"얘들아, 나는 지금 이 상황이 이해가 안 돼. 미리 말이라도 해 줬으면 생각을 해봤을 텐데, 지금은 결정을 못 하겠어. 오늘 저녁 생각해 보고 내일 다시 이야기하자."

경찰 과장에게도 미안하다고 전하고 숙소로 돌아왔다. 머리가 깨질 듯 아팠다. 밤새 하나님께 기도했다.

"하나님, 이 일을 어떻게 해야 하나요? 돈을 받으려면 친구를 감옥에 넣어야 한대요. 제 형편이 얼마나 힘든지 아시잖아요. 정말 돈이 필요해요… 그런데 이렇게라도 받아야 하나요?"

기도 중에 이런 마음이 들려왔다.

"내가 너를 용서했는데, 너는 친구를 감옥에 넣으려 하느냐?"

마태복음 18장의 '일만 달란트 빚진 종'의 비유가 떠올랐다. 하나님께 내 죄를 탕감받고 용서받은 내가, 돈을 위해 친구를 감옥에 넣는다면 그것은 복음을 배반하는 일이었다. 더구나 지금 남편은 목사로서 감옥 사역을 하고 있지 않은가.

미국에 새벽이었지만 남편에게 전화를 걸었다. 그는 이미 깨어 있었다. 내가 상황을 설명하자 잠시 생각하더니, "그렇다면 하지 마. 그냥 깨끗이 잊어버려"라고 말했다. 그 한마디에 마음이 한결 가벼워졌다.

나는 다시 하나님께 기도했다.

"네, 하나님께서 제 죄를 용서해 주셨으니, 저도 그녀를 용서하겠습니다. 하지만 그녀가 다른 이들의 돈을 떼어먹고 살아가는 일은 하나님께서 다루어 주십시오. 이번 기회에 하나님을 만나 회개하게 하시고, 잘못된 버릇을 고치게 해주세요."

다음 날, 친구들에게 말했다.

"애들아, 나 미국에서 정말 어렵게 살아. 밤 청소를 하고, 아이들 컴퓨터도 못 사줘. 그런데도 나는 이 도장을 찍을 수 없어. 미안해."

몇몇은 화를 냈고, 욕을 하는 이도 있었다. 하지만 한 친구가 나를 따라 나와 봉투를 쥐여주며 말했다.

"경숙아, 너 참 잘했다. 나도 교회 다니지만 그렇게 못했다. 네가 자랑스럽다."

그 봉투 안에는 비행기 값이 들어 있었다. 눈물이 났다. 하나님이 하셨구나. 비행기를 타고 돌아오면서 아이들 얼굴이 떠올랐다. 엄마가 돈을 가지고 올 거라 믿고 신나게 공항에 나올 텐데… 어쩌나.

도착하자 아이들이 손을 흔들며 달려왔다. 차 안에서 조심스럽게 말했다.

"민정아, 재승아, 엄마가 돈을 못 받았어. 그 아줌마를 감옥에 넣어야 받을 수 있다더라. 그래서 그냥 왔어. 약속 못 지켜서 미안해."

딸은 말이 없었다. 그런데 아들이 말했다.

"엄마, 잘하셨어요."

그 한마디가 얼마나 고마웠는지 모른다.

"조금만 더 고생하자. 아빠가 열심히 일해서 사줄게" 하자, 아들은 "괜찮아요. 지금 컴퓨터 있으면 오락만 해요"라며 나를 안심시켰다.

나는 속으로 기도했다.

"하나님, 저 아이들이 신실하고 겸손하게 자라 하나님께 영광 올려드리는 아이가 되게 해주세요."

## 03
## 주말 새벽에 들려온 부르심

주말 새벽이 되면, 나는 언제나 남편 김석기 목사와 함께 형제와 자매들을 만나러 가곤 했다. 그것이 이제는 내 일상의 일부가 되어 있었다.

캘리포니아(California) 안에서뿐만 아니라, 때로는 다른 주로 향하는 길도 적지 않았다.

10여 년 전, 4월의 어느 토요일.

아버지가 누구인지도 모른 채, 어머니마저 구치소에 수감된 뒤로 소식이 완전히 끊겨, 이 미국 땅에 자기 외엔 아무도 없는 스물여덟 살의 재소자 존(John)을 만나러 애리조나(Arizona)로 향했었다. 그곳은 집에서 4시간이나 떨어진 먼 곳이었다.

그날도 여느 때처럼 새까만 새벽.

졸린 눈을 비비며 집을 나섰다. 비가 지난 뒤라 하늘은 유난히 푸르고, 길가 들판에는 온갖 꽃이 만개해 있었다. 그 풍경을 보며 다시 한번 하나님이 창조하신 세계의 신비로움에 감탄하지 않을 수 없었다.

존을 만나기까지는 2년이라는 시간이 걸렸다. 여러 가지 문제로 면회가 허락되지 않았기 때문이다. 나중에야 그에게서 사연을 들을 수 있었다. 그에게는 사랑하는 여자친구가 있었지만, 그녀의 부모는 그를 '부모도 없는 아이'라며 모멸감 주는 말을 서슴지 않았다. 결국 관계가 틀어지고, 그 과정에서 벌어진 사건으로 그는 종신형을 선고받았다.

살 희망이 완전히 꺾인 그는 몇 번이나 자살을 시도했고, 그로 인해 2년 동안 병원에서 지내다 이제야 비로소 교도소로 이송된 것이었다. 그래서 우리는 그동안 그를 만나지 못했던 것이다.

처음 만난 존은 키가 크고 준수했으며, 생각보다 명랑했다. 낯선 기색 없이 우리와 편하게 이야기를 나누는 모습이 사랑스럽고 정이 갔다. 면회를 마친 뒤에도 그는 늘 감사 편지를 보내왔다. 그 가운데 한 편지에는 이렇게 적혀 있었다.

"목사님, 사모님이 돌아가시고 난 뒤에 아쉬움이 너무 많았습니다.

더 많은 이야기를 나누고 싶었는데, 치킨 먹느라 시간을 다 써 버린 것 같습니다.

다음에는 그거 사 오지 마세요. 더 이야기할 수 있게요."

그 글을 읽는 순간 마음이 먹먹해졌다. 얼마나 사람이 그리웠으면, 하고 싶은 말이 많이 쌓여 있었으면, 그곳에서 그토록 그리워하던 치킨보다 대화를 더 간절히 원했을까.

지난달, 그를 만나러 갔을 때 우연히 다음 달이 생일이라는 이야기를 들었다.

"그럼, 다음 달에 다시 와서 생일을 축하해 줄게."

내 말에 그는 어린아이처럼 눈을 반짝이며 기뻐했다.

하지만 며칠 후 도착한 그의 편지에는 이렇게 적혀 있었다.

"목사님, 사모님이 다시 오신다니 정말 기뻤지만, 너무 먼 길이고 힘드실 테니 오지 않으셔도 됩니다. 괜찮아요."

늘 명랑하게 농담을 던지던 그였기에 어려 보이기만 했는데, 이 편지에서 묻어나는 사려 깊음과 배려에 가슴이 뭉클했다. 그렇지만 나는 알았다. 그가 '괜찮다'고 해도, 우리가 가면 얼마나 기뻐할지.

그래서 그의 생일 전날, 평소보다 더 일찍 서둘러 길을 나섰다.

"이번에는 치킨도 더 많이 사주고, 이야기 나눌 시간도 더 많이 가져야지."

그 생각에 피곤함도 잊고 운전대를 잡았다.

그러나 도착하자 들려온 말.

"LOCK DOWN."

교도소는 방문자에게 '오늘은 Lock Down'이라고 미리 알려주지 않는다. 그 시각, 그 장소는 전면 출입 금지였다. 이런 경우를 몇 번 겪었지만, 매번 실망과 안타까움은 컸다.

특히 이번에는… 존이 그곳에서 처음으로 맞이할 생일 축하를 기다리고 있었을 텐데. 환하게 웃을 얼굴이 떠올랐다가 곧 실망으로 그늘질 표정이 겹쳐졌다. 그리고 속으로 애써 괜찮다고 스스로 위로할 그의 마음이 읽혀 더 아팠다.

존은 아직 하나님을 영접하지 않았다. 그러나 언젠가는 우리의 이 방문의 의미를 깨닫고, 예수 그리스도의 사랑을 알게 되리라 믿었다. 그날 우리는 말없이 먼 길을 다시 돌아왔다. 두 어깨에 힘이 쭉 빠진 채로. 다시 만날 날을 기약하며.

그 후로도 우리는 꾸준히 편지를 보내고, 필요한 물품과 신앙서적을 부쳤다.

조금씩, 조금씩 복음을 전했다. 이제 그는 마흔이 넘은 중년이 되었고, 교도소 안에서 주일 예배에 참석하며 아침저녁으로 말씀을 읽는다. 그리고 우리를 위해 기도까지 해주는 '기도의 사람'이 되었다.

육신의 아버지는 그를 버렸지만, 이제는 하늘 아버지가 계신다. 세상에선 소망이 없던 그가, 하늘나라의 소망을 품게 되었다. 그렇게 하나님은 일하셨다.

하나님은 그때도, 그리고 지금도 우리 부부의 발걸음을 복음을 향한 복된 발걸음으로 사용하신다. 그래서 우리는 오늘도 간다. 하나님이 "가라" 하시는 그곳으로. 우리의 또 다른 긴 여행은 계속될 것이다.

## 04
## 도마뱀 이야기
Chuckawalla Valley State Prison

올해 들어 가장 더운 날씨인 것 같았다. 로스앤젤레스(Los Angeles)의 기온은 화씨 95~105도. 새벽인데도 전혀 시원함을 느낄 수 없었다.

그런데 오늘 우리가 향하는 곳은 L.A에서 무려 4시간 30분이나 걸리는 애리조나(Arizona) 국경 부근, 'Prison 중에서도 가장 덥다'는 곳이었다.

오늘 처음 만나는 형제. 과연 그는 어떤 사람일까. 차 안에서 에어컨을 켰지만, 시원함이 전혀 느껴지지 않았다. 달릴수록 더위는 심해졌고, 마치 타이어가 녹아내릴 듯한 뜨거운 기온 속에서 나는 남편에게 불평을 쏟아냈다.

"감옥이 한두 곳도 아닌데, 하필 오늘 같은 제일 더운 날에 여길 와야 해요? 조금 시원할 때 와도 되잖아요…"

도착했을 때의 온도는 무려 화씨 130도. 차 문을 여는 순간,

훅하고 밀려드는 뜨거운 바람이 숨을 막았다. 마치 한증막 속에 들어선 듯했다.

주차장에서 건물까지 걸어가면서도 나는 또다시 투덜거렸다. 방문 기록을 작성했더니, 이번에는 "아직 승인(Approve)이 안 돼서 방문이 불가능하다"는 말이 돌아왔다. 허탈했다. 이렇게 고생하며 왔는데 못 들어간다니. 불평이 다시 슬금슬금 올라왔다.

그때, 옆에 있던 한 교도관(Deputy)이 "조금만 기다려 보라"고 했다. 잠시 후 우리를 다시 불러 뒷조사를 확인하더니, "아직 승인 처리는 안 됐지만 특별히 들어가도 좋다"라며 허락해 주었다.

잠시 뒤, 마침내 그 형제를 만났다. 그는 반가운 얼굴로 다가와 깊이 허리를 숙이며 인사했다.

"목사님이 오실 줄은 정말 몰랐습니다. 감사합니다. 이곳에 들어온 지 2년 만에, 목사님이 처음으로 방문해 주시는 첫 번째 방문자이십니다."

그 형제는 해맑은 표정으로 과거의 잘못과 살아온 이야기를 꺼냈다. 한때 교회 청년부에서 찬양 리더로 드럼을 치며 열심히 신앙생활을 했었는데, 잠시의 실수로 이곳에 오게 되었다고 했다. 앞으로 9개월 뒤면 출감 예정이라고 했다.

그는 이곳에서 비로소 진정한 삶이 무엇인지 깨닫게 되었고, 요즘은 자신이 다녔던 교회가 계속 생각났는데, 이렇게 목사님과 사모님이 자신을 만나러 와 주신 것이 너무 신기하고 감사하다고 했다.

"하나님이 그래도 저를 사랑하시는 모양이에요. 나가면 정말 신앙생활 잘하고, 바르게 살겠습니다."

이야기 중, 그 형제가 웃으며 퀴즈를 냈다.

"여기엔 도마뱀이 많은데요, 그 도마뱀들이 꼭 나뭇잎 한 장씩을 물고 다녀요. 왜 그런지 아세요?"

우리는 고개를 저었다. 그러자 형제가 대답했다.

"도마뱀이 기어다니다가 햇볕이 너무 뜨거우면, 나뭇잎을 깔아 발을 식히려고 물고 다니는 거예요."

그 말을 듣고 우리는 한바탕 웃었다.

돌아오는 길에 나는 문득, 오늘 이곳에 하나님이 보내신 이유도 모른 채 날씨가 덥다고 투덜대던 내 모습을 떠올렸다. 마음 한쪽이 하나님께 죄송했고, 남편에게도 미안했다. 아무도 찾아오지 않는 외로운 이 형제를 만나라고 하나님이 보내셨는데, 나는 불평만 하고 있었던 것이다.

다음 날 주일, 교회 식구들에게 이 도마뱀 이야기를 들려주며 또 한 번 웃음을 나눴다. 그러나 그 웃음 속에는 '불평 대신 감사'라는 교훈이 깊이 남아 있었다.

# 05
## Texas Prison 방문기

캘리포니아 롱비치(Long Beach)에 있는 감옥에는, 미국 땅에 가족이나 지인 없이 홀로 수감 생활을 하는 한국 형제와 일본 형제가 있었다. 거리도 가까워서 우리는 한 달에 한 번씩 그곳 채플룸(Chapel Room)에서 예배 사역을 하곤 했다. 10명의 찬양대원과 함께 가서 찬양을 드렸고, 피아노 반주는 당시 대학에 다니던 딸이 맡았다. 패서디나(Pasadena)에서 롱비치 감옥까지 가는 길은 복잡했지만, 딸은 단 한 번도 빠지지 않고 반주를 해 주었다. 나는 늘 고마움과 미안함을 함께 느꼈다.

예배는 언제나 은혜로웠다. 남편 목사님이 설교를 했고, 100여 명의 형제들이 참석했다. 그중 아시아인은 한국 형제 한 명과 일본 형제 '스즈키'뿐이었는데, 둘은 한 번도 빠짐없이 예배에 참석했고, 같은 아시아인이라는 이유 때문인지 아주 친하게 지냈다.

이 감옥의 유일한 한국인, '장 형제'를 처음 만났을 때 나도 모르게 반가움이 밀려왔다. 반가워할 상황이 아님을 알면서도, 한국어로 대화를 나눌 수 있다는 사실이 주는 친근함은 숨길 수 없었다. 그도 나를 보자마자 눈시울을 붉히며 말했다.

"목사님, 감옥에 들어온 뒤 처음으로 한국 사람을 만나고, 처음으로 한국어를 해 봅니다."

예배 중에는 긴 대화를 나눌 수 없었기에, 우리는 개인 면회를 신청했다.

장 형제의 사연은 이러했다.

결혼 후 신혼여행 첫날 저녁, 신부가 호텔 냉장고 안의 물건은 비싸니 아무것도 먹지 말라고 했다. 그 말에 자존심이 상한 그는 냉장고 안 술을 전부 마셔버렸다. 화가 난 신부는 그 길로 호텔을 나와 집으로 돌아갔고, 장 형제는 신부를 찾지 않은 채 친구들을 만나 하소연했다. 친구들은 "처음부터 버릇을 고쳐야 한다"라며 먼저 찾아가지 말라고 부추겼다. 그 자리에 괌(Guam)에 사는 친구가 있었는데, 전화를 걸어와 "속상할 땐 괌에 와서 며칠 쉬다 가라"라며 비행기표를 보내주었다.

괌에 도착했을 때, 친구는 급한 일이 생겨 공항에 나오지 못했고, 대신 다른 사람이 나와 장 형제를 호텔로 데려다주었다. 잠시 쉬고 있는데, 그 사람이 작은 박스를 건네주며 "이걸 어떤 사람에게 전해주고, 지정한 장소로 오라"라고 했다. 그는 별생각 없이 박스를 들고 갔다. 그러나 전달 장소에서 갑자기 경찰들이 몰려와 그를 체포했다.

아무것도 모른 채 수갑이 채워져 괌 감옥에 수감되었다. 재판은 영어로 진행되어 무슨 말인지 알아들을 수도 없었다. 한국의 큰형이 변호사 비용으로 1만 달러를 보내주었으나, 중간에 소개한 사람이 그 돈을 들고 도망쳐 변호사조차 선임하지 못했다. 결국 그는 13년 형을 선고받고, 미국 본토 롱비치 샌패드로 감옥으로 이송되었다. 나중에야 박스 안에 마약이 들어 있었다는 사실을 알게 되었다. 억울함과 분노 속에 눈물로 하루하루를 보내던 그는 '한국 목사님이 인도하는 예배'라는 소식을 듣고 반가운 마음으로 예배에 참석했고, 그곳에서 우리를 만나게 되었다.

장 형제는 일본인 스즈키와 손짓발짓으로 의사소통하며 서로 의지했다. 스즈키는 영어를 조금 할 줄 알아 장 형제를 도와주곤 했다. 스즈키는 원래 일본에서 야쿠자 생활을 하다 마약 거래로 15년 형을 선고받고 수감된 인물이었다. 일본에는 아내와 아들, 딸이 있었다.

어느 날, 스즈키가 남편에게 작은 목소리로 말했다.

"아내에게서 이혼하자는 편지가 왔습니다. 어떻게 해야 할까요?"

남편은 잠시 생각하더니 말했다.

"스즈키, 아내에게 진심을 담아 편지를 써보세요. 이곳에서 변화된 당신의 모습을 그대로 전하고, 용서를 구하며 기다려 달라고 하세요. 우리는 함께 기도하겠습니다."

그 후 우리는 금요일 기도 모임에서 스즈키를 위해 기도했다. 한 달 뒤, 예배 후 스즈키는 환한 얼굴로 다가와 말했다.

"아내가 기다려 주겠다고 했습니다."

모두가 하나님께 감사와 영광을 돌렸다.

그러던 어느 날, 장 형제와 스즈키가 텍사스(Texas) 감옥으로 이감되었다. 이들을 방문하는 사람은 우리 부부뿐이었는데, 그 먼 곳으로 가버린 것이다. 당시 1997년에는 내비게이션이 없어 두꺼운 종이 지도를 보며 찾아야 했다. 비행기를 타고 가려면 7시간, 두 번 환승에 렌터카까지 빌려야 했다. 형편상 우리는 차로 가기로 했다. 벤 뒷좌석을 떼고 침낭을 깔아 차에서 자면, 24시간 운전해 가는 여정이었다.

가는 길의 새벽 공기는 생각보다 추웠다. 히터를 켜고 2시간씩 교대로 운전했다. 어느 구간에서는 안개가 짙어 앞이 보이지 않아 시속 5마일 이상 속도를 낼 수 없었다. 밤새 차에 무언가 부딪히는 소리가 들렸는데, 날이 밝자 도로 위에 산토끼와 작은 짐승들의 사체가 눈에 띄었다.

이틀 만에 도착해 형제들을 만났을 때, 그들은 우리가 올 줄 상상도 못했다며 기뻐했다. 그러나 우리의 초라한 몰골을 보자 눈물이 차올라 무릎을 꿇고 기도했고, 주위 다른 면회객들까지 함께 울며 기도했다. 만남은 고작 네 시간 반이었다.

1년 후에는 비행기로 가기로 했다. 그러나 예약 과정에서 프리즌(Prison) 이름의 's' 한 글자가 빠지는 바람에, 전혀 다른 곳에 도착했다. 빅 스프링(Big Spring)과 빅 스프링스(Big Springs)의 차이였다. 결국 30분 거리를 3시간 운전해 가야 했다. 그래도 형제들을 만나 건강하고 신앙적으로 성장한 모습을 확인할 수 있어 감사했다.

  돌아오는 길, 화장실에 들렀다가 현금이 든 가방을 두고 온 것을 깨달았다. 전화를 해보니 종업원이 보관하고 있다고 했다. 왕복 4시간을 더 달려 가방을 찾았으나, 비행기는 이미 떠난 뒤였다. 시골 공항은 문을 잠가버려 의자 두 개가 전부였는데, 밤에는 뱀이 스르르 지나갔다. 나는 다리를 의자 위로 올린 채, 신문지를 덮고 떨며 새벽을 기다렸다. 새벽 4시, 불이 켜졌을 때 천국이 따로 없었다. 첫 비행기를 타고 무사히 집에 돌아왔고, 집이 있다는 사실이 얼마나 감사한지 새삼 깨달았다. 그리고 며칠 동안 우리는 앓아누웠다.

## 06
## 일본 스즈키 형제와의 만남

스즈키가 자기 나라로 추방된 지 2년쯤 되었을까. 어느 날 일본에서 편지가 도착했다.

"Pastor Kim, 저는 일본에 돌아와 아내와 아이들과 잘 살고 있습니다. 지금은 직장도 구해 열심히 일하고 있습니다. 미국 감옥에서 예배드리며 지냈던 시간이 자주 생각납니다. 그때가 얼마나 은혜로운 시간이었는지 모릅니다. Pastor Kim을 만나게 해주신 하나님께 감사드립니다. 그리고… 보고 싶습니다. 가능하다면 사모님과 함께 꼭 한 번 일본에 와 주세요."

편지를 읽으며 우리 마음도 똑같았다. 스즈키가 보고 싶었다. 그의 아내와 아이들, 지금은 어떻게 살고 있는지 너무 궁금했다. 그리고 나는 그의 아내에게 꼭 해주고 싶은 말이 있었다.

그 당시 우리는 미국에서 형기를 마친 뒤 한국으로 추방된 형제들을 위해 신림동에 작은 쉼터를 마련해 사역하고 있었다. 그들은 대부분 미국에 부모가 있지만, 추방되면 갈 곳이 없는 사람들이었다. 어떤 이들은 어린 시절 미국에 와 한국어를 전혀 못하는 경우도 있었다. 한국 땅에 내려도 말이 통하지 않고, 머무를 곳조차 없는 형제들을 위해, 우리는 어렵게 신림동에 연립주택을 얻었다.

형제들이 추방되기 전, 비행기 도착 시간을 알려주면 전도사가 인천공항으로 마중 나가 데려왔다. 쉼터에서 함께 성경공부를 하고, 주일이면 교회에 데리고 가 예배를 드렸다. 한국 문화를 가르쳐 주고, 전철 타는 법과 지리를 알려주며 조금씩 적응하도록 도왔다. 시간이 지나면 일자리까지 연결해 스스로 자립할 수 있도록 했다. 사역 자금은 늘 빠듯했지만, 그때마다 여호와 이레의 하나님께서 꼭 필요한 만큼 채워주셨다. 모자라지도, 넘치지도 않게.

일 년이나 이 년에 한 번은 직접 한국에 가서 형제들을 돌아봐야 했다. 마침 올해도 방문을 계획하던 차에 스즈키로부터 연락이 온 것이다. 나는 그에게 "한국에 갔다가 일본에 들르겠다"고 전했다.

한국에 가면 흩어져 사는 형제들이 모두 모인다. 이번에도 10월, 한국행을 준비하고 있었는데, 전도사로 섬기던 박 자매에게 연락이 왔다. 박 자매는 미국 산타아나 여성 교도소(Santa Ana Women's Jail)에서 몇 년 복역하다 추방된 분이다. 감옥에서 우리가 일주일에 한 번씩 예배를 드리던 그때, 늘 웃으며 반겨주던 자매였다. 우리는 그녀를 사역자로 훈련 시켰다. 한국에는 아는 이가 없어 거처가 마땅치 않아, 박 자매를 시작으로 신림동 쉼터 사역이 본격적으로 시작됐다.

박 전도사가 말했다.

"사모님, 이번에 오시면 추수감사예배로 모이면 어떨까요? 형제들에게 목사님, 사모님이 오신다고 하니 다들 모이고 싶어 해요. 다만, 미국에서처럼 터키를 먹고 싶다고 하네요."

미국 생활이 그리웠던 모양이다. 공항 통과 문제로 미국에서 터키를 가져갈 수 없었다. 그래서 전도사에게 "이태원에서 구해 보라"라고 부탁했다.

우리가 한국에 도착하자, 전도사가 두 마리 터키와 샐러드 재료들을 준비해 놓았다. 우리는 기쁨으로 미국식 음식을 만들었다. 예배 장소는 전도사가 다니는 교회를 빌려, 전국 각지에서 모인 형제들 50여 명과 함께했다. 대구, 전라도, 서울… 오랜만에 보는 얼굴들에 반가움이 폭발했다. 서로 등을 두드리며 웃고, 눈물짓고, 지난 이야기와 어려웠던 일들을 나누었다. 자리를 잡은 형제는 아직 힘든 형제에게 일자리를 소개하며 서로 격려했다.

한국 일정을 마치고 우리는 일본으로 향했다. 요코하마 공항(Yokohama Airport)에 내리자, 양복 차림의 스즈키가 활짝 웃으며 손을 흔들고 있었다. 감옥에서 늘 죄수복 차림만 보다가 이렇게 멋진 모습으로 다시 만나니, 순간 배우를 보는 것 같았다. 키가 크고 날씬한 체형, 잘생긴 얼굴에 고급 양복이 한층 더 빛나 보였다. 우리는 한참을 부둥켜안으며 반가움에 눈시울이 뜨거워졌다.

그가 몰고 온 차는 막 출시된 최고급 벤츠 세단이었다. 순간 마음에 불안이 스쳤다. '혹시 다시 야쿠자 생활로 돌아간 것은 아닐까?' 그러나 그의 설명은 달랐다. 미국 감옥에서 설계사 공부를 하며 자격증까지 취득했지만, 고향으로 돌아와서는 전과자라는 이유 하나로 일자리를 구할 수 없었다. 절망 끝에 한 회사의 면접을 보게 되었고, 그 자리에서 자신의 사연을 숨김없이 고백했다고 했다.

"야쿠자 생활을 하다 경찰에게 잡혀 미국 감옥에서 15년을 살았습니다. 그곳에서 목사님을 만나 변화를 경험했고, 열심히 공부해 자격증을 취득했습니다. 이제는 가족을 위해 성실히 일하고 싶습니다. 제게 기회를 주십시오."

사장은 그의 이야기를 잠시 듣더니 짧게 대답했다.

"내일부터 출근하게."

스즈키는 내게 그날의 일을 이렇게 전해 주었다.

"사장님이 제게 차 열쇠를 건네며 말씀하셨습니다. '목사님 부부가 너를 만나기 위해 미국에서 일본까지 오셨다니, 내 마음이 기뻐서 주는 차다. 목사님이 돌아가실 때까지 잘 모셔 드려라.' 그래서 제가 이 차를 몰고 공항에 나올 수 있었습니다."

다음 날, 스즈키의 아내와 아이들을 만났다. 식당에 들어서니 환하게 웃는 아내와 딸, 아들이 기다리고 있었다. 나는 그의 아내를 꼭 껴안았다.

"남편을 끝까지 기다려 줘서 고맙습니다. 아이들을 혼자서 이렇게 잘 키워줘서 고맙습니다. 그 말을 꼭 하려고 일본에 왔어요."

그녀는 내 가슴에 얼굴을 묻고 한참을 울었다. 얼굴도 모르는 사이였지만, 마치 오래전부터 알던 친구처럼 마음이 통했다.

아내는 하루에 세 곳의 일자리를 전전하며 두 아이를 사립학교에 보냈다고 했다. "아빠가 감옥에 있는 아이"라는 말을 듣지 않게 하려고 더 애썼다고 했다. 그 고생을 생각하니 눈물이 솟았다. 딸은 엄마를 닮아 곱고, 아들은 아빠를 닮아 잘생겼다. 우리가 준비해 간 선물을 건네자, 가족 모두 환한 웃음을 지었다.

주일이 되어, 우리는 스즈키가 다니는 100년 된 전통 일본 교회에서 예배를 드렸다. 전통 일본식 2층 집을 개조한 교회로, 마루와 복도가 나무로 반짝였고, 방은 다다미로 깔려 있었다. 교인은 20여 명, 원형으로 앉아 서로를 바라보며 예배드렸다. 남편이 영어로 설교하고, 스즈키가 일본어로 통역했다. 그는 감옥에서 하나님을 믿고 봉사했던 이야기를 간증하며 변화된 삶을 전했다. 교인들의 얼굴이 감사로 물들었다.

한때 버려진 것 같고, 실패한 것 같았던 한 영혼이 이렇게 귀한 그릇이 되어 쓰임 받는 모습을 눈으로 확인하니, 하나님께 감사하지 않을 수 없었다. 세상은 "그 죄지은 사람들을 왜 돕느냐"라고 말하지만, 이 사역을 통해서만 누릴 수 있는 은혜가 분명히 있었다.

그날 우리는 공항에서 아쉬운 작별을 나누고 돌아왔다. 그 순간, 한 영혼을 향한 하나님의 집요한 사랑이 얼마나 크고 깊은지를 다시 깨달았다. 감옥은 사람을 묶었지만, 은혜는 영혼을 자유롭게 했다.

## 07
## 엘살바도르와 콜롬비아 선교지에서

할렐루야!

오네시모의 모든 동역자께 깊은 감사를 드린다. 우리 부부가 동역자들의 정성 어린 기도 속에서 무사히 선교 여정을 마칠 수 있었다.

사실 출발 전에는 여러 염려가 있었다. 허리가 매우 아파 사역에 방해가 되지 않을까 걱정이 되었고, 엘살바도르(El Salvador)와 콜롬비아(Colombia)가 무덥고 우기라 사역을 감당하기 어려울지도 모른다는 우려가 있었다. 그러나 기도하며 발걸음을 내디뎠고, 모든 것이 하나님의 은혜였음을 고백한다.

비행기를 탈 때만 해도 파스를 붙이고 불편한 걸음을 옮겼는데, 시간이 지날수록 통증이 나아져 사역을 감당하는 데 어려움이 없었다. 기후 또한 은혜였다. 엘살바도르는 우리가 도착하기 전까지 폭우가 내렸으나, 도착 순간부터 햇볕이 나며 무덥지만 사역하기 좋은 날씨가 이어졌다. 콜롬비아도 밤에만 비가 내리고 낮에는 화창하여, 사역하기에 더없이 좋은 환경이 주어졌다.

엘살바도르에는 2년 전 미국에서 추방된 에드가 보리스(Edgar Boris) 형제가 선교사로 파송되어 '엘림(Elim)'이라는 팀을 꾸려 19개 감옥에서 복음을 전하고 있었다. 공항에 도착하자마자 예약된 감옥으로 향했다. 한 시간 반을 달려 도착한 감옥은 참으로 열악했다. 안에는 무장 군인들이 배치되어 있었는데, 수감자들이 '청부살인'을 자행하기 때문이라고 했다. 돈을 위해서라면 어떤 수단도 가리지 않는다고 했다.

첫째 날 우리는 보리스 선교사의 동역자인 파블로 씨 가정에 머물며 남자 교도소와 여자 교도소를 방문했다. 그곳은 말로 표현하기 어려울 만큼 열악했다. 냄새는 숨쉬기조차 힘들었고, 정부 예산이 없어 수감복도 지급되지 않아 집이나 지인에게서 받은 옷을 입고 있었다. 빽빽하게 널린 빨래들이 하늘을 가리고, 좁고 습한 공간에 사람들이 다닥다닥 붙어 있었다. 옷을 제대로 걸치지 않은 몸에는 종아리에서 얼굴까지 가득 타투가 새겨져 있었다. 그들의 눈을 확인하기 위해 한참을 들여다보아야 할 정도였다. 미국 감옥이 이곳에 비하면 천국 같았다. 무더위와 악취, 공포가 가득한 그 공간에서 '지옥'이라는 단어가 저절로 떠올랐다.

그러나 예배가 시작되자 그 지옥 같은 감옥 안에 주님의 임재가 가득했다. 미국에서 추방되어 이곳으로 돌아온 한 형제가 힘차게 찬송을 인도했다. 그 땀방울 속에, 말씀 속에, 찬양 속에 주님의 생명과 위로가 흘러가고 있었다. 두려움과 혐오의 마음은 사라지고, 사랑과 긍휼의 마음이 자리 잡았다. 비록 200여 명이 짐승처럼 모여 있는 공간이었으나, 주님은 그들과 함께 계셨다.

둘째 날 아침, 보리스 선교사의 안내로 기독교 방송국에 가서 설교와 오네시모 사역을 소개했다. 이 방송은 전국의 감옥으로 송출되었다. 이후 다른 교도소로 향하던 중 보리스 선교사의 낡은 차가 고장이 나 멈추었으나, 다른 동역자의 차를 얻어 타고 땀을 흘리면서도 감사로 사역을 이어갔다. 저녁에는 파블로 씨가 다니는 교회에서 간증과 사역을 나누며 성령 안에서 하나 되는 은혜를 경험했다. 새벽 다섯 시, 파블로 씨 부부는 공항까지 배웅해 주며 아침 식사까지 대접해 주었다. 우리는 아쉬움을 뒤로하고 콜롬비아로 향했다.

콜롬비아에서는 우고 안토니오(Hugo Antonio) 선교사 가정에서 머물며 그의 사역과 팀을 소개받았다. 멀리 8시간, 2시간 거리를 달려와 우리를 만난 팀원들의 눈빛은 우리가 준비한 '선교사 인증서(Certificate)'를 받을 때 더욱 빛났다. 우고 선교사는 가장 열악한 달동네를 의도적으로 찾아 교회를 세우고, 감옥에 있는 형제들의 가족을 섬기고 있었다.

주일 예배 전, 가정을 심방했다. 첫 번째 가정은 흙바닥에 담요를 깔고 일곱 식구가 살고 있었으며, 엄마는 병으로 누워 있었다. 먹을 것이 없어 굶주린 모습이 안타까웠다. 복음을 전하면서도 마음 한편이 미어졌다. 돌아서며 그 엄마 손에 작은 돈을 쥐여 주자, 힘없이 늘어져 있던 손이 내 손을 꼭 잡았다.

교회는 성도 집 2층을 빌려 쓰고 있었고, 시멘트로 대충 발라 놓은 허름한 건물이었다. 마이크도 악기도 변변치 않았지만 찬양 속에는 기쁨과 감사가 넘쳐났다. 화려한 예배당이 아니어도 하나님은 이 예배를 기뻐하신다는 확신이 들었다.

다음 날, 사역팀은 공항까지 배웅하며 "언제 다시 오느냐"라고 물었다. 돌아오는 발걸음이 뿌듯했다. 몇 년 전까지만 해도 죄수복을 입었던 이들이 이제는 복음을 전하는 사역자로 변하여 기쁨으로 헌신하는 모습은 그 누구도 함부로 판단하거나 정죄할 수 없는 하나님의 작품이었다.

너희 중에 죄 없는 자가 먼저 돌로 치라 | 요 8:7

저가 전에는 네게 무익하였으나 이제는 나와 네게 유익하므로 | 몬 1:11

그들의 삶 위에 하나님의 능력이 더욱 부어져 복음의 영광이 드러나기를 기도한다. 동역자들이 함께 기도로 동참하기를 부탁드린다.

# 08
## 우리 아이들과의 신앙 여정

### 딸의 이야기

우리 아이들을 생각하면 지금도 가슴이 먹먹해진다.

미국에 와서 딸아이가 열다섯 살이 되었을 때, 남편이 감옥 사역을 시작했다. 처음에는 먼 곳이 아닌 가까운 카운티 교도소(County Jail) 사역부터 했다. 남편이 영어로 설교를 해야 했는데, 아직 영어가 익숙하지 않아 설교를 한국어로 써오면 아들이 영어로 번역해 주었고, 딸은 발음을 여러 번 교정해 주었다. 그렇게 연습을 해서 감옥 강단에 서곤 했다.

때로는 아이들이 "숙제도 해야 하는데…" 하며 짜증을 내기도 했지만, 그래도 꾸역꾸역 아빠를 도와주곤 했다. 딸아이는 가끔 아빠를 따라 감옥에 들어가 직접 영어로 통역하기도 했다. 사실 열여덟 살 미만은 들어갈 수 없었지만, 특별히 미국인 채플린(Chaplain)이 허락을 받아 가능했다.

감옥에 있던 형제들이 어린 딸아이가 아빠를 따라와 통역을 해주는 것을 보고 무척 좋아했다. 특히 청년 수감자들에게 그 모습은 특별했고, 작은 헌신이 주는 영향은 매우 컸다. 가끔 형제들이 딸아이에게 감사 카드도 보내왔다. 딸은 개척교회에서 반주자로 봉사했기 때문에, 감옥에 큰 예배가 있을 때면 반주까지 도맡았다.

한국에서 유치원 때부터 미술을 좋아하던 딸은 미술 학원에 다녔고, 초등학교 2학년 때 조선일보 주최 미술대회에서 최우수상을 받아 신문에 나오기도 했고, 시상식에 직접 가 상을 받기도 했다. 미국에 와서도 꾸준히 미술 공부를 했고 여러 번 상을 받았다. 고등학교도 예술고등학교에 진학했고, 대학은 패서디나 아트센터(ArtCenter College of Design, Pasadena)를 목표로 준비했다.

그 대학에는 좋은 프로그램이 많았다. 매주 토요일, 고등학생을 위한 특별 수업이 있었는데 교수들이 직접 가르쳤다. 우리는 매주 토요일 딸을 데리고 학교로 향했다. 수업은 아침 9시부터 정오까지였고, 집에서 한 시간쯤 걸렸다. 아침 일찍 서둘러 교실에 들여보내고 나면 우리는 잔디밭이나 도서관에서 책을 보며 기다렸다가 수업이 끝나면 데려오곤 했다.

한 번은 우리 시에서 주최하는 미술대회가 토요일에 열렸는데, 그날도 아트센터 수업이 있었다. 우리는 작품만 제출하고 패서디나로 갔다가, 수업이 끝난 뒤 대회장으로 도착했을 때는 이미 모든 행사가 끝나 있었다. 딸아이의 그림만 홀로 남아 있었다.

그때 한 미국인이 다가와 자신이 대학교수이자 화가라며 작품을 심사해 주었다. 그는 점심도 거르며 딸아이를 기다렸다고 했다. 그림의 장단점을 세세히 짚어주며 "이 부분은 아주 뛰어나다"라고 칭찬까지 해 주었다. 심사 시간은 이미 오전 11시 30분에 끝났는데, 학생을 만나기 위해 오후 1시 가까이 기다려 준 그의 진심에 감탄이 밀려왔다. 미국에 오길 잘했다는 생각이 처음으로 들었던 순간이었다.

고3 어느 토요일 아침, 그날은 남편이 딸을 패서디나에 데려다주고 사역 때문에 돌아왔고, 나는 정오에 데리러 갔다. 그런데 수업이 아직 끝나지 않은 듯, 교실 안에서 어떤 여학생이 프레젠테이션을 하고 있었다. 낯이 익어 자세히 보니 우리 딸이었다. 아침에 청바지 차림으로 부스스하게 나섰던 아이가, 짧은 미니스커트에 검은 롱부츠를 신고 화장을 한 채 화사한 얼굴로 발표하고 있었다.

발표를 마치고 나오던 딸은 내 얼굴을 보자 사색이 되었다.

"이게 무슨 일이야?"하고 내가 묻자, 딸은 눈치를 보며 말했다.

"다른 아이들도 발표할 때 다 예쁘게 꾸미고 와요. 저는 옷도 화장품도 없어서, 친구한테 빌려 화장실에서 갈아입고 화장했어요. 엄마 오기 전에 갈아입으려고 했는데…"

그 말을 듣는 순간 가슴이 저려왔다. 부모라는 사람들이 아이에게 불편함을 주고, 하고 싶은 것도 못 하게 했구나 싶었다. 자존심 강한 딸이 친구 물건을 빌려 가방에 숨기고, 학교 화장실에서 몰래 갈아입었을 모습을 생각하니 마음이 아팠다.

집에 돌아오자마자 나는 딸의 손을 잡고 백화점으로 갔다.

"화장품 사자. 옷도 사고. 다시는 화장실에서 그러지 마. 집에서 예쁘게 하고 나가."

딸은 놀란 표정과 기쁜 표정을 번갈아 지었다. 살림은 더 힘들어졌지만, 그날의 표정은 지금도 잊을 수 없다.

결국 딸은 목표하던 대학에 합격했다. 경쟁률이 높아 들어가기 힘든 학교였고, 학비와 재료비도 비쌌다. 기숙사도 없어 학교 근처에 숙소를 구해야 했지만, 하나님은 해마다 지인들의 도움과 융자를 허락하셔서 3년 과정을 잘 마칠 수 있었다.

딸은 학교 다니며 아르바이트를 하고, 점심은 굶어가며, 아빠 사역을 돕기 위해 먼 곳에 가서 피아노 반주까지 하고 늦은 밤에야 집에 돌아왔다. 그런데도 나는 기름값 한 번 쥐어주지 못했다. 어느새 아무것도 모르던 아이가 똑순이가 되어 있었다.

졸업식 날, 가운을 입고 상장을 받는 딸의 모습이 자랑스럽고 감격스러웠다. 점심 식사 자리에서 나는 말했다.

"민정아, 힘든 학교를 3년 만에 잘 마치고 졸업해 줘서 고맙다. 그런데 엄마, 아빠가 너한테 해 준 게 없어 미안하다."

그러자 딸이 웃으며 대답했다.

"엄마, 미안하게 생각하지 마세요. 저는 돈으로 살 수 없는 귀한 경험을 많이 했어요. 힘들었지만 하나님께 감사했어요. 이제 어떤 일도 두렵지 않아요."

그 말을 듣는 순간, 나는 속으로 하나님께 기도했다.

"하나님, 다 잃은 줄 알았는데 보이지 않는 더 귀한 일을 하고 계셨군요. 우리 아이들이 믿음 안에서 잘 자라게 하셔서 감사합니다."

## 아들의 이야기

아들은 씩씩하고 의리 있으며, 공부도 잘했다. 누구에게나 지는 걸 싫어했고, 늘 앞장서기를 좋아했다.

중학교 때, 내가 치과 리셉션(Reception)에서 일하다 집에 오니 차고에서 아이들이 음악을 크게 틀어놓고 춤을 추고 있었다. "H.O.T 무대를 연습한다"며 시 대항 장기 자랑에 나가기 위해 모였다고 했다. 내가 피자와 음료를 사주자 신나서 먹었고, 그 뒤로 일주일 내내 모여 연습했다. 대회 날, 우리는 일 때문에 가지 못했지만, 아들은 "학교 친구들이 다 오고, 선생님들도 응원했다"며 준우승 소식을 전했다.

어느 날 저녁, 아들이 머뭇거리며 말했다.

"엄마, 아빠. 친구들이 학생회장에 나가보래요. 그런데 회장 하면 친구들 밥도 많이 사줘야 하고, 돈이 많이 들어서 안 하려고요."

다른 후보는 부유한 집 아이라 친구들을 매일 데리고 다니며 밥을 사고 파티를 열었다. 우리는 아무 말도 못 했고, 아들은 총무를 맡았다. 그때 처음으로 '우리에게 돈이 없어서 아이가 불편해하는구나' 하는 생각이 들었다.

고등학교 1학년 때, 아들은 농구부에 들어갔다. 공부와 실력이 모두 필요했기에, 공원에서 땀에 젖도록 연습했다. 주장까지 맡았지만, 몇 달 뒤 코치는 그를 연습에서 제외하고 청소만 시켰다. 이유를 묻자 코치는 말했다.

"제임스(James)는 골을 제일 잘 넣지만, 패스를 안 해요. 리더십을 가르치고 싶어서 그래요."

나는 아들에게 마이클 조던(Michael Jordan)이 직접 넣을 수 있는 골을 양보해 팀 승리를 이끈 이야기를 들려주었다. 아들은 웃음을 되찾았고, 다시 경기에 복귀했다. 우리는 몰래 학교에 가서, 팀원과 어우러져 뛰는 모습을 보며 흐뭇하게 돌아왔다.

고등학교 3학년이 되었을 때, 여러 대학에서 합격 통보가 왔다. UC 어바인(University of California, Irvine, UCI)에서는 전액 장학금에 매달 500달러 용돈까지 주겠다고 했다. 부모 입장에서는 솔직히 너무 감사한 제안이었다. 그러나 아들은 서던캘리포니아대학교(University of Southern California, USC)를 가고 싶어 했다. 이유를 묻자, 전공이 USC가 더 잘 맞고 자기 꿈과도 연결되어 있다고 했다.

그 무렵 아들이 USC 지원서에 쓴 에세이를 보게 되었다. 거기에는 이렇게 적혀 있었다.

"아빠는 한국에서 사업가였지만, 미국에 와서 목사가 되셨다. 우리는 밤마다 청소 일을 하며 생계를 유지했다. 어느 날, 불이

꺼진 거실에서 혼자 울고 계신 엄마를 보았다. 그때 나는 결심했다. '내가 돈을 많이 벌어서 엄마가 다시는 울지 않게 해야겠다.'"

그 글을 읽는 순간 가슴이 뭉클해졌다. 나는 그 장면을 전혀 기억하지 못했다. 아마 너무 지치고 힘든 날이었을 것이다. 그런데 아이 마음에는 그 순간이 깊이 새겨져 있었던 것이다. 부모는 아무렇지 않게 지나간 일도, 아이에게는 평생 잊히지 않는 기억이 될 수 있다는 걸 깨달았다.

USC 합격 통지서를 받던 날, 아들은 소리치며 기뻐했다. 우리는 겉으로는 웃으며 축하했지만, 속으로는 학비와 생활비 걱정이 앞섰다. USC는 학비가 비쌌고, 장학금 혜택도 없었다. 그러나 하나님께서 길을 열어주셨다. 아들은 학교를 다니면서도 성실하게 아르바이트를 하고, 공부를 이어갔다.

졸업 후에는 원하는 직장을 얻었고, 학자금 대출을 스스로 갚아 나갔다. 그리고 언젠가 아들이 말했다.

"엄마, 아빠. 그때 USC를 가게 해 주셔서 감사해요. 덕분에 제 꿈을 포기하지 않을 수 있었어요."

그 말을 듣는 순간, 마음이 뭉클하고 눈물이 고였다. 나는 속으로 하나님께 이렇게 기도했다.

"하나님, 저희가 가진 것은 부족했지만, 아이들의 마음속에 포기하지 않는 믿음과 용기를 심어주셨군요. 우리 자녀들이 하나님 안에서 뿌리 깊은 나무로 자라게 하셔서 감사합니다."

## 09
## 우리 집 뒷마당의 배움

우리 집 작은 뒤뜰에도 봄이 왔다.

노란 꽃, 빨간 꽃, 하얀 꽃이 피었고, 그중 3년 전에 사다 심은 작은 감나무에서도 새싹이 트기 시작했다. 팬데믹(Pandemic) 시절, 답답한 마음을 달래려고 남편과 함께 수목원에 가서 단감나무 한 그루를 사다 심었는데, 그다음 해부터 감이 열리기 시작했다.

열심히 물을 주고 정성껏 돌보니 잎이 나고 꽃이 피고, 꽃 속에서 작은 열매가 맺히더니 점점 굵어졌다. 나는 매일 뒤뜰에 나가 열매가 몇 개인지 세어보고, 그 모습을 들여다보았다. 첫해에 13개의 열매를 수확했는데, 그 기쁨이 얼마나 컸는지 모른다. 서울에서 나고 자란 나는 흙냄새도, 수확의 기쁨도 알지 못했는데, 처음으로 '농사의 기쁨'을 맛본 순간이었다. 그제야 농부들이 왜 땀 흘리며 묵묵히 밭을 가꾸는지, 그 마음을 조금은 알 것 같았다.

빨갛게 익어가는 감을 사진으로 찍어 손주들에게 보내기도 했다. 작년에는 무려 33개의 감이 열렸다. 신기해서 또 하나하나

세어보았다. 아이들이 오면 나눠줄 생각에 비료도 주고 정성껏 키웠다. 그런데 하루는 나가보니, 가장 먹음직스럽게 익어가던 감 두 개가 누군가에게 파 먹힌 흔적이 있었다. 너무 속상했다. 가끔 뒤뜰에 다람쥐가 오고 새들도 날아오는데, 아마 그 녀석들이 주인보다 먼저 실례를 한 듯했다. 그래서 남편과 상의해 남은 열매는 하나하나 망을 씌웠다.

그해 가을, 손주들이 집에 온 날 수확을 했다. 우리에겐 손주가 셋이 있다. 딸에게는 아들 하나(당시 3세), 아들에게는 딸이 둘(6세, 2세)이었다. 감 맛도 잘 모르는 아이들이었지만, 서로 더 많이 가져가려고 다투고 가방에 꾹꾹 넣는 모습을 보니 그 재미가 또 특별했다.

겨울이 되어 잎이 다 떨어져 죽은 듯 보였던 감나무가, 아직 아침저녁으로는 쌀쌀한데도 때가 되니 움이 트고 싹이 나왔다. 하나님의 섭리에 다시 한번 감탄했다. 이제는 아침에 눈을 뜨면 뒤뜰로 먼저 나가는 습관이 생겼다. 하루하루 커지는 연한 초록빛 새잎이 얼마나 아름다운지. '우리 인생도 처음 태어날 때는 저렇게 맑고 순수하고 아름다웠을 텐데…' 하는 생각이 들었다.

이곳 캘리포니아(California)는 열대성 기후라 예쁜 선인장 종류가 많았다. 이 집 저 집에서 얻어다 심은 것들이 제법 풍성해졌다. 나팔꽃처럼 덩굴을 내고 빨간 꽃을 피우는 화초 하나가 화분에서 자라고 있었는데, 겨울 동안 잎이 누렇게 변하고 새잎도 잘 나지 않아 보기 흉했다. '언젠가 죽은 가지들을 다 잘라줘야지' 하고 생각만 하다가 오늘에서야 손을 보기 시작했다. 그런데 깜짝 놀랐다. 말라서 잎이 우수수 떨어지고 죽은 줄 알았던 줄기에서 새순이 돋고 잎이 자라고 있었던 것이다.

아차, 며칠 전만 해도 '죽었다'고 생각하며 잘라버릴 뻔했는데, 그랬다면 이 가지는 다시는 잎을 내지 못했을 것이다. 온몸에 소름이 돋았다. 그 순간, 감옥에 있는 형제들이 떠올랐다. 세상에서 버려지고 쓸모없다며 포기당한 사람, 부모조차 외면한 사람들, 그리고 자신도 자기 인생을 포기한 채 범죄를 반복하며 하루하루 살아가는 사람들. 그러나 하나님만은 그들을 포기하지 않으셨다. 지금도 그들의 손을 잡아주시려고 애쓰신다. 그리고 우리에게 말씀하신다.

"가서 전하라. 그들의 손을 잡아 주라."

그날, 이 사역의 귀중함을 다시 깨달았다.

사역 초기에 너무 힘들어 '이게 맞는 일일까?' 하는 의문이 들 때도 있었다. 다른 사역자들은 대우받으며 편하게 사역하는데, 왜 굳이 죄를 지어 벌받는 사람들을 도와야 하는가. 그들이 우리를 속이고 이용한다는 걸 알면서도 속아 주고, 우리가 어려워도 그들의 필요를 채워 주며 살아왔다.

3년 전, 30여 년간 먼 거리를 오가며 사역하던 중 허리가 주저앉아 척추관 협착증이 생겨 다리에 마비가 오고, 5분 이상 걷지 못하며 쓰러지기도 했다. 결국 수술을 해야 했다. 같은 해, 남편도 많은 스트레스로 인해 왼쪽 신장에 암이 생겨 신장 하나를 절

제해야 했다. 그러나 하나님께서 우리 두 사람을 긍휼히 여기셨다. 나는 다시 잘 걸을 수 있게 되었고, 남편도 수술 후 3개월간 힘든 시간을 보내며 체중이 20파운드(lb)나 줄었지만 건강을 회복했다.

 지금은 은퇴하여, 우리 두 노인은 뒤뜰을 오가며 새잎이 돋고 열매가 맺히는 하나님의 신비한 섭리를 맛보며 살아간다. 돌아보니 지난 30여 년간, 누구도 하려 하지 않는 귀한 사역을 감당할 수 있도록 힘과 능력을 주시고, 하나님에 대한 더 많은 경험을 하게 하신 주님께 감사와 영광을 드린다. 살아 계신 하나님을 오늘도 내 입술로 고백한다.

# 2부

너희가 내 형제 중
지극히 작은 자 하나에게 한 것이
곧 내게 한 것이니라
마 25:4

감옥은 닫힌 문처럼 보였으나,
복음은 그곳에서
더 크게 열렸습니다.
한 영혼의 눈물 속에
주님의 얼굴이 있습니다.

# 감옥에서 만난
## 하나님의 사람들

10 여호와 이레, 감옥 사역의 시작 | 11 에드가 보리스, 추방의 땅에서 피어난 사명 | 12 우고 안토니오, 은혜가 인도한 순종의 여정 | 13 수산빌 형제의 회복, 은혜가 이긴 시간 | 14 샘 할아버지, 은혜의 종착역에서 | 15 눈물로 남편을 품은 한 아내의 기도 | 16 20달러의 불행, 은혜의 회복으로 | 17 한 가정의 비극이 남긴 공의의 교훈 | 18 법정에서 마주한 인간의 연약함 | 19 다시 살아나게 하신 부활의 은혜

# 10

## 여호와 이레, 감옥 사역의 시작

**너희는 여호와의 선하심을 맛보아 알지어다 | 시 34:8**

"여호와 이레."

나의 사역은, 내 마음을 먼저 준비시키신 하나님께로부터 시작되었다고 믿는다. 노워크(Norwalk)에서 교실 하나를 빌려 집사람, 우리 딸과 아들, 그리고 성도 두 명과 함께 예배드리기 시작했다. 감옥 사역을 시작하게 된 데에는, 그 이전에 내 마음을 움직인 분명한 동기가 있었다. 그 후로 나는 오렌지 카운티 교도소(Orange County Jail)를 찾아가 사역을 시작했다. 그곳에는 한인이 약 15명 정도 있었고, 나는 미국에 와서 처음으로 교민들이 살아가는 현실을 눈으로 보고 알게 되었다.

아침 일찍 성경책 한 권을 들고 카운티 교도소를 찾으면, 가족 면회를 기다리는 줄이 길게 늘어서 있었다. 두 시간을 기다려 한 형제를 만났다. 내가 처음으로 만난 그 형제는, 30년이 지난 지금도 미국 감옥에 있다. 가운데 유리창 하나를 두고 전화기로 면회했다. 면회 시간은 한 시간. 눈물과 하소연, 고향을 떠나 부모를 떠나 홀로 감옥에 갇힌 그들의 사연 하나하나는 간절했다. 특히 '목사'가 면회 왔다는 사실은 그 간절함을 더 깊게 했다. 파란 수의를 입고, 유리창을 사이에 두고 마주 앉는 면회는 늘 눈물로 범벅이 되는 처절한 시간이었다. "다음에 다시 오겠습니다."

기도해 주고 나오면, 내 마음도 그 형제의 마음처럼 처참했다.

주차장으로 들어가는데 한 미국인이 나를 불렀다. 내 또래의 온유한 얼굴, 친절한 말투로 다가와 "목사님이십니까?"라고 물었다. 서툰 영어로 "그렇다"라고 하자, 그는 앞의 큰 건물을 가리키며 말했다.

"여기서 사역을 하시겠습니까?"

그는 자신을 침례교 목사라고 소개하며, 산타아나 시티 교도소(Santa Ana City Jail)의 채플린, 빌 콕스(Bill Cox) 목사라고 했다. 그의 눈에는 열정이 가득했다. 내가 영어를 잘 못한다고 하자, 빌 콕스는 담대하게 말했다.

"Pastor Kim, 하나님께서 은혜를 주실 겁니다."

그러고는 내 손을 꽉 잡았다.

유창하지 못한 영어로 감사 인사를 전하며 "7일만 시간을 달라"고 하자, 그는 흔쾌히 "그렇게 하라"고 하며 전화번호를 건네주었다. 가슴이 뛰었다. 두렵기도 했지만, '이게 무엇인가?' 하는 거룩한 호기심이 앞섰다. 감옥이라는 곳은 한 번도 가본 적이 없었고, 게다가 영어도 서툴렀다. 돌아보면, 그날 나의 목회는 바로 빌 콕스 목사를 통해 진짜로 시작된 것 같다.

집에 돌아와 아내에게 그날 있었던 일을 이야기하고, 7일 동안 하나님께 기도해 보기로 마음먹었다. 아무 일도 떠오르지 않았다. 다만 신학교에서 들었던 교수 목사님의 말씀이 생각났다.

"하나님은 준비된 자를 사용하신다."

나는 무엇이 준비되었나? 자격이 없었다. 그런데도 또 한편으로는 "왜 자격 없는 나에게 빌 콕스 목사를 만나게 하셨을까?"하는 생각이 들었다.

7일이 거의 다 저물 무렵, 성경을 읽다가 마음에 강하게 박힌 말씀이 있었다.

"너희 안에서 행하시는 이는 하나님이시니 자기의 기쁘신 뜻을 위하여 너희로 소원을 두고 행하게 하시나니."(빌 2:13)

영어 성경을 보니 'desire'는 하나님이 원하시는 갈망을 우리 마음에 주신다는 뜻으로 다가왔다. 이상한 담대함이 생겼고, 그 담대함이 곧 평안이 되어 마음을 안정시켰다. 나는 빌 콕스 목사에게 전화를 드렸다. 그는 기뻐하며 "오라"고 했다.

다음 날, 산타아나 시티 교도소로 가서 빌과 만나 사역의 방법을 들었다. 가슴이 뛰었다. 두려움도 있었다. 그러나 하나님에 대한 믿음은 더 돈독해졌다.

먼저 설교를 준비해야 했다. 영어 설교, 한 번도 해 본 적이 없었다. 한국어 설교도 어려운데, 영어 설교라니. '어떻게 하지?' 겁이 났다. 요한복음 3장 16절을 영어로 외우는 것부터 시작했다. 한국어로 설교문을 쓰고, 영어 기도문과 설교문을 붙들었다.

모세가 "나는 입이 둔합니다"라며 부르심을 두려워할 때, 여호와께서 "네 입을 대신할 아론이 있지 않느냐"고 하셨다.

그렇다. 내게도 아론이 있었다. 영어를 도와줄 딸과 아들. 한국어로 작성한 설교문을 아들에게 건네주니, 영어로 번역해 주었다. 딸은 내가 영어 설교를 읽으면 발음과 억양, 호흡을 고쳐주고, 어디서 멈추고 어디서 힘을 줄지 코치를 해 주었다. 그때는 두렵고 떨려 '어찌할까'만 생각하느라 몰랐지만, 나중에 알았다. 이것이 얼마나 큰 여호와 이레의 은혜였는지.

은혜는 늘 뒤늦게 알게 하셔서, 간증과 찬양으로 영광을 돌리게 하신다. 처음 산타아나 시티 교도소에서 사역을 시작하던 날, 집사람과 목사님 두 분과 함께 안으로 들어갔다. 캘리포니아에서 시설과 환경이 가장 좋다는 교도소였다. 컨트롤 타워의 조작으로 무거운 문이 열렸다.

첫 번째로 들어간 곳은 여자 재소자 동이었다. 1·2층 수감방은 개미 소리 하나 들리지 않을 만큼 잠잠했고, 우리가 문을 열고 들어서자 작은 문틈 사이로 우리를 바라보는 얼굴들이 보였다. 교도관이 예배 안내 방송을 했다.

다시 무거운 문이 열리고, 여러 명의 여자 재소자들이 예배실로 들어왔다. 한 사람 한 사람 악수하며 인사하는데, 놀랍게도 한국인이 한 분 있었다. 중년의 여성. 우리를 보자 눈물을 훔치며 인사했다. 내 가슴도 두근거렸다. 열 명 남짓의 재소자들은 필리핀, 베트남, 흑인, 중국, 멕시코 등 다양한 배경이었다. 당황스러웠다. 모두가 영어를 잘하는 이들이 아니었기 때문이다.

어쩔 수 없이 준비해 온 찬양과 설교를 시작했다. 그런데 중국 여성, 베트남 여성, 멕시코 여성은 영어를 잘 알아듣지 못하는 듯했다. 내가 영어로 설교를 전하는데, 놀라운 일이 벌어졌다. 그 한국 여성이 내 영어 설교를 이어 스페인어로, 또 중국어로 통역하기 시작한 것이다. 깜짝 놀랐다.

찬양할 때, 기도할 때, 그녀들은 눈물을 흘리며 "아멘, 아멘"으로 화답했다. 첫 예배가 끝나고 "다음에 다시 만나자"고 인사를 나눈 뒤, 우리는 남자 재소자 동으로 이동했다. 마음은 주님 주신 은혜로 가득 찼다.

무엇보다 놀라웠던 건 그곳에, 생각지도 못한, 그것도 영어·스페인어·중국어를 감당할 수 있는 한인 통역자가 있었다는 사실이다. "여호와 이레." 하나님이 미리 준비하신 은혜를 맛본 하루였다. 그렇게 사역은 시작되었다.

여호와 이레. 하나님이 준비하시다. 한 가지 깨달음이 있었다. 하나님은 빌 콕스 목사를 만나게 하셨고, 7일의 기도로 마음을 준비하게 하셨고, 통역자들을 준비시키셨고, 감옥 안에 생각지도 못한 4개 국어의 권사님까지 예비하셨다. 부족한 나에게 하나님께서 요구하신 것은 단 한 가지… 순종이었다.

# 11
## 에드가 보리스, 추방의 땅에서 피어난 사명

> 너희는 가서 제자를 삼고… | 마 28:19

쫓아가는 사역, 그것이 우리가 감당해야 할 일이었다.

미국 샌타애나 시티 교도소(Santa Ana City Jail)에서 나는 다국적 이민 재소자들을 만나 섬겼다. 그중 한 명이 엘살바도르 출신 형제, 에드가 보리스였다. 그는 영어를 잘했고, 매주 수요일마다 열리는 성경 공부에 빠지지 않았다. 때때로 감옥이 '락다운(lockdown)' 되어 외부 활동을 제한되는 날도 있었지만, 그는 혼자라도 꼭 성경공부 자리에 나왔다.

우리는 점점 마음을 나누게 되었고, 그는 미국에서 자동차 정비사로 일하며 큰 보디숍을 운영했던 삶과, 마약에 빠져 범죄에 연루된 이야기를 들려주었다. 결국 그는 이민국에 의해 추방 재판을 받게 되었고, 가족들은 LA에 남아 있었다. 나는 그를 주님께 인도했고, 말씀을 가르쳤다. 그는 추방 직전에 이렇게 고백했다.

"고향으로 돌아가면 저도 다른 이들의 영혼을 위해 헌신하며 주님의 일을 하고 싶습니다."

우리는 굳게 약속했고, 그는 엘살바도르로 추방되었다.

추방된 지 6개월쯤 후, 그는 미국에 남아 있던 아내를 통해 "엘살바도르에 와 주셨으면 한다"는 메시지를 전해왔다. 나와 아내는 망설임 없이 그를 찾아가기로 했고, 곧 엘살바도르로 향했다. 그곳은 중남미 국가 중 유일하게 미국 달러를 통화로 사용하고 있었다. 공항은 열악했지만, 보리스가 우리를 마중 나왔다. 그런데 그와 함께 나이 지긋한 '파블로'라는 분이 있었다. 그는 신실한 기독교인으로, 잡화를 도매로 판매하며 전 세계에서 온 선교사들을 집에 머물게 하고 섬기는 분이었다. 그는 우리에게 자기 집의 방 하나를 내주며 머무는 동안 아무 걱정도 하지 말라고 했고, 아침, 점심, 저녁마다 정성껏 식사를 준비해 주었다. 처음 만난 이들이었지만, 우리는 그의 집에서 그리스도의 향기를 느낄 수 있었다.

보리스는 파블로 부부가 운영하는 사업장에서 경비 일을 하고 있었는데, 하루 8시간 노동의 대가는 햄버거 한 개 값인 5달러였다. 그는 우리를 엘살바도르에서 가장 험악하기로 유명한 세코트 감옥으로 안내했다. 그곳은 남자 감옥과 여자 감옥으로 나뉘어 있었고, 재소자들은 수형복이 아닌 자기 옷을 입고 있었다. 이유를 묻자, 정부에 예산이 없어 수형복을 지급하지 못한다고 했다. 교도소장은 우리를 반갑게 맞으며 의약품 지원을 부탁했다.

먼저 여자 감옥에 들어갔다. 약 200~300명의 재소자가 모여 있었고, 나는 말씀을 전했고 보리스가 통역했다. 예배를 마치고 나오려는데 교도관이 문을 열지 않았다. 이유를 묻자, 병든 재소자들을 위해 기도를 부탁한다는 것이었다. 약이 없어 병이 나도 치료할 방법이 없기에, 말씀을 전하러 오는 사역자들에게 기도를 요청하는 것이었다. 주님의 긍휼하심을 전할 기회라 여기고, 나는 담대하게 한 사람 한 사람에게 안수 기도를 했다. 온몸이 땀으로 젖었지만, 주님은 성령의 충만함을 부어 주셨다.

이어서 남자 감옥으로 이동했다. 그 길은 너무 좁아 한 사람이 겨우 지나갈 수 있었다. 재소자들은 상의를 벗고 팬티만 입은 채 복도에 앉아 있었고, 전신에 문신이 가득했다. 아내에겐 큰 부담이었지만, 우리는 무사히 도착해 말씀을 전하고 기도한 뒤 나왔다. 교도소장은 돌아가는 길에 다시 약품을 보내 달라고 부탁했다.

그날 저녁, 우리는 파블로 부부와 식탁에 둘러앉아 간증을 나누었다. 그들은 두 아들이 있었는데, 큰아들이 청소년기에 마약에 빠져 갱단과 연관되어 살해당했고, 작은아들 역시 마약 과다 복용으로 죽었다고 했다. 두 아들을 다 잃은 슬픔 속에서 주님께 돌아온 그들은, 이후 선교사들을 섬기고 마약 중독자들을 돕는 사역에 헌신하게 되었다. 파블로는 고백했다.

"아들은 잃었지만, 더 많은 아들들을 얻었습니다."

그 말을 듣는 순간 우리는 눈물을 삼켰다.

식사 후, 파블로는 우리에게 조용히 부탁했다.

"오늘 밤, 함께 가 주실 수 있습니까?"

우리는 그와 함께 칠흑같이 어두운 산길을 두 시간이나 달려 작은 집에 도착했다. 그곳은 마약 재활 기관이었다. 약 20명의 청소년이 모여 있었고, 우리는 그들을 위해 기도하며 주님의 사랑을 전했다. 돌아오는 길, 우리의 마음은 사랑과 감사로 가득 찼다.

다음 날, 우리는 보리스가 살고 있는 작은 방을 찾아가 이야기를 나누었다. 그는 신학 공부해 졸업 후 재활 기관 사역을 하기를 원했다. 나는 그의 신학 공부를 돕고 감옥 채플린 사역을 권유했다. 이후 우리는 세 차례 엘살바도르를 방문해 감옥 사역을 함께 했고, 보리스는 신학교를 졸업한 뒤 감옥 채플린으로 섬기게 되었다.

파블로 부부는 지금도 우리 마음속에 주님의 귀한 동역자로 깊이 남아 있다. 그리고 우리는 여전히, 갇힌 자들과 약한 자들을 향한 주님의 사랑을 증거하고 있다.

# 12
## 우고 안토니오, 은혜가 인도한 순종의 여정

캘리포니아 LA에서 4시간 30분 거리에, 멕시칼리 쪽에 있는 엘 센트로(El Centro) 이민국 감옥이 있다. 아내와 나는 한 달에 한 번 그곳을 찾아 예배 사역을 했다. 이곳은 애리조나 지역 감옥에서 형기를 마친 비시민권자 재소자들이 자국으로 추방되기 전 머무는 곳이었다.

우리의 사역은 한 번은 다국적 재소자들을 위한 예배를 인도하고, 격주 한 번은 한인 추방자들을 방문하여 예배를 드리는 것이었다. 이곳은 추방 직전 단계였기에 중남미 재소자들이 많았다. 예배는 언제나 뜨거웠고, 그들의 눈빛은 두려움과 갈급함으로 가득 차 있었다. 특히 여름에는 기온이 130도에 달하는 무더운 지역이라 더욱 쉽지 않았다.

그곳에서 우리는 콜롬비아 보고타 출신의 우고 안토니오(Hugo Antonio)를 만났다. 그는 예배에 열정적이었고, 다른 추방자들을 이끄는 리더였다. 우리는 그를 예배 인도자로 세워 찬양과 예배를 준비하게 했고, 그는 기쁨으로 섬겼다. 약 1년을 그곳에 머물며 우리는 방문할 때마다 그와 영적으로 가까워졌고, 진한 형제애를 나누게 되었다.

1년 뒤, 우고 형제는 고향 콜롬비아 보고타로 추방되었다. 우리 역시 다른 사역자와 마찬가지로 그를 만나기 위해 콜롬비아로 향했다. 보고타 공항에 도착했을 때, 날씨 때문이 아닌 묘한 서늘함이 감돌았다. 나중에야 알게 된 사실이지만, 당시 콜롬비아는 계엄군 통치가 시작된 시점이었다. 우리가 아는 콜롬비아에 대한 정보라곤 커피와 코카인 마약이 유명하다는 정도였다.

몇 달 만에 우고 형제가 공항으로 마중 나왔다. 그의 집에 도착해 부모님께 인사드렸고, 부모님은 미국에서 추방된 아들의 이야기를 들려주며 반가움과 안도감을 감추지 못했다. 다음 날, 우리는 보고타에서 사역 중인 김 선교사님이 운영하는 신학교를 찾았다.

우리 사역의 중요한 부분 가운데 하나는, 추방된 형제들을 양육하여 '오네시모'로 세우고 사역자로 훈련하는 일이었다. 그러나 이것은 결코 혼자 할 수 있는 일이 아니었고, 반드시 현지의 보수주의 신학교와 협력해야만 가능한 일이었다. 김 선교사님은 한국에서 파송되어 10여 년 동안 개혁주의 신학을 가르치며 신학교를 운영하고 계셨다. 특히 오순절(Pentecostal) 성향이 강한 보고타에서, 보수적 개혁주의 신학을 견지하는 신학교의 존재는 참으로 귀하고, 우리 사역에 있어서도 큰 의미가 있었다.

우리는 우고 형제를 김 선교사님께 맡기기로 하고, 그가 추방되기 전부터 계획했던 라모델로 감옥을 방문했다. 이곳은 엘살바도르보의 감옥보다는 나았지만 여전히 열악했다. 우리가 들어간 곳은 동성애자 재소자들이 모여 있는 돔이었다. 우고가 통역을 맡고, 나는 창세기 18·19장을 본문으로 소돔과 고모라 이야기를 전했다. 처음엔 여자 옷차림을 한 재소자들이 웃으며 돌아다녔지만, 시간이 갈수록 말씀에 귀 기울였고, 2층에 있던 이들까지 내려와 경청했다. 말씀 후에는 다가와 웃으며 인사하거나 경건한 태도를 보이는 재소자들도 있었다.

그 후 우리는 몇 개 감방을 돌며 말씀을 전하고, 라모델로 감옥을 나와 보고타 빈민촌을 방문했다. 우고는 우리를 작은 고아원으로 안내했고, 아이들에게 음식을 나누며 함께 기도했다. 그는 "이곳에 교회를 세워 아이들을 위해 사역하고 싶다"고 말했다.

그날 밤, 우고의 가족과 깊은 대화를 나누었다. 처음엔 부모님이 의아해하고 경계했지만, 우리가 주님의 인도하심과 사역의 목적을 간증하자 환한 미소로 감사함을 표현했다. 의사로 일하는 우고의 동생도 감동받아, "미국에 가면 목사님 내외분을 뵐 수 있겠냐"고 물었다.

다음 날, 우고는 추방된 다른 친구들을 소개했고, 우리는 함께 시골에 있는 큰 감옥을 찾아 하루 종일 말씀을 전하며 찬송했다. 이후 우고는 김 선교사님의 지도 아래 신학교에 입학해 공부했고, 졸업 후에는 라모델로 감옥의 채플린으로 섬기며 빈민촌 사역도 이어갔다.

　세월이 흘러 20여 년이 지난 지금도 그는 고향 보고타에서 오네시모로 복음을 전하고 있다. 이제는 60세가 넘었을 터인데, 가끔 페이스북에서 그가 올린 말씀 글을 보게 되면 마음이 뭉클하다. 김 선교사님은 은퇴 후 미국으로 이주하셨고, 우고는 미국을 다시 방문하고 싶어 했지만 주님은 그 길을 열지 않으셨다.

　바울이 데살로니가 성도들에게 전한 말씀처럼,

　"우리의 소망이나 기쁨이나 자랑의 면류관이 무엇이냐? 그가 강림하실 때 우리 주 예수 앞에 너희가 아니냐? 너희는 우리의 영광이요 기쁨이니라"(살전 2:19-20).

　한 영혼, 한 영혼을 사랑하고 섬기라고 부르신 은혜 앞에, 그저 감사할 뿐이다.

## 13
## 수산빌 형제의 회복, 은혜가 이긴 시간

우리가 다니던 감옥 가운데 가장 먼 거리에 있는 형제가 있었다. 차로 무려 13시간이나 걸리는, 캘리포니아(California)에 있는 수산빌(Susanville)이라는 감옥이었다. 그곳에 가려면 산을 몇 구비나 넘어야 했다. 11월 중순만 되어도 눈이 쌓여 갈 수 없는 곳이었다. 11월 초에도 벌써 눈이 내려, 산 아래에서는 비가 오다가 중턱을 넘으면 눈으로 변해 차에서 내려 타이어에 체인을 채우고 가야만 했다.

그 형제의 부모님은 한국에 계셨고, 먼 거리 탓에 아들을 자주 만나러 올 수 없었다. 그래서 그는 늘 외롭게 지내고 있었다. 안타까운 마음에 우리는 그 형제를 만나러 다니기 시작했다.

그 형제는 원래 교회를 열심히 다니던 청년이었다. 어느 날 친구들이 음식점에서 생일 파티를 한다고 초대해 갔는데, 그들이 음료에 마약을 타서 마시게 했다. 약에 취한 그는 친구가 건넨 총으로 사람을 쏘아 죽이게 되었고, 그 일로 가석방 없는 종신형을 선고받아 이곳으로 오게 된 것이었다. 너무도 안타까운 사연이었다. 먼 길이었지만, 우리는 그를 만나러 가야겠다고 마음먹었다.

13시간을 운전해 산을 몇 구비나 넘어 도착한 감옥. 피곤한 줄도 모르고 설레는 마음으로 여러 절차를 거친 후 면회실로 들어갔다. 미국의 면회실은 넓은 홀에 테이블이 30~50개 정도 놓여 있고, 각 테이블에는 번호가 붙어 있었다. 지정받은 번호에 앉아 그를 기다렸다. 홀 안에는 음식이 들어 있는 자판기가 두 대뿐이었는데, 1달러 지폐로만 사용할 수 있었고 한 사람당 50달러까지 가져갈 수 있었다. 투명한 비닐 가방에 돈과 면허증만 넣어 들어갈 수 있었고, 다른 것은 일절 반입이 금지되었다. 늦게 가면 음식이 동나서 줄 수 없기에, 미리 치킨·햄버거·초콜릿·아이스크림 같은 인기 메뉴를 꺼내놓고 기다리곤 했다. 특히 매운 치킨이 제일 인기였다.

드디어 그 형제가 나왔다. 너무 반가웠다. 그러나 그의 표정은 굳어 있었다. 그는 "목사님, 왜 오셨어요? 다음부터는 오시지 마세요. 저에게 하나님 말씀하지 마세요. 이제 저는 하나님 싫어해요. 하나님이 계시면 왜 이런 일이 제게 일어나게 하셨나요? 저는 하나님 열심히 믿었는데… 하나님은 안 계세요. 다시는 오지 마세요"라고 말하더니 돌아서서 들어가 버렸다.

테이블 위에 가득 놓아둔 음식들을 멍하니 바라보다가, 옆에 있는 다른 형제들에게 나눠주고는 아무 말도 하지 못한 채 13시간의 길을 멍한 마음으로 되돌아왔다. 그는 하나님께 화가 나 있었고, 그 마음이 이해되었다. 며칠 동안은 하나님께 "왜 그러셨나요?"라는 반문의 기도밖에는 할 수 없었다.

몇 달이 지나도 그의 모습이 잊히지 않아 다시 산을 넘어 찾아갔다. 그러나 그는 여전히 화가 난 얼굴로 팔짱을 끼고 다리를 꼬고 앉아 있었다.

"오지 말라니까 이 먼 거리를 왜 또 오셨어요? 오지 마세요."

다시 그렇게 말하고 돌아가 버렸다.

마음속으로 기도했다.

"하나님, 언제쯤 저 형제의 화난 마음이 풀어지고, 다시 하나님께로 돌아오게 하시렵니까?"

그런데도 그가 미워지지 않았다. 몇 달이 지나면 또 만나러 가야만 했다. '그동안 하나님이 어떻게 일하셨을까?'하는 기대감으로 그렇게 10년을 다녔다.

10년째 되던 어느 날, 그날도 만나고 힘없이 돌아왔는데, 일주일 후 그에게서 편지가 왔다.

"목사님, 사모님, 죄송합니다. 제가 뭐라고 이 먼 거리를 오지 말라고 못되게 구는데도 10여 년을 끊임없이 저를 찾아오셨잖아요. 오늘도 웃으시며 말없이 돌아가시는 뒷모습을 보며 방에 들어가 통곡했습니다. 그 모습 속에서 주님의 모습을 보았습니다. 잘못했습니다. 하나님께도 용서를 구했습니다. 성경공부를 다시 시작하겠습니다. 성경공부 교재를 보내주세요."

할렐루야!

그 편지를 읽으며 우리 부부도 함께 울었다. 10년 동안 하나님은 계속 일하고 계셨던 것이다. 그 돌덩이 같은 마음을 녹이시는 데 10년이 걸렸다. 편지를 읽고 나니 그대로 있을 수가 없었다. 나는 남편에게 말했다.

"우리 다시 가십시다. 다시 만나러 갑시다."

일주일 전에도 다녀왔지만, 그의 얼굴을 보고 안아 주고 싶었다. 이번 길은 유난히 가벼웠다. 한달음에 달려간 기분이었다. 그날, 우리는 깊게 포옹했고 많은 이야기를 나누었다. 말씀도 나누고, 기도도 하고, 우리 아이들 이야기를 들려주자 그는 무척 기뻐했다. 그 후로 그는 점점 변해 갔다. 우리가 오는 날을 기다리고, 성경공부도 열심히 하고, 감옥 안에서 청소 같은 궂은일을 맡아 돕고, 여러 프로그램에 등록해 배우며 삶이 보람 있게 변해 갔다.

그런데 하나 변하지 않는 것이 있었다. 다른 형제들은 우리가 사준 음식을 잘 먹는데, 그는 늘 콜라 한 캔만 마시고 다른 것은 전혀 먹지 않았다. 밖의 음식을 먹고 싶을 텐데도 말이다. 몇 년 뒤, 조심스레 이유를 물었다.

"먹고는 싶지만, 이 먼 거리를 오시려면 경비도 많이 드실 텐데, 넉넉하지 못한 선교회 형편에 제가 그럴 수 없어요."

순간 너무 마음이 아팠다. 이렇게 착하고 심지가 깊은 사람이 왜 이런 일을 당해 이곳에서 인생을 보내야 하는지, 도무지 이해되지 않았다.

사역을 처음 시작할 때, 감옥에 있는 사람들은 우리와 다른, 험악한 얼굴에, 머리에 뿔이 몇 개쯤 달린 무서운 사람일 거라 생각했다. 간혹 그런 사람도 있었겠지만, 우리가 만난 이들 중엔 그런 사람은 없었다. 이 형제도 잘생기고 착하고 의리가 깊은 청년이었다. 그런 그가 인생을 감옥에서 보내야 한다는 것이 너무 안타까웠다.

그렇게 우리의 긴 여정은 계속되었다. 25년쯤 된 어느 날, 면회실에서 그를 기다렸다. 그런데 이날은 얼굴에 어두움이 드리워져 있었다. 무슨 일이 있었는지 물었다. 그는 며칠 전 성경공부 중 기도하다가, 자신이 총으로 죽인 형제가 떠올랐다고 했다. 그리고 그 부모와 가족의 마음이 느껴져서 너무 괴로워졌고, 하나님께 진심으로 회개의 기도를 드렸다고 했다. 옆에 있는 사람들도 다 들을 정도로 꺼이꺼이 울며 눈물과 콧물을 흘렸다. 우리는 그의 등을 쓰다듬으며 한참을 함께 울었다. 그때 마음속에 '이제 하나님이 이 형제에게 무언가 하시겠구나' 하는 확신이 들었다.

만남이 있고 2주쯤 지났을 때, 선교회 사무실로 그의 전화가 왔다.

"목사님! 정부에서 감형받을 수 있는 법이 통과돼서 신청하라는 연락을 받았습니다!"

그 신청에는 많은 서류가 필요했다. 오네시모(Onecimo) 선교회는 그가 지금까지 공부한 성경 내용과 변화된 삶을 꼼꼼히 정리해 제출했다. 1년도 채 되지 않아 심사를 통과했고, 종신형이던 그가 감옥에서 나오게 되었다.

그는 감옥에서 32년을 살았다. 기적이 일어난 것이었다. 하나님은 그와 늘 함께하시며 끊임없이 일하고 계셨던 것이다. 얼마나 감사한지 모른다. 그 형제는 시민권자가 아니어서 한국으로 추방되었지만, 지금은 열심히 일하며 홀어머니와 함께 잘 살고 있다.

돌아보면, 13시간의 길을 오가며 10년, 20년을 기다렸던 시간은 결코 헛되지 않았다. 하나님은 결코 포기하지 않으셨고, 결국은 그의 굳은 마음을 녹이시며 새로운 삶으로 이끄셨다.

이제 그는 더 이상 갇힌 자가 아니라, 자유를 얻은 하나님의 자녀로 살아가고 있다. 우리에게도 이 여정은 '사람의 힘으로는 불가능해 보여도, 하나님의 시간 안에서는 반드시 열매 맺는다'는 믿음을 굳게 새겨 주었다.

그가 한국 땅에서 믿음 안에 뿌리내리고, 또 다른 이들에게 하나님의 사랑을 전하는 통로가 되기를 간절히 기도한다. 그리고 오늘도 우리는 또 다른 형제를 만나러 길을 나선다. 하나님께서 가라 하시는 곳으로.

## 14
## 샘 할아버지, 은혜의 종착역에서

어느덧 25년 전의 일이다.

캘리포니아의 한 주정부 감옥 상담사(counselor)에게서 전화가 걸려 왔다. 출소를 앞둔 한 할아버지가 계신데, 관물함에 오네시모 연락처만 남겨 두었고, 가정으로는 귀가시킬 수 없으니 우리가 픽업해 데려갈 수 있겠느냐는 내용이었다. 그분이 바로 샘 할아버지였다. LA에서 7시간 거리에 있는 감옥에서 6년을 살고 이제 출감을 앞두었지만, 돌아갈 곳이 없다는 것이었다. 다행히 상담사가 할아버지의 딱한 사정을 알고 우리에게 연락을 준 것이었다.

샘 할아버지를 픽업할지 여부는 우리의 선택에 달려 있었다. 남편으로서, 아버지로서 받아들이지 못하는 가족들의 입장과 갈 곳이 없는 할아버지의 처지를 생각하며 우리는 "하겠습니다"라고 대답했다. 감옥 측은 할아버지를 차에 태워 오렌지카운티로 보내며 내 전화번호를 전해 주겠다고 했다. 그날은 성탄절을 앞둔 12월 24일이었다.

그러나 차에 태워 보낸다는 할아버지에게는 7일이 지나도록 전화가 오지 않았다. 걱정이 되었다. 여덟째 날이 되어서야 "내려왔다"라는 전화가 왔다. 나는 터미널로 가서 샘 할아버지를 픽업해 가든그로브의 아는 권사님 댁에 급히 방을 얻어 드렸다. 선교회 서신으로만 교제를 나누다가 처음 뵌 자리였다. 첫인상은 기골이 장대했고, 얼굴에는 냉기가 서려 있었다. 가까운 교단 목사님을 소개해 드리고 출석할 교회도 정해 드렸다. 할아버지는 무척 기뻐하셨고 안정을 찾아가는 듯 보였다.

사역에는 패롤 오피서(parole officer)를 만나게 해 드리는 일, 의료 지원을 받아 최소한의 생활을 하게 돕는 일, 장을 보러 마켓에 동행하는 일 등이 있었다. 그러나 무엇보다 중요했던 사역은 샘 할아버지 얼굴에 겹겹이 쌓인 분노를 다독여 드리는 일이었다.

어느 날, 마켓에 가는 길에 조심스레 여쭈었다.

"12월 24일에 출감하신 뒤, 그 7일 동안은 어디에 계셨습니까?"

할아버지는 한숨을 길게 내쉬며 괴로운 표정으로 말끝을 굳히셨다. 그리고 눈가에는 금세 분노의 독기가 일었다.

"목사님, 어떻게 그럴 수가 있습니까. 바람난 마누라에게 손이 갔습니다. 그 배신감을 참을 수가 없었습니다. 미국에 이민 와서 정말 열심히 살았습니다. 그런데 일이 생겨 재판을 받는데, 아들놈이 증언할 때 내 편을 들지 않았습니다. 나이 들어 낯선 미국 땅에서 감옥살이를 하며, 날마다 이 분노를 억누를 수가 없었습니다. 그런데 이제 출감을 앞두었는데, 카운슬러가 '집으로 돌아갈 수 없다'고 합니다. 가족들이 저를 받아들이지 못한다는 겁니다. 갈 곳이 없었습니다. 높은 하늘을 쳐다보며 울곤 했습니다. 기가 막혔습니다. 그런데 통신으로만 알고 한 번도 만나 본 적이 없는 선교회에서 저를 케어하겠다고 하니, 하나님께 얼마나 감사했는지 모릅니다. 순간의 분노를 참지 못한 제 잘못, 저도 모르는 바 아닙니다. 그런데 이제 제 나이가 여든입니다. 아내, 아들, 딸이 있는데 갈 곳이 없다는 이 비참함에 죽는 길밖에 없었습니다. 버스에서 내려 모텔에 들어가 손목을 칼로 그었습니다."

할아버지는 모텔 방에서 자살을 시도했다고, 상처 난 손목을 내게 보여 주셨다. 그 일로 응급실에 갔다가 나왔다고, 회한의 눈물을 흘리셨다.

샘 할아버지를 섬기면서, 나는 그동안 수없이 보아 온 이민자 삶의 비애를 다시금 실감했다. 가족은 얼마나 귀한 창조주의 선물인지. 험한 나그네 삶과 치열한 경쟁 속에서, 아무리 못나고 미련해도 내 존재의 가치를 붙들어 주는 울타리가 바로 가족이었다. 낯설고 문화가 다른 이 땅에서 생기는 가정의 아픔과 설움, 상처를 제대로 돌보지 못해 파괴되고 이산가족이 된 이민 가정이 얼마나 많은지 새삼 깨달았다.

오죽하면 가족이 그를 받아들이지 못했을까. 할아버지의 눈은 한동안 원망과 분노에서 풀리지 않았다. 첫 번째로 정한 하숙집에서도 며칠 만에 방을 빼야 했다. 갑자기 할아버지를 점검하러 온 경찰 때문에, 내 소개로 방을 내준 권사님이 놀라 하숙을 계속할 수 없었던 것이다.

두 번째로 얻은 방은 다행히 별채였다. 그 가정은 제칠일안식일예수재림교회 교인이었는데, 교파는 달랐지만 할아버지를 대하는 태도와 도덕적 청결함에 방문할 때마다 마음이 따뜻해졌다. 딸 되시는 분이 가끔 음식을 해다 주기도 했다. 그러나 그곳에서도 비슷한 문제가 반복되었다. 원인은 대부분 할아버지의 분노 반응이었다.

할아버지 방에는 신줏단지처럼 모셔 둔 액자 하나가 있었다. 방에 들어서면 제일 먼저 눈에 들어오는 그것, 감옥에 계시는 동안 오네시모 성경공부를 아주 열심히 하셔서 3년 과정을 마치고 받은 Certificate를 담은 액자였다. 지나며 보니, 그 액자를 그렇게 아끼시는 이유를 알 것 같았다. '하나님을 믿고 하나님의 말씀을 공부했다'는 그 자부심 말고는, 가족에게 버림받고 여든을 넘긴 지금, 붙잡을 것이 그것뿐이었던 것이다.

나를 만날 때 샘 할아버지는 털 깎인 양처럼 순하셨다. 하지만 교회 등에서 누군가 자신을 이상하게 본다거나 비웃는 얼굴을 하면, 가책 없이 독하게 반응하셨다. 힘도 몹시 세셨다. 가끔은 해병대 1기, 훈장, 맥아더 장군과 인천상륙작전 이야기를 자랑스럽게 늘어놓으시기도 했다.

두 번째 집에서도 오래 머물지 못했다. 세 번째는 홀로 사시는 전도사님 댁이었는데, 거기도 오래 가지 못했다. 그럴 때마다 나는 조용히 타이르곤 했다. 할아버지는 고개를 숙인 채 말씀하셨다.

"이 성질 때문에 하나님께 빨리 데려가 달라고 간절히 기도합니다. 죄송합니다."

어두컴컴한 조그만 방에 쪼그려 누워 계신 모습을 보면, 불쌍하기 짝이 없었다.

전도사 시절, 잠깐 양로원 사역을 하며 잊지 못할 한 분을 만난 적이 있다. 그분의 상처를 통해, 울 수밖에 없는 이민자들의 아픔을 이해하게 되었다.

내가 갈 때마다 방에서 나오지 않던 분, 인사를 해도 몸을 뒤로 틀어 나를 보지 않으셨다. 몇 달을 그렇게 지내다 어느 날, 그분 곁에 앉아 조용히 내 이야기를 들려드렸다. 왜 이 나이에 미국에 왔는지, 왜 신학교에 왔는지, 한국에서 무엇을 하며 살았는지… 그러자 처음으로 몸을 돌려 앉으셨다. 그 얼굴의 분노와 슬픔이 샘 할아버지와 닮아 있었다.

"이봐요, 전도사님. 난 하나님을 믿지 않아요. 하나님은 없어요. 하나님이 진짜 있다면, 왜 나 같은 사람을 데려가지 않겠어요?"

그분은 말을 이었다.

"나도 옛날엔 교회 안수집사였소. 미국 이민 와서 이 고생 저 고생하며 아내와 두 아들을 키웠지. 그런데 두 놈 다 총에 죽었소. 한 놈은 마약 때문, 둘째도 마약 팔다가 총에… 몇 달 후, 충격으로 일어나지 못한 아내도 저세상으로 갔소. 나 혼자 남았는데, 내 소원은 하나님께 날 빨리 데려가 달라는 기도였소. 그런데 아흔이 다 되도록 살고 있으니… 하나님이 어디 있고, 하나님이 진짜 있다면 왜 기도를 들어주지 않소? 왜 이 괴로운 인생을 살게 하시오?"

나는 고개를 숙였다.

"집사님, 우리는 어리석어 주님의 뜻을 다 알 수는 없지만, 하나님은 선하신 분이십니다. 그런 우리를 위해 이 땅에 오셨고, 우리의 고통 속에서 우리를 살리기 위해 십자가에서 죽으시고 부활하셨습니다."

간절히 기도해 드리고, 그분 곁을 떠났다.

샘 할아버지의 심정도 그와 같았을 것이다. 며칠을 기도하다가 나는 샘 할아버지께 큰아들 전화번호를 받아 전화를 걸었다. 놀랍게도 큰아들이 아버지 안부를 묻고, 만나러 오겠다고 했다. '이제 가족에게 돌아갈 수 있겠다'는 생각이 들었다.

며칠 뒤, 아들이 "어머니가 언제 아버지를 만나러 오시겠다"라고 전해 왔다. 반가운 마음에 어머니께도 전화를 드려, 할아버지 안부를 전했다. 출석 교회 목사님과 샘 할아버지께도 이 소식을 전했다. 그때, 내가 수없이 듣고 말해 온 '소망'이라는 단어가 주는 힘을 새삼 깨달았다.

다음 날 만난 할아버지 얼굴은 전날과 전혀 달랐다. 희색이 만면했고, 처음으로 환히 웃는 모습을 보았다. 말도 많아지셨고, 표정도 분위기도 청년 같았다. '가족이 나를 찾아온다'는 소망, 이제 집에 갈 수 있다는 안도감 때문이었다.

그리고 조용히, 아주 겸손하게 부탁하셨다.

"목사님, 기도해 주세요. 아내가 저를 버리지 않도록 기도해 주세요."

그러곤 주머니에서, 언제 준비하셨는지 작은 반지 함을 꺼내 보이셨다. 젊은이들이 청혼할 때 꺼내는 그 상자였다.

"아내에게 주려고 가진 것 모두를 털어 준비했습니다."

그 순간의 천진한 표정을 나는 잊지 못한다. 그 반지 함에는 '가족이 나를 버리지 않는다'는 기쁨과 사랑, 그리고 용서가 오롯이 담겨 있었다. 할아버지는 큰손으로 소중히 만지다, 다시 조심스레 주머니에 넣으셨다.

그러나 며칠 뒤, 그 소망 위에 찬물이 끼얹어졌다. 큰아들이 방문해 할아버지에게 "정부에서 얼마나 돈을 받느냐"라고 물었고, 그 말만 남긴 채 돌아가 버렸다. 할아버지는 실망과 울음을 간신히 삼키며 떨리는 목소리로 내게 전했다. 나는 아무 말도, 아무 판단도 할 수 없었다.

그 가족이 이민 와서 걸어온 길고도 아픈 세월을 타인이 단정할 수는 없으니, 마음은 소금에 절인 듯 저릿했다. 곧이어 어머니에게서 전화가 왔다.

"목사님, 내 남편이 무서워서 만나러 가지 않겠습니다."

아내를 만날 소망은 그렇게 꿈으로 남고 말았다.

그 후 할아버지는 모든 소망을 잃고 양로원에 들어가셨다. 붙잡을 것이 없던 할아버지는 정신적 실의에 빠졌고, 우리 교회로 옮겨와 예배에 나오셨다. 점점 헛것이 보이기 시작했고, 양로원은 할아버지를 감당할 수 없었다. 그래도 내가 찾아가면 늘 손을 꼭 잡으시고 하나님 이야기를 듣고자 하셨다.

어느 날은 유난히 평안한 얼굴로, 찬송가 〈평화 평화로다〉를 하루 종일 반복해 부르시기도 했다.

다시 양로원을 나와 다우니(Downey)의 양로원으로, 한 달 후에는 LA의 다른 양로원으로 옮기셨다. 그때 나이는 아마 84세쯤이었을 것이다. 모시고 가 절차를 마치고 기도드릴 때, 할아버지는 내 손을 힘 있게 잡고 "아멘, 아멘, 아멘" 하셨다.

몇 차례 방문한 어느 날, 나는 반지 이야기를 조심스럽게 꺼냈다. 그제야 처음으로 자식들 이야기를 하셨다.

"아들 중엔 대학교 교수도 있고, LA엔 딸도 있어요."

그리고 그 반지는 멀리 던져 버렸다고 했다. 그 반지를 던진 날, 가족에 대한 모든 미련도 함께 던져 버렸다고.

"목사님, 다 제 잘못입니다. 하나님, 제가 가족을 미워하지 않게 해 주세요."

간절히 기도하실 때마다, 하나님께서 그 마음을 평안케 해 주셨다. 안타까운 마음에 그 후로 두 번 더 할머니께 전화를 드렸지만, 끝내 받지 않으셨다.

시간이 흘러 1년여 만에 다시 찾아갔을 때, 할아버지는 누구도 알아보지 못했다. 치매가 온 것이었다. 마음이 아파 손을 잡고

"김 목사입니다"를 몇 번이고 반복하자 놀랍게도 "아… 김… 목사님" 하며 내 손을 전처럼 꼭 잡으셨다. "감사합니다, 목사님." 가족 이야기를 물었지만 아내도, 아들도, 딸도, 아무도 기억하지 못하셨다. 그런데 그 얼굴은 어린아이처럼 순전했다. 웃음도 아이 같고, 얼굴에는 분노도, 살기를 띤 독기도 찾아볼 수 없었다. 그토록 천진난만하고 인자했다. 나는 하나님께 간절히 감사 기도를 드렸다.

망각이 없었다면 그 버림을 어떻게 견딜 수 있었을까. 날마다 심연에서 떠오르는 분노와 절망을 어떻게 소화할 수 있었을까. 하나님께서 그 영혼을 사랑하셔서 행복한 망각을 주셨다고 나는 믿는다. 주님이 다 걷어 가셨다. 이 땅에서 그토록 강했던 육신의 정욕, 이생의 자랑, 안목의 정욕, 미움과 분노까지 다 걷어 가시고 오직 하나님만 기억하게 하셨다.

때로 하나님은 우리의 인생에 고통과 아픔, 문제를 허락하신다. 그 문제들로 주님께 돌이키게 하시고 우리를 온전하게 하신다. 그래서 인생의 길고도 아픈 과정을 지나게 하시되, 오직 하나님의 은혜로만 살도록, 하나님만 의지하도록 인도하신다. 이것이 축복이다. 축복은 이 세상의 재물과 영광, 힘이 아니다.

3년의 팬데믹이 지나갔다. 샘 할아버지의 이름은 더는 양로원 명단에도, 전우회 명단에도 없었다. 집으로 돌아오는 길, 언젠가 할아버지가 하루 종일 중얼거리며 부르던 찬송을 나도 흥얼거렸다. 돌짝밭 같던 그 마음에 부어 주시던 은혜를 떠올리며,

내 마음에 한 노래 있어 나 즐겁게 늘 부르네… 평화, 평화로다, 하나님 주신 선물, 오! 크고 놀라운 평화, 하나님 선물일세
| 찬송가 468장

내 부모는 나를 버렸으나 여호와는 나를 영접하시리이다
| 시 27:10

이 하나님은 영원히 우리 하나님이시니 우리를 죽을 때까지 인도하시리로다 | 시 48:14

# 15
## 눈물로 남편을 품은 한 아내의 기도

 한 사람이 얼마나 중요한지, 한 사람의 의로운 행동이 얼마나 값진지, 한 사람의 믿음이 얼마나 많은 생명을 살릴 수 있는지, 나는 지금도 이 말씀을 깊이 묵상하곤 했다. 성경에서도 이렇게 기록되어 있다.

 "한 사람으로 말미암아 죄가 세상에 들어오고, 사망이 이르게 되었으나, 한 사람의 의로운 행위로 말미암아 많은 사람이 생명에 이르렀다."

 그 '한 사람'이 바로 주님이셨다.

 나는 지금도 그 가정을 떠올릴 때마다 감사가 흘러나온다. 이제 그 집에는 든든한 남편이 있고, 장성해 부모의 기쁨이 된 두 남매가 있다. 이 모든 변화의 중심에는 한 남편의 아내이자, 두 남매의 어머니가 있었다. 그 가정은 지금 주님의 사랑 안에서 살고 있다. 기도가 있는 집, 어떤 일을 만나도 먼저 주님의 뜻을 묻는 가족, 가난하고 어려운 이를 보면 모른 척하지 않는 가족이 되었다.

그 아내는 길고도 힘든 세월을 꿋꿋이 견디며 수많은 눈물을 삼켰고, 억척같이 두 남매를 키워냈다. 나는 그녀의 남편을 감옥에서 처음 만났다. LA에서 4시간가량 떨어진 산타바바라 지역의 교도소였다.

우리 사역팀은 한 달에 한 번 그곳을 방문해 말씀을 전했는데, 그 안에는 열 명 남짓의 한인 재소자들이 있었다. 그중 한 명이 바로 그녀의 남편이었고, 그는 긴 형기를 선고받고 복역 중이었다.

몇 년 뒤, 남은 형기를 마친 그는 가정으로 돌아왔다. 그때 나는 처음으로 아내를 만났다. 첫인상은 아직도 잊히지 않는다. 그녀의 얼굴에는 오랜 세월 흘린 눈물 자국이 남아 있었고, 금방이라도 울 것 같은 표정이었다.

그 시절 우리는 아르테시아(Artesia) 산업단지에서 교회와 선교회를 함께 하고 있었는데, 남편은 가끔 교회에 나왔지만 아내는 좀처럼 모습을 드러내지 않았다.

나는 종종 그 가정을 심방했다. 출소 후 하루도 쉬지 않고 직장을 잡아 묵묵히 일하는 남편의 모습을 보며 놀라움과 감사가 일었고, 격려하기 위해 그의 일터를 방문하기도 했다.

그러나 만날 때마다 느껴지는 것은, 아내의 마음속 깊은 곳에 10년 넘는 세월 동안 남편 없이 홀로 아이들을 키워온 상처와 응어리가 여전히 풀리지 않았다는 사실이었다.

이민 목회와 사역을 하며 나는 수많은 가정의 무너짐을 지켜보았다. 특히 이민 사회는 일반 목회보다도 더 치열하고, 더 처참한 현실 속에 있었다. 서로 울면서도 일어서지 못하는 가정들, 교회 안에서도 말 못 하고 끙끙 앓는 부모들, 그리고 자녀와의 대화 단절.

미국에서 자란 아이들은 부모와 가치관과 문화가 달라 서로를 이해하지 못했고, 그 차이가 문제를 더욱 깊게 만들었다. 그중에서도 가장 큰 시련은 부부 중 한 사람이 감옥에 가는 일이었다.

집값과 생활비를 맞추기 위해 부부가 함께 일해야 하는 이민 현실 속에서, 한쪽이 수감되면 경제적 부담뿐 아니라 가정 자체가 무너질 위기에 놓였다. 실제로 내가 만나고 돕고 중보했던 가정들의 대부분은 깨어졌고, 자녀들에게 평생 지울 수 없는 상처를 남겼다. 처음엔 버티다가도 중도에 포기하거나 이혼하는 경우가 많았고, 설령 기다려서 출소를 맞이하더라도 그 이후의 갈등이 더 컸다.

그것이 바로 '보상 심리'였다. 오랜 수감 기간 혼자 가정을 지킨 배우자가, 그 모든 책임을 상대에게 돌리며 경제적·정서적 보상을 요구하는 것이다. 이 갈등을 넘지 못하고 다시 범죄를 저질러 재수감되는 경우도 적지 않았다. 미국의 재범률은 73%에 달한다.

이민자의 현실은 회복이 더욱 어렵다. 출소 후에도 3~5년의 보호관찰 기간이 있고, 그 안에 작은 잘못 하나만 있어도 다시 감옥으로 돌아가야 한다. 법과 제도에 익숙하지 않은 이민자들은 늘 불리한 조건 속에서 싸워야 했다.

내가 아는 한 목사님은 90세가 넘어서까지 사명을 감당하시다가, 암 진단을 받고도 수술 권유를 거절하시며 주님의 부르심을 준비하셨다. 임종을 앞두고 한 장로님이 "목사님, 하나님 다음으로 가장 소중했던 것이 무엇입니까?"라고 묻자, 목사님은 주저 없이 대답하셨다.

"가족이야… 가족."

정말 그랬다. 가족은 하나님께서 우리에게 주신 축복의 근원이었다. 세상의 죄와 마귀의 공격, 인간관계의 상처 속에서도 버티게 하는 힘이었다. 사역을 하며 깨달은 것은 이것이었다. 가족이 없으면, 출소 후에도, 마약 중독에서도, 사람은 다시 일어서기 어렵다.

오늘 이야기의 주인공인 이 아내는 그 귀한 가정을 지켜냈다. 조그만 어려움에도 가족을 버리는 세태 속에서, 그녀는 십 년 넘는 파란을 견디며 끝까지 남편을 붙들고 두 남매를 지켰다. 예배를 빠지지 않았고, 주님을 더욱 의지했다. 어떤 고통도 주님 안에서는 끝이 아님을 믿었고, 항상 믿음의 말로 고백했다.

남편이 10여 년의 형기를 마치고 돌아왔을 때, 아내의 마음에도 분명 보상 심리가 있었을 것이다. 그러나 그녀는 말씀에 순종했다. 어릴 적부터 주일학교에서 배운 하나님의 말씀을 붙잡고, 이를 악물고 기도로 그 마음을 다스렸다.

그녀의 고백 속에서 나는 분명한 답을 보았다. 그 답은 바로, "하나님"이었다. 하나님은 그 딸의 눈물의 기도를 병에 담아 잊지 않으셨고, 때로는 그녀를 대신해 함께 울어 주셨다.

그 가정의 또 다른 이야기는 이렇게 이어졌다. 한 가족이 미국으로 이민 와, 부부가 함께 열심히 일하며 두 자녀를 키웠다. 아내는 꾸준히 교회에 나갔지만, 남편은 늘 바쁘다는 이유로 예배를 소홀히 했다. 세월이 흘러 이들은 안정된 생활을 누리게 되었다. 돈도 모았고, 넓은 집도 샀으며, 자녀들도 잘 자라 주었다.

그 무렵 남편의 마음에 변화가 생겼다. 모든 것이 풍족해지자 점점 세상으로 마음을 빼앗겼고, 결국 젊은 여자와 바람을 피우게 되었다. 아내의 간곡한 충고에도 그는 끝내 집을 나가 그 여자와 함께 살기 시작했다. 심지어 모아온 재산과 집까지 모두 팔아 버렸다.

아내는 하루아침에 수십 년 전 이민 초기처럼 모든 것을 잃고, 다시 작은 아파트로 이사해 일터로 나가야 했다. 그렇게 세월이 흘렀다.

그러던 어느 날, 아파트 앞에 거지 꼴의 한 남자가 앉아 있었다. 가까이 다가가 보니, 그 남자는 다름 아닌 남편이었다. 젊은 여자에게 버림받고, 암에 걸린 상태였다.

아내는 기가 막혔지만, 옛정이 남아 있었다. 그는 남편을 집 안으로 들여 따뜻한 음식을 내주었다. 그러나 그날 밤, 아내의 마음은 복잡했다. 지난 세월의 억울함과 분노가 다시 치밀어 올랐다.

아내는 결국 목사님을 찾아가 울며 하소연했다.

"목사님, 어떻게 저 사람을 사랑하라는 말씀이십니까? 이건 말도 안 됩니다."

목사님의 대답은 한결같았다.

"사랑은 오래 참는 것입니다."

아내는 그 말에 더 화가 났다.

"목사님, 저건 불가능한 이야기입니다. 제가 어떻게 저 인간을 사랑합니까?"

그러나 목사님은 조용히 다시 말했다.

"사랑은… 오래 참는 것입니다."

그날 집으로 돌아온 아내는 골방에 들어가 한없이 울었다. 주님께 지난날의 억울함과 상처를 쏟아냈다. 그런데 기도 중에도, 계속해서 목사님의 말씀이 떠올랐다. '사랑은 오래 참는 것입니다.'

그 말씀을 붙잡고, 아내는 그날 밤을 겨우 견뎠다.

잠시 뒤, 남편이 잠든 안방을 조심스레 열어보았다. 미움과 분노로만 보였던 그 사람이, 갑자기 너무 불쌍하게 보였다. 눈물이 났다.

다음 날, 아내는 다시 견디기 위해 목사님을 찾아갔다. 목사님은 이번에도 간절히 기도해 주시며, 고린도전서 13장의 말씀을 다시 전했다.

"집사님, 사랑은 오래 참는 것입니다."

아내는 자녀들에게도 아버지의 상황을 알렸다. 그러나 아이들은 아무 대답도 하지 못했다. 그럼에도 아내는 남편을 데리고 주일마다 예배에 나갔다.

어느 날 남편은 아내에게 말했다. "의사가 그러는데… 앞으로 6개월밖에 못 산다오. 미안하오." 그 말을 들은 아내는 더욱 간절히 기도했다. 새벽마다 남편을 데리고 기도회에 나갔다. "주님, 이 원수를 불쌍히 여겨 주옵소서. 예수님을 영접하게 하시고, 하나님 나라에 들어가게 해 주옵소서."

시간이 흐르면서, 목사님의 말씀이 아내의 마음속에 은혜로 다가왔다. '사랑은 오래 참는 것입니다.' 그 말은 이제 "아멘"으로, 그리고 "감사"로 바뀌었다.

남편은 마침내 세례를 받았다. 할렐루야! 그리고 의사의 예측과 달리, 6개월이 3년으로 연장되는 은혜를 주님이 허락하셨다.

마지막 순간, 남편은 아내의 손을 잡고 말했다.

"여보… 미안하오. 내 인생에서 가장 행복했던 시간은 당신과 함께한 시간이었소. 천국에서 기다리겠소."

그 권사님은 이렇게 고백했다. "그 마지막 말은 칠십 평생의 어떤 고난보다도 귀한 것이었어요. 주님이 나를 오래 참아 주신 것처럼, 나도 그 사람을 오래 참을 수 있었어요. 감사합니다, 주님."

# 16
## 20달러의 불행, 은혜의 회복으로

미국 땅에서 처음 마주한, 우리 이민 자녀들의 현실을 뼈아프게 보여 준 사건이었다. 그 당시 오렌지 카운티(Orange County)에는 코리안 프라우드(Korean Proud)라는 한인 갱단이 있었다. 목사 안수를 받고 노워크(Norwalk)의 작은 교실 하나를 빌려, 가족과 유학생 세 명이 함께 예배드리며 감옥 사역을 막 시작했을 즈음이었다.

어느 날, 한 아버지에게서 전화가 걸려 왔다. 열몇 살 아들이 칼에 찔려 병원에 있다는 소식이었다. 그의 목소리는 떨렸고 다급했다.

"목사님이 감옥 사역을 하신다고 해서…."

남의 나라에서 어린 아들이 칼에 찔려 위독하다니, 그 아버지의 심정이 오죽했을까. 병원 방문은 거절됐다. 위험한 상태라 외부인은 접견이 불가하다는 것이었다. 나는 매일 아버지로부터 아이의 상태를 전해 들었고, 기도 말고는 할 수 있는 일이 없었다.

그 사이 사건은 한인타운(Koreatown)을 중심으로 경찰 수사가 진행 중이었다. 한 달쯤 지나, 아직 완쾌되지 않은 상태에서 그 아이는 카운티 교도소(County Jail)로 이송됐다. '열다섯 살 아이를, 그것도 신장을 하나 떼어낼 만큼 중상을 입은 아이를 감옥으로 보낼 수 있단 말인가.' 의아함과 분노가 뒤섞였다.

그 아이는 열다섯이었다. 이미 갱단에 몸을 담고 있었다. 나는 카운티 교도소로 그를 찾아갔다. 그날 본 그의 눈빛이 한동안 마음을 떠나지 않았다.

그의 눈. 분노로 얼룩진, 금방이라도 욕설이 터져 나올 듯한 눈빛. 머리 한쪽은 짧게 밀고, 다른 한쪽은 염색한 긴 머리카락이 늘어져 있었다. 균형이 무너진 머리 모양처럼, 그의 삶도 그렇게 무너져 있었다. 그리고 자신을 찾아온 목사에게 세상을 향한 분노와 상처가 뒤엉킨 거칠고 무례한 태도를 보였다. 그의 태도 뒤에 숨은 외로움이 보여서, 한동안 마음이 먹먹해졌다.

두 주쯤 뒤, 자정 무렵이었다. 교도소 교도관이 전화를 걸어왔다.

"K군이 김 목사님(Pastor Kim)을 만나고 싶어 합니다. 지금 오실 수 있습니까?"

나는 한인으로는 처음으로 어토니 보드(Attorney Bond) 프로그램에 등록되어 있었다. 24시간 언제든 재소자를 면회할 수 있는 자격이었다. 초창기엔 그 자격이 정확히 어떤 의미인지도 모른 채 그저 감옥으로 향하곤 했다.

그때는 그것이 얼마나 귀한 길인지도 몰랐지만, 지금은 안다. 주님이 열어 주신 길이었다. "가겠습니다." 한밤중 카운티 교도소로 향했다.

뒤로 수갑이 채워지고, 허리에 긴 체인을 두른 채 끌려 나온 아이를 보는 순간, 내 아들이 겹쳐 보였다. 그때 우리 딸과 아들의 나이가 그와 비슷했다.

아이는 나오자마자 급히 말을 내뱉었다.

"목사님, '그린 나이트(Green Night)'를 당했어요."

"그린… 나이트?"

"예. 여긴 여러 인종이 섞여 있어서, 서로 싸움을 걸어요. 그들의 눈에 들지 않으면, 식사 시간에 갑자기 몰려와서 식판으로, 주먹으로, 발로… 사정없이 덤벼요, 단체로 린치(lynching)를 해요."

"그들과 싸우다 그렇게 된 거니? 수술한 곳은 괜찮니?"

"아직 다 낫진 않았어요. 그래도 좀 좋아졌어요."

그의 얼굴과 눈가는 명투성이였다. 그 아이는 또 LA 카운티 교도소(LA County Jail)에서 벌어진 한인 재소자 사건을 이야기했다. '그린 나이트'가 특히 스페니시(Spanish) 재소자 그룹에서 자주 일어나는데, 한인이 크게 다친 일이 있었고, 미결수 신분임에도 보호받지 못해 소송 끝에 보상을 받았다고 했다.

그를 보며 연민이 일었다. 부모를 따라온 이 땅에서, 이렇게 살아가는 아이들이 있구나. 겉은 거칠지만 속은 아직 한없이 어린아이, 텅 빈 마음. 처음 만났을 때 느꼈던 분노와 독기의 눈빛이, 그날 밤에는 다르게 보였다.

주님이 주신 시선이었다.

그 뒤로 나는 거의 주중에 한 번씩 그를 찾아가 말씀을 전하고 함께 기도했다. 그때 붙잡았던 말씀이 로마서 8장 28절이었다.

"하나님을 사랑하는 자, 곧 그 뜻대로 부르심을 입은 자들에게는 모든 것이 합력하여 선을 이루느니라."

그리고 15년 뒤, 그는 출소 후 어느 모임에서 간증하며 말했다.

"하나님이 모든 것을 합력하여 선을 이루어 주셨습니다."

그의 이야기를 들을수록 깨달았다. 그가 걸어온 길은 곧 우리 이민 자녀들의 이야기였다. 그를 통해, 이 땅에서 가장 중요한 것은 믿음의 터전인 가정, 그리고 서로를 지탱해 주는 가족이라는 사실을 절절히 배웠다.

"목사님, 저는 20달러 때문에 칼에 찔렸어요. 칼이 제 신장을 건드려서, 하나를 잘라냈어요."

재판은 냉정했다. 왜 미국 감옥에 '어린' 한인 아이들이 그렇게 많은가. 다섯이면 청소년법이 적용돼야 하지만, 그는 성인 재판으로 넘겨져 15년 형을 받았다.

그때 알았다. 한인 아이들이 사건을 일으키면, 대부분 청소년법이 아닌 성인 재판으로 처리된다는 것을. 한 번 무너지면 일어서기 어려운 땅. 미국의 법은 무섭고, 냉혹했다.

많은 교민이 이 사실을 잘 알지 못했다. 한국의 정(情)과 관용에 익숙한 신용사회 감각으로는 상상하기 어려운 현실이다. 미국은 법과 원칙이 우선하는 나라다. 문화와 가치가 전혀 다르고, 단 한 번의 실수라도 법을 어기면 즉시 처벌이 따른다. 이민자 사회는 그 법의 테두리 안에서 철저히 관리된다. 그래서 이 땅의 법은 냉정했고, 그 대가는 참으로 혹독했다. 한 번의 실수, 한 번의 분노, 한 번의 잘못된 선택이 이민자 인생 전체를 뒤흔들 만큼 무거운 결과로 이어졌다.

내가 총을 쏘지 않았어도, 같은 자리에 있었다면 공범이다. 같은 종신형을 받을 수 있다. 출감 후에는 프로베이션(Probation), 그리고 파롤(Parole) 기간이 이어진다. 그 기간에 한 번의 실수만 있어도, 다시 감옥으로 돌아가야 하는 무거운 현실이 기다린다.

게다가 법과 제도, 신용 중심의 사회에 아직 익숙하지 않은 우리의 생활방식. "잘 살아 보자"라는 생존의 구호 아래, 부모는 일터로 나가고 자녀는 방치된다. 언어도, 문화도 다른 땅에서 얼마나 많은 아이들이 무너지고 다시 서지 못하는가. 한국이라면 경고 한마디로 끝났을 일들이, 이곳에서는 인생을 송두리째 바꾸는 10년, 20년의 형이 된다.

부모는 영어도 서툴고, 먹고사는 일에 급급해 자녀 교육에 신경 쓸 여유가 없다.

그렇게 가정은 더 취약해진다.

그는 결국 성인 재판으로 15년 형을 선고받았다. 가든 그로브(Garden Grove)에서 7시간 거리의 레벨 4 감옥으로 이감됐다.

샌프란시스코(San Francisco) 근처, 북가주의 감옥이었다.

다행히 그곳에는 이미 우리가 돌보던 한 형제가 있었다. 나는 그 아이를 그 형제에게 부탁했다. 그는 그 형의 보호를 받으며 수감생활을 비교적 안정적으로 시작할 수 있었다. 북가주 지역에서도 사건을 겪은 한인들이 몇 있었고, 이후 나와 아내는 번갈아 가며 그 형제들을 찾아 다녔다.

몇 년 뒤, 그는 코알링가(Coalinga) 감옥으로 옮겨졌다. 나는 계속 말씀을 가르쳤고, 신앙 서적을 보냈다. 마틴 로이드-존스(Martyn Lloyd-Jones) 목사님의 책들, 그리고 바이블 칼리지(Bible College) 통신 과정을 함께 시작하게 했다. 그는 점점 말씀에 붙잡혔고, 보수적 장로교 신앙 교리에 뿌리를 내렸다. 감옥 안에서 열심히 공부했고, 마침내 바이블 칼리지를 졸업했다.

미국은 선고 형량의 85%를 기준으로 굿 타임(Good Time)이 적용된다. 그는 약 13년 만에 출소했다.

그를 보며 영화 〈쇼생크 탈출〉이 떠올랐다. 오랜 수감 끝에 사회로 나온 자들이, 책임의 무게를 감당하지 못해 무너지고 삶을 마감하는 이야기였다. 감옥에서는 스스로 결정할 수 있는 일이 거의 없다. 규칙과 명령으로만 살아간다. 하지만 사회는 다르다. 모든 것에 책임이 따른다. 스스로 책임을 지는 삶을 다시 살아내야 하는데, 그 책임의 무게가 너무 커, 많은 이들이 다시 쓰러진다. 자유는 은혜이지만, 동시에 감당해야 할 짐이었다.

진정한 자유는 방종이 아니라, 책임 위에 세워진 믿음의 삶임을 그때 다시 깨달았다. 그래서 그는, 그리고 나 역시 주님 안에서 다시 일어설 힘이 없이는 결코 설 수 없다는 것을 배웠다.

그가 출소한 지 며칠 안 돼 밤늦게 전화가 왔다.

"목사님, 다른 곳에서 살고 싶어요."

약 13년 만에 돌아간 집에서 그가 느낀 것은 깊은 슬픔이었다. 아무것도 변하지 않았다. 가족도, 공기도.

나는 그에게 자전거 한 대를 사 주었다. 동역 권사님의 회사에 취직을 도왔고, 밤에는 C.C. Church의 미니스트리 스쿨(Ministry School)에서 공부하도록 이끌었다. 지역의 작은 침례교회에서는 전도사로 섬겼다.

6개월 후, 선교회에서 그가 영적인 사역을 맡았다. 감옥의 재소자들에게 말씀을 가르치는 바이블 칼리지 통신 사역. 미니스트리 스쿨을 마친 그는 정식 신학교에 진학했고, 선교회 후원자들이 그의 학비를 감당해 주었다.

한 영혼을 주님 안에서 살리고 세워, 세상 속에서 거룩한 백성으로 서 가도록 붙잡아 주고 버팀목이 되어 준 손길들이었다. 드디어 그는 정식 신학교를 졸업했고, 침례교단에서 목사 안수를 받았다. 그날 모두가 하나님께 영광을 돌렸다.

하나님은 그가 돌이켰을 때, 귀한 선물로 한 여인을 예비하셨다. 아직 젊었던 그는 친구들의 소개로 몇 차례 교제를 시도했지만, 자신의 과거를 고백하는 순간마다 상대는 "왜 이제야 말하느냐"라며 돌아섰다. 남겨진 것은 실망과 자책뿐이었다. 그러나 그때도 하나님은 또 다른 은혜를 준비하고 계셨다.

어느 날 그는 아내에게 조심스럽게 속마음을 털어놓았다.

"두 사람에게 제 과거를 말했더니, 원망하고 떠났어요."

아내가 물었다.

"네 과거를 언제 고백했니?"

"어느 정도 사귀고 난 한참 뒤에요."

아내는 조용히, 그러나 단호하게 말했다.

"만나자마자, 네 과거를 진실하게 고백해. 숨기지 말고, 처음부터 솔직하게 말해. 그게 하나님이 기뻐하시는 길이야."

그는 그 조언을 붙잡았다. 세 번째 만남에서, 첫날부터 자신의 지난 시간과 상처, 모든 과거를 진실하게 고백했다. 잠시 침묵이 흘렀다. 그리고 그녀는 조용히 눈물을 흘리며 그를 품에 안았다.

그 순간, 그의 마음을 바위처럼 짓누르던 두려움과 사망의 그림자들이 스르르 녹아내렸다. 하나님의 진리 앞에 선 한 정직한 고백, 그리고 그 고백을 사랑으로 받아 준 한 여인의 품 안에서 그는 처음으로 진정한 용서와 사랑을 느꼈다. 그의 삶은 다시 소망으로 피어올랐다. 하나님은 그런 분이시다.

그들은 축복 속에 결혼했다. 그는 자그마한 교회를 개척해 주님의 종으로 섬기고 있다. 주님의 흔적을 몸에 지니고, 진리를 말하며, 거룩을 향해 자신을 채찍질 (訓練)하며 주님을 좇아 걷는다.

그리고 그는, 처음 우리가 함께 붙들었던 그 말씀을 오늘도 기억한다.

> 하나님을 사랑하는 자들에게는 모든 것이 합력하여 선을 이루느니라 | 롬 8:28

그 '20달러의 불행'조차, 하나님은 선으로 바꾸셨다. 그를 통해 나는, 하나님께서 한 영혼의 눈물을 헛되이 하지 않으신다는 사실을 배웠다. 인생의 실패조차 주님의 손에 붙들리면 회복의 통로가 된다. 인간의 실수와 연약함조차 주님의 계획 안에서는 교훈이 되고, 눈물의 골짜기도 믿음의 훈련장이 된다.

우리의 사역이, 바로 그 한 영혼을 품는 일임을 다시 깨닫게 하셨다. 나는 오늘도 이 고백 위에 선다.

"하나님은 언제나, 그리고 끝내 선을 이루신다."

# 17
## 한 가정의 비극이 남긴 공의의 교훈

이 이야기는 슬픈 가정의 이야기다. 성경에 기록된 룻의 가정을 떠올리게 한다. 그리고 이 이야기는 아직 끝나지 않았다.

내가 오렌지 카운티 교도소(Orange County Jail)에서 사역을 시작했을 때, 두 번째로 마주했던 사건이었다.

성경의 룻기는 사사기 다음에 기록되어 있다. 사사기는 그 당시 이스라엘의 신앙 상태와 사회상을 적나라하게 보여 준다.

> 그때에 이스라엘에 왕이 없으므로, 사람이 각각 그 소견에 옳은 대로 행하였더라 | 삿 21:25

사사들이 치리하던 그때, 그 땅에 흉년이 들었다. 베들레헴의 한 사람이 아내와 두 아들을 데리고 모압 지방으로 내려가 머물렀다. 그러나 그 흉년을 피해 잠시 머물던 그 땅에서, 그는 남편을 잃고 두 아들마저 세상을 떠나는 비극을 맞았다. 모압에 내려간 지 7년째였다. 인생의 흉년 앞에서, 어디로 내려가느냐에 따라 가정의 운명이 꺾이기도, 다시 세워지기도 한다.

성경은 또 다른 예를 숨김없이 보여 준다. 창세기 12장은 믿음의 조상 아브라함의 삶 속에 드러난 믿음과 연약함의 양면을 그대로 기록한다. 하나님은 아브라함을 택하셨다. 하나님을 떠나 저주와 사망 가운데 있던 인류를 구원의 길로 이끄시기 위해, 한 사람을 부르신 것이다.

"너는 너의 본토 친척 아비 집을 떠나 내가 네게 보여 줄 땅으로 가라."

그 부르심에 아브라함은 믿음으로 순종했다. 그리고 하나님은 약속하셨다.

"너는 복의 근원이 될지라. 너를 축복하는 자를 내가 축복하고, 너를 저주하는 자를 내가 저주하리니, 땅의 모든 족속이 너로 말미암아 복을 얻을 것이라."

아브라함은 조카 롯과 함께 약속의 땅으로 들어가, 제단을 쌓고 여호와의 이름을 불렀다. 그러나 시간이 지나 그 땅에 기근이 들자, 그는 점점 남방으로, 곧 하나님의 임재가 머물지 않는 애굽으로 내려갔다. 믿음의 사람 아브라함조차 현실의 기근 앞에서 인간적인 판단을 내렸다.

인간은 얼마나 연약한가. 하나님께서 주신 약속의 땅에서도, 눈앞의 결핍이 두려워 믿음의 방향을 잃어버리는 것이 바로 인간의 모습이었다.

아메리칸드림을 품고 이 땅에 들어온 우리 교민들의 모습 속에서도, 나는 이와 같은 신앙의 흉년과 영적 방황을 보았다. 한 이민자의 마음으로, 자녀를 이끌고 이국에 들어온 한 아버지의 마음으로, 또 양 떼를 돌보는 목회자의 눈으로, 나는 그들의 현실을 마주했다. 그리고 흉년 속에 하나님의 임재가 떠난 모압으로 내려가 남편과 두 아들을 잃은 나오미의 집과 닮은 한 가정의 비극을 함께 겪게 되었다.

그녀는 살인미수 혐의로 카운티 교도소에 수감되었다. 나는 일주일에 한 번씩 그녀를 찾아가 이야기를 나누었다. 카운티 교도소 맞은편에는 캘리포니아에서 가장 시설이 좋은 샌타애나 시티 교도소(Santa Ana City Jail)가 있었고, 그곳에는 이 사건과 관련된 두 소년이 수감되어 있었다. 한 명은 프랑스계, 한 명은 중국계였다. 나는 사역팀과 함께 시티 교도소에서도 예배를 드렸기 때문에, 한 주는 소년들을, 다음 주는 카운티 교도소의 그녀를 만났다.

이 사건은 한인타운에 큰 파장을 일으켰다. 심지어 한국의 변호사 그룹이 그녀를 돕겠다며 한인 변호사를 파견하려 했다. 그러나 한국에서 온 변호사의 역할은 오히려 미국 재판정에서 부정적 인상을 남기고 말았다.

검사의 요청으로, 나는 그녀의 정신적·영적 상태를 살펴온 사역자로서 증인석에 섰다. 검사는 내가 매주 그녀를 만나 나눈 신앙적 반성과 태도에 대해 집요하게 질문했다.

미국 언론은 이 사건을 '쌍둥이 사건(Twins Case)'이라 부르며 대대적으로 보도했다. 이민자 가정의 실상과 정서를 파헤쳐 하나의 사회적 이슈로 만들었다.

나는 마지막 공판에서, 여성 판사가 내리던 단호한 말을 기억한다. 그녀에게 종신형이 선고되었다. 사람을 죽인 것도, 물리적 피해가 치명적이었던 것도 아니었다. 그러나 재판부는 범행 동기와 사회적 파장을 매우 무겁게 판단했다.

어느 변호사가 내게 말해 준 미국 재판의 기준이 떠올랐다.

"미국 법정은 세 가지를 봅니다. 가정, 커뮤니티의 관심, 그리고 교회의 관심."

이 사건을 계기로 한인 커뮤니티의 관심이 폭발하자, 우리 선교회에도 구명운동의 요청이 빗발쳤다. 여러 한인 단체가 연일 신문에 호소문을 게재했다.

우리는 실제적 도움을 주기 위해 항소 전문 변호사 론 맥그래거(Ron McGregor)를 선임하기로 했다. 이를 위해 한인 교회와 사회를 향해 대대적인 모금을 시작했다. LA 지역에서는 음악회를 열어 변호사 기금을 마련하기도 했다.

하지만 타국에서 처음 진행한 대규모 구명운동은 생각보다 훨씬 복잡했다. 기도와 최선을 다했지만, 예상치 못한 오해와 갈등이 뒤따랐다. 차가 없어 렌터카를 이용한 것조차 오해의 빌미가 되었다. 결국 우리는 항소 전문 변호사를 선임했지만, 항소는 기각되었고 아무런 결실도 보지 못했다.

그 과정을 지나며, 우리는 사역의 본질과 한인 사회의 민낯에 대해 깊이 배웠다. 어떤 기자는 그녀를 돕겠다며 사건을 연극으로 만들었고, 어떤 목회자는 영화화를 계획하며 교육적 가치를 이야기했다. 그러나 그 시도의 동기가 얼마나 순수한가 하는 의문이 남았다.

한인 사회에 번진 관심은 '사랑'과 '동정'의 이름으로 포장되었지만, 그녀가 차우칠라(Chowchilla) 여성 교도소로 이감된 이후에도 그녀와 가정을 둘러싼 소문과 오해는 끊이지 않았다.

내가 알기로는, 그녀를 찾아가 돌보려 했던 여러 목회자가 있었다. 하지만 정작, 사건의 피해자라 할 수 있는 어머니와 언니의 목소리는 들리지 않았다.

지금, 그녀는 30여 년의 수감생활을 마치고 출소한 지 오래다. 세월이 흐른 뒤, 나는 이 사건이 우리 사역자들과 한인 커뮤니티에 남긴 깊은 교훈을 곱씹는다.

무엇보다, 깊은 자성(自省)이었다. 나는 스스로에게 물었다.

"우리가 벌인 구명운동은 정말 그녀의 영혼에 유익했는가?"

"우리가 한 일은 착한 행위였는가, 아니면 영혼을 구원하기 위한 사역이었는가?"

"70여 건의 '사랑'과 '긍휼'이 그녀의 회개에 어떤 영향을 미쳤는가?"

"한인 사회와 교회의 관심은 피해자 가족에게 어떤 흔적을 남겼는가?"

나는 깨달았다. 동정은 때로 죄를 마비시킨다. 수없이 쏟아진 '사랑'과 '긍휼'의 행위들이, 오히려 그녀와 가족 간의 화해를 가로막는 걸림돌이 되었다. 지나친 관심은 그녀로 하여금 착각하게 만들었다. 우리는 끝까지, 주님 안에서 사랑을 완성하지 못했다. 그리고 결론은 분명했다. 우리가 한 구명운동은 옳지 않았다. 그것은 주님이 맡기신 사명이 아니었다.

카운티 제일에서 만난 한 크리스천 관선 변호사의 말이 지금도 마음을 찌른다.

그녀는 방송 인터뷰에서 이렇게 말했다.

사회자가 물었다.

"하나님의 공의를 어떻게 보십니까?"

그녀는 잠시 생각하더니, 자신이 맡았던 사건을 빗대어 대답했다.

"제가 사선일 때는, 하나님의 공의를 경험하지 못했습니다. 저는 돈을 받았고, 피고의 편에서 무조건 변호해야 했으니까요. 그러나 관선으로 바뀐 뒤, 한 사건에서 피고에게 '그것은 죄입니다'라고 말했더니, 그는 고개를 떨구고 '잘못했습니다'라고 고백했습니다. 저는 그것이 공의라고 믿습니다. 죄를 죄로 인정해 주는 것, 동정이 앞서지 않는 것. 그리고 그는 회개했고, 돌이킬 수 있었습니다. 저는 이것이 하나님의 공의라고 믿습니다."

그녀의 말은 내 마음 깊이 남았다.

"우리는 과연 무엇을 한 것인가."

30년의 세월이 흐른 뒤, 그녀는 마침내 출감되었다. 그러나 그 후로 그녀의 소식은 들리지 않았다. 가족의 소식도 마찬가지다.

나는 다만, 조용히 그들을 위해 기도할 뿐이다.

"주님, 그 가정을 긍휼히 여기소서.

주님의 공의로 다스리시고, 주님의 사랑으로 회복하소서."

때로 우리는 동정과 긍휼을 혼동한다. 사람의 동정은 눈물을 흘리게 하지만, 하나님의 긍휼은 회개와 새 생명을 낳는다. 이 사건을 통해 나는 배웠다. 진정한 사랑은 죄를 죄라 말할 수 있는 용기이며, 진정한 긍휼은 그 영혼이 다시 주님께 돌아오도록 붙드는 은혜임을.

30년의 세월 동안 변한 것은 세상뿐이었다. 그러나 하나님의 공의는 여전히 살아 있고, 그분의 긍휼은 여전히 죄인을 향해 손을 내미신다.

오늘도 나는 기도한다. 그녀와 그 가정이 하나님의 공의 안에서 정결하게 회복되기를. 그리고 그 위에 주님의 자비가 다시 피어나기를.

# 18
## 법정에서 마주한 인간의 연약함

나는 카운티 코트(Court)에 앉아 있는 시간이 참 많다. 주님께서 내게 맡기신 사역은 한 영혼을 향한 주님의 마음을 드러내는 일이었기 때문이다.

오렌지카운티(Orange County)에는 세 군데의 교도소(Jail)가 있었고, 지역마다 코트가 있었다. 아마 나만큼 코트를 자주 드나든 사람도 드물 것이다.

재소자 한 명을 제대로 돌보기 위한 첫 사역은, 그의 재판 날 방청석에 앉아 그 재판을 지켜보는 것이었다.

코트 한쪽에는 재소자들이 재판을 기다리는 구치소가 있고, 수인복을 입은 채 차례를 기다리는 재소자들이 앉아 있다. 그 자리에서, "목사가 내 재판을 보러 와 있다"라는 사실 하나가 한 영혼의 마음을 뒤흔들 수 있다는 것을 나는 한 형제의 편지를 통해 배웠다.

가족도, 친척도 없는 이국땅에서 잘못을 저질러 법정에 선 자리. 그 앞줄 어딘가에, 자기 위해 시간을 내어 앉아 기도하는 목사를 본 그는 큰 회개와 소망을 얻었다고 고백했다.

"목사님이 거기에 앉아 계신 모습을 보며, 예수님을 떠올렸습니다."

그 고백 이후로 나는 '재판 방청'을 사역의 첫걸음으로 삼았다.

하도 법정을 다니다 보니 나를 알아보는 판사들도 있었다. 한번은 일본계 판사 한 분이 한인 재소자의 재판정에서, 뒤편에 앉아 있던 내게 "당신은 누구냐"라고 물었다. 법원 브로커쯤으로 여긴 듯했다. "목사입니다"라고 답하니, 판사는 고개를 끄덕였다.

점심시간, 법정 카페에서 샌드위치를 먹고 있는데, 그 판사가 다가와 "Pastor Kim"이라 부르고 웃으며 옆에 앉아도 되겠느냐고 물었다. 우리는 반갑게 인사를 나누었고, 내 사역에 대해 묻는 판사에게 차분히 이야기를 들려드렸다.

헤어지며 그 판사가 남긴 한마디가 지금까지도 내 마음에 남아있다. 그 말은, 재소자 사역을 바라보는 내 시각을 깊게 깨우쳐 준 교훈이었다.

"김 목사님, 귀한 사역을 하십니다. 그런데요, 감옥 안에 있을 때는 다들 예수님을 잘 섬깁니다. 그러나 출소할 때는 예수님을 감옥에 남겨 두고, 혼자 나갑니다."

많은 이들이 말한다.

"죄는 미워하되, 사람은 미워하지 말라."

맞는 말이다. 나는 재소자들을 보며 죄와 사람을 분리해 보는 연습이 필요하다는 것을 배웠다.

그날도 나는 열여덟 살 된 한 형제의 결심 공판에 참석하기 위해 코트 뒤편에 앉아 그 영혼을 위해 기도하고 있었다. 그는 부모를 따라 미국에 왔고, 사춘기를 지나며 불행하게도 멕시칸 갱단에 가입했다. 멕시칸 갱단 중에서도 M13은 악명 높기로 유명하다. 그의 아버지는 작은 가게를 운영했고, 형이 함께 도왔다.

그러던 어느 날, 형의 친구가 가게를 찾아와 누군가를 비방하는 이야기를 했다. 그 대화를 듣고 있던 동생은 분노를 참지 못하고, 비방의 대상이 된 사람을 찾아가 총을 쏘았다. 결국 그는 살인을 저질렀다.

너무도 어처구니없는 사건이었다. 죄와 의를 분별하지 못한 청소년의 충동적 영웅심이 얼마나 무서운 결과를 낳는지, 나는 그 재판정에서 뼈아프게 보았다.

피고석 뒤편에는 부모가 앉아 있었고, 좌측에는 백발의 미국인 노부부가 자리했다. 잠시 후, 한 아시아계 젊은 여성이 아기를 품에 안고 들어와 앉았다.

그녀의 품속 아이는 돌이 채 되지 않아 보였다. 그녀가 든 피켓에는 아버지의 사진과 함께 이렇게 적혀 있었다.

"Daddy, I love you."

직감적으로 알 수 있었다. 그들이 피해자의 가족이라는 것을. 재판이 진행되는 도중, 그 아이가 피켓을 높이 들고 울부짖듯 외쳤다.

"Daddy! Daddy!"

순간 법정은 정적에 휩싸였다. 판사도, 검사도, 변호인도, 방청석의 모든 이들도

그 피켓을 바라보았다. 그제야 나는 알았다. 피해자의 아내가 한국인이라는 것을. 그리고 미국인 노부부는 그 여인의 시부모였다.

아… 이 비극을 어찌하랴. 그 아내가 한국 여자라니. 저 어린 아이, 아버지를 잃은 저 아이는 어쩌란 말인가….

그 순간, 나는 피고석의 청년을 위로하러 온 나 자신이 부끄러워졌다. 한 가정을 무너뜨리고, 젊은 한국인 아내를 홀로 남기고, 아이의 가슴에 지워지지 않을 상처를 남긴 그 사건 앞에서, "하나님이 당신을 사랑하십니다"라고 말하던 내 사역이 그 순간만큼은 의심스러웠다.

'저 희생자들은 누가 위로하나. 저들은 곧 잊혀질 텐데….'

혼란과 부끄러움, 죄스러움이 밀려왔다. 판결이 내려졌다. 50년형. 나중에 들은 이야기로는 검사, 판사, 변호인 간의 협의를 통해 25년형으로 감형하려 했으나, 그날 법정에서 울부짖던 그 아이의 피켓을 본 판사가 형량을 두 배로 늘렸다고 했다.

판결이 내려지자, 내 옆에 있던 피고의 어머니가 벌떡 일어나 피해자 아내를 향해 입에 담을 수 없는 욕설을 퍼붓더니 그 자리에서 기절하고 말았다.

나는 할 말을 잃었다. 그날 이후 한동안 깊은 회의감에 빠졌다.

'내가 하고 있는 이 사역이 정말 주님이 원하시는 일인가.'

그러나 태양은 여전히 떠오르고, 시간은 멈추지 않았다. 몇 달 뒤, 북가주의 한 교도소에서 희생자 가족을 위한 사역 세미나가 열린다는 소식을 듣고 참석했다. 그곳에서 나는, 미국 사회 속에서 잊혀 가는 희생자 가족들의 아픔을 끌어안고 치유와 회복을 위해 오랜 시간 씨름해 온 이들의 헌신을 보았다.

그 자리를 통해 나는 배웠다. 사역의 균형, 그리고 영혼을 다루는 겸손을.

세월이 흐른 뒤, 나는 멀리 수감된 그 형제를 다시 찾아갔다. 그러나 그의 영혼은 여전히 어두웠다. 기도 외에는 할 수 있는 일이 없었다.

몇 년 후, 또다시 그가 마음에 밟혀 찾아갔을 때, 그는 북가주의 정신병동으로 이감되는 날이었다. 그 이후로는 다시 볼 수 없었다.

한편, 지금도 종신형을 살며 30년 넘게 감옥에 있는, 이제는 50대가 된 한 형제가 크리스마스카드에 이렇게 적어 보냈다.

"날이 갈수록 하나님의 은혜는 늘어만 갑니다."

그 고백을 읽으며 나는 깊이 생각했다. 하나님을 떠난 인간의 삶에는 소망이 없지만, 하나님을 만난 자에게는 감옥조차 은혜의 학교가 된다.

철창 안에서 회개한 자는 비로소 자유를 배우고, 십자가 앞에 무릎 꿇은 자는 다시 일어설 용기를 얻는다.

그리고 지금도 내 마음에는 두 어머니의 얼굴이 남아 있다. 가해자의 어머니, 피해자의 어머니. 두 어머니의 눈물 속에 비친 인간의 연약함과 죄로 인해 갈라지고 상처 입은 두 가정. 눈물로 기도하던 두 여인을 기억하며, 나는 다시 무릎 꿇는다.

주여, 긍휼을 베푸소서. 그들의 눈물을 닦으시고, 우리 모두가 주님의 공의와 사랑으로 다시 서게 하소서.

## 19
## 다시 살아나게 하신 부활의 은혜

2011년, 부활주일을 앞둔 고난주간이었다. 그 주간 동안 나는 주님의 고난을 다시금 깊이 묵상하는 시간을 가졌다. 주님이 받으신 그 고통과 아픔, 그리고 끝까지 우리를 사랑하신 그 마음을 생각하면 마음이 먹먹해졌다.

나는 내 자신을 돌아보았다. '나는 지금 어디에 있는가. 주님을 죽이라고 외쳤던 군중 속에 있는가, 아니면 주님을 버리고 도망갔던 제자들의 무리에 있는가. 아니면 처음부터 끝까지 주님의 고난을 지켜보며 울던 여인들 속에 있는가.' 질문이 내 마음을 파고들며 나를 흔들었다.

고난주간 마지막 날, 교회 철야기도회에 참석했다. 온 교회가 함께 눈물로 기도하는 자리였다. 나 역시 많은 회개의 기도를 드렸다. "주님을 따른다" 말했지만, 정작 주님을 버리고 도망갔던 제자들과 다르지 않은 내 모습이 떠올랐다. 그 순간, 주님께서 위로의 음성을 주시는 듯했다.

"그래, 내가 죽는 것은 바로 그것 때문이란다. 네가 나를 버리고 떠났어도, 내가 죽을 때 너도 함께 죽었고, 내가 다시 살아날 때 너도 새 사람 되어 다시 살아나리라. 그러니 끝까지 나를 따르는 제자가 되어라."

그 순간 마음 깊은 곳에서 눈물이 터져 나왔다. 내가 가진 연약함과 실패에도 불구하고, 주님은 나를 버리지 않으시고 다시 일으켜 세워 주신다는 확신이 가슴 깊이 새겨졌다.

다음 날은 부활주일이었다. 교회에는 찬송과 기쁨이 가득했지만, 내 마음에 울려 퍼진 은혜는 단순한 감격 그 이상이었다. '다시 살아나라, 다시 일어나라'는 주님의 음성이 계속해서 들려왔다. 그 부활의 은혜가 내게 새로운 힘을 주었다.

그날 이후 나는 결심했다. 나를 포기하지 않으신 주님처럼, 나도 내 앞에 있는 사역과 형제자매들을 결코 포기하지 않겠다고. 설령 이해되지 않고, 결과가 보이지 않아도, 부활하신 주님이 살아 계시기에 믿음으로 끝까지 걸어가야 한다는 확신이 생겼다.

2011년의 부활절은 단순한 절기가 아니라, 내 신앙의 큰 전환점이었다. 주님의 십자가와 부활은 단지 2천 년 전의 사건이 아니라, 지금 내 삶 속에서 다시 일어나고 있는 사건임을 경험했다.

나는 오늘도 그 부활의 은혜를 붙잡고, 다시 깨어 일어나 사명자의 길을 걸어간다.

# 3부

너는 네 식물을 물 위에 던지라
여러 날 후에 도로 찾으리라
전 11:1

바위 위에 뿌려진 씨앗이라도,
하나님께서 때가 되면
싹을 틔우십니다.
사역은 결과가 아니라
순종으로 이어집니다.

# 오네시모 선교회와
## 사역의 열매

20 오네시모 선교회의 시작 | 21 마지막 기도 | 22 Normal Life - 가장 소중한 것, 가족 | 23 효자의 눈물, 고난 속에서 빚어진 믿음의 고백 | 24 Thrifty Store 사역 | 25 나는 사형을 주셔도 달게 받겠습니다 | 26 나는 권사도 아닙니다 | 27 인생을 설명해 주신 하나님 | 28 순종의 씨앗, 바다 위에 던진 믿음 | 29 잘되는 사람 | 30 세상에서 가장 아름다운 인연 | 31 실수 속에서 배우는 은혜 | 32 양식을 허락하시는 하나님 | 33 여호와 이레의 체험-사역 길에서 채우신 하나님 | 34 5번 프리웨이 사역의 길 | 35 하나님을 드러내는 봉사자들 | 36 하나님이 기억하시는 헌신 | 37 광야의 끝에서 정로로 가라

# 20
## 오네시모 선교회의 시작

나와 아내는 미국 감옥에서 다양한 외국인 재소자들을 섬겼다. 시간이 지나 깨달았다. 이런 사역의 방법을 우리 마음에 알게 하시고, 우리의 기질을 있는 그대로 사용하신 분이 주님이시라는 것을.

우리는 1세대 이민자였다. 사역을 하기엔 언어도 유창하지 못했고, 책상 앞에 앉아 모든 정보를 손쉽게 연결하는 컴퓨터에도 능숙하지 못했다. 사실 영어가 중심인 미국에서, 영어가 서툰 우리가 이런 사역을 한다는 건 어울리지 않는 일처럼 보였다. 그런데 주님은 우리의 부족함을 통로로 다른 은혜를 보이셨다.

주님은 미련한 자들을 통하여 지혜 있는 자들을 부끄럽게 하시고, 세상에 약한 자들을 통하여 강한 자들을 부끄럽게 하신다. 그 일이 주님께로부터 비롯되었음을 증명하시고, 복음의 영광을 드러내셨다.

매주 샌타애나 시티 교도소(Santa Ana City Jail)에 들어가 사역할 때였다. 그때 우리와 함께하던 형제가 있었는데, 영국계 찬양대를 이끄는 이의 남편 리처드(Richard)였다. 그는 유능했고 젠틀했으며, 영어야 말할 것도 없이 유창했다. 우리는 각자 지정된 방으로 들어가, 예배실로 들어오는 재소자들에게 복음을 전했다.

그런데 곁에서 보며 깊이 깨달은 것이 있었다. 영어를 잘하고 젠틀한 그분의 방에는 사람이 잘 들어오지 않았다. 반면, 영어도 유창하지 못하고 외모로도 그리 눈에 띄지 않는 우리의 방으로는 재소자들이 모여들었다. 여러 번 반복되는 이 상황 속에서 알게 됐다. 세계 각국에서 이 땅에 와 불행히도 감옥에 들어온 이들은, 잘난 영어보다 '동질감'을 갈망한다는 사실을.

그들 역시 이민자 재소자였고, 영어가 아주 서툰 이들도 많았다. 사역하러 온 우리가 그들과 처지도 비슷해 보이고, 영어도 유창하지 않다는 사실이 오히려 마음을 열게 하는 동기가 되었다. 같은 이민자로서 미국에서 겪은 간증, 가족 이야기, 어려움을 통과한 이야기로 복음을 전할 때, 더 효과적이었고 은혜가 많았다.

또 하나 배운 게 있다. 1세대에겐 서론이 중요하고, 2세대는 본론이 중요하다는 것. 해 질 무렵이면 고향이, 부모가 그리운 것이 1세대다. 우리 앞의 40여 개국 재소자들은 모두 이민자였다. 다들 고향이 있고, 그리운 부모가 있다. 그래서 1세대에게 전하는 복음은 잠언과 전도서가 마음에 닿는다. 반면 2세대에겐 요한복음으로 곧장 들어가는 것이 중요하다. 이런 사실들이 여러모로 미흡한 우리 부부에게 큰 용기와 담대함을 주었다.

우리는 많은 멕시칸 재소자를 만나 말씀을 나누었다. 그중 몇은 지금 고향에서 목사가 되어 사역하고 있다. 우리는 롱비치 연방 교도소(Long Beach Federal Jail)에서도 오랫동안 섬겼는데, 그곳은 《빠삐용》에 나오는 감옥처럼 태평양 바다로 둘러싸여 있었고, 바로 옆에는 이민세관단속국(ICE) 교도소도 있었다. 우리는 매주 찬양대를 이끌고 그곳에서 예배를 드렸다.

그 예배 가운데 만난 세 명의 멕시코계 형제가 있었다. 그들은 주님을 영접했고, 몇 년이 지나 형기 마친 두 형제가 자국 추방을 위해 이민세관단속국(ICE) 교도소로 이송되면서 다시 나를 찾아왔다. 나는 그들에게 말했다. "너희가 고향으로 돌아가면, 성경의 오네시모처럼 살아라. '전에는 무익하였으나 이제는 유익한 자가 되었느니라'(몬 11). 주님의 종으로 고향에서 복음을 전하는 유익한 자가 돼라."

그들은 각자 왜 미국에 와 마약 딜러가 되었는지, 술과 마약에 빠져 범죄에 연루되었는지 이야기해 주었다. 한 형제는 7년형, 다른 형제는 6년형을 받고 이제 추방되는데, "고향으로 돌아가도 소망이 없다"라고 했다.

그들이 추방되기 전까지 여러 번 개인 면담을 했다. 그들의 결심이 확고함을 확인했고, 우리는 양육하기로 기도하기 시작했다.

감옥 사역 중 추방자 양육은 처음이었다. 그런데 이상하게도 두렵지 않았다. 기도할 때마다 주님이 길을 여셨다.

나는 티후아나(Tijuana)에 있는 한 한국 선교사님의 신학교를 알게 되어, 두 형제를 그곳에서 정식 신학 교육을 받을 수 있도록 맡겼다. 그들은 추방과 동시에 티후아나 신학교로 향했다. 나는 2주에 한 번 국경을 넘어 그들을 도왔다. 국경 통과와 현지 지원은 쉽지 않았지만, 주님이 주시는 기쁨으로 힘든 줄 몰랐다.

1년이 지나, 두 형제 중 한 명의 고향 엠팔메(Empalme)를 함께 찾았다. 티후아나에서 10시간 거리. 가는 도중 날이 저물어, 옛 서부영화에서 보던 부엌 겸 헛간 같은 곳에서 하룻밤을 묵기도 했다.

남부 멕시코는 정말 영화 속 풍경 같았다. 루고(Lugo)라는 형제는 15년 만에 돌아온 고향에서 늙어버린 노모를 붙들고 한참 엎드려 울었다.

1970년대 한국 시골 같은 허름한 집에서, 노모가 구워 주는 토르티야(Tortilla)를 처음 오리지널로 대접받았다. 옥수숫가루를 반죽해 얇게 구운 멕시코식 빵이었다. 솔직히 처음엔 낯설고, 기름때가 묻은 낡은 프라이팬 탓에 먹기조차 망설여졌다.

3년 신학교 교육이 끝나갈 무렵, 분위기가 심상치 않았다. 두 형제 중 한 사람이 마음이 변해, 신학교에서 만난 다른 사람을 따라 사역지로 가겠다며 떠나겠다고 했다. 마음이 상했고 배신감도 들었다. 그러나 주님의 뜻으로 받아들이고, 충성된 종이 되라고 축복하며 헤어졌다.

이유를 묻자, 다른 형제가 설명했다.

"신학교에 높으신 한국 분이 계셨는데, 이 형제가 열성적이고 선교에도 관심이 많으니, 그분이 한국 가실 때 함께 데리고 가셨습니다. 한국에서 교회를 다니며 간증도 하고, 특히 한국 교회의 환대에 마음이 기울어진 듯했습니다."

나는 금방 이해했다. 그 형제는 그 후 그분을 따라 치아파스(Chiapas) 선교지로 갔고, 17년을 그곳에 있었다. 그러다 2022년, 잊고 있던 그에게서 전화가 왔다. "목사님, 저를 다시 받아 주세요."

그는 병들어 티후아나로 돌아왔고, "복음을 전하다 죽게 해 달라"라고 간청했다. 간경화로 바싹 말라 있었다. 의심하지 않았다. 그를 우리 사역지 산루이스(San Luis) 교회에 맡겼고, 세레소(CERESO) 교도소에서 설교할 수 있도록 배려했다.

그러나 점점 이상함이 보였다. 그는 치아파스에서 옛 습관으로 돌아가 마약에 손을 대고 있었다. 함께한 아내는 너무 착했고, 나이도 10살이나 어렸다. 그 아내는 그를 고치려 헌신해 왔다. 1년 뒤, 그는 마약으로 세상을 떠났고, 산루이스 땅에 묻혔다.

다른 형제 마누엘은 약속을 지켰다. 그는 신학교에서 만난 신학생 수산나와의 결혼을 원했고, 나는 멕시코의 작은 교회에서 결혼식을 올려 주었다. 두 사람은 충성스러웠다. 나는 그 부부의 거처를 티후아나에서 40분 떨어진 테레사(Teresa)에 정해 주었다. 그곳은 전기도 없는 허허벌판이었다.

우리는 그 불모지에서 밤마다 텐트를 치고 기독교 영화를 상영하는 사역을 시작했다. 아이들이 구름떼처럼 모여들었다.

전기가 없어, 수산나의 어린 아들이 멀리 전기가 연결되는 지점까지 올라가 전깃줄을 끌어오느라 땀을 뻘뻘 흘렸다. 그 아이를 보며, 주님이 벳새다 들판에서 들려주신 떡 다섯 개와 물고기 두 마리의 소년을 떠올렸다. 주님은 그 어린아이를 통해 기적을 베푸셨다. 수산나의 아이를 통해, 주님은 꿈을 보여 주셨다.

테레사는 조금씩 발전해 전기가 들어왔고, 한국의 한 교회의 도움으로 모빌 홈을 구입해 오네시모 교회를 세웠다.

어느 해, 나와 아내는 마누엘과 그의 아내와 함께, 그가 어린 시절 고향을 떠나 미국으로 도망해 마약 딜러로 살았던 과거를 복음으로 덮어 이제는 오네시모로 돌아오게 하려 그의 고향 베라크루스(Veracruz)로 가기로 했다. 우리는 많은 물건을 준비해 비행기에 실어 멕시코시티(Mexico City)를 거쳐 베라크루스 공항에 도착했다. 공항에서 세관 벌금을 물건값보다 더 많이 냈지만, 마음은 기쁨으로 가득했다. 주님이 기뻐하시는 일이었기 때문이다.

성경의 오네시모는 젊은 노예였다. 빌레몬 집 노예였지만 자유를 갈망했다. 평범한 사람처럼 행복하게 살고 싶었다. 그래서 주인의 물건을 훔쳐, 낮처럼 환한 로마의 홍등가로 도망쳤다.

한때 자유를 만끽하는 듯했으나, 곧 허무와 허망이 밀려왔다. 그는 바울을 찾아갔다. 바울은 그때 복음을 전하다 감옥에 있었다. 바울은 오네시모를 정성껏 돌보았고, 노예가 아니라 주님의 사람으로 대했다. 오네시모는 변했다. 바울은 그를 빌레몬에게 다시 보내며, 한 장의 편지를 부쳤다.

> 갇힌 중에 낳은 아들 오네시모를 위하여 네게 간구하노라. 저가 전에는 네게 무익하였으나 이제는 나와 네게 유익하므로… 만일 네게 불의를 하였거나 빚진 것이 있거든 그것을 내게로 계산하라 | 본 1:11

우리 죗값을 십자가에서 대신 갚아주신 예수님!

베라크루스 공항에서 그의 고향 산루이스까지 버스 8시간. 털털거리는 버스를 타고 비포장도로를 달리며 본 카리브해 연안의 풍경은 온통 연두색이었다.

티후아나는 회색이었는데, 긴 산골짜기를 따라 들어간 고향. 우리는 그의 유일한 친척 집을 찾아 인사를 드리고, 동네잔치를 벌였다.

가지고 간 물건을 나누어 주며 마누엘은 간증했다. "전에는 무익하였으나, 이제는 유익한 자가 되어 돌아왔다!" 탕자의 귀환이었다.

산골 깊숙이 작은 교회당이 하나 있었다. 다음 날 나는 동네 사람들이 모인 교회에서 누가복음 19장 삭개오의 회심을 전하며 설교했다. 그다음 날은 산상 설교를 마누엘이 전했다. 산 중턱에 작은 책상 하나를 놓고, 손 마이크 하나로 말씀이 흘렀다. 이 산, 저 산에서 사람들이 모여들어 산기슭은 금세 꽉 찼다. 어떤 이들은 맨발이었고, 어떤 이는 옆구리에 긴 칼을 찼다. 산속에는 부족들이 산다고 했다.

한 집에서 우리를 초대했다. 아주 초라한 초가집이었다. 방 안은, 예전에 루고의 고향에서 헛간 같은 곳에서 밤을 보냈던 기억을 떠올리게 했다.

토르티야를 대접받았다. 그때 어느 젊은이가 종이 한 장을 내밀었다. 깜짝 놀랐다. 조용기 목사님 집회 주보였다.

"이걸 어디서 구했나요?"

"데이비드 조(David Cho)가 베라크루스에 와서 집회했을 때, 제가 몸이 아픈데도 참석했습니다. 몇 년 전인데, 저는 아직도 이 주보를 가지고 있습니다."

조 목사님의, 주님의 마음을 품고 이 골짜기까지 찾아오신 발걸음이 내 가슴까지 전해졌다.

"나도 그런 종이 되고 싶다."

돌아온 후, 우리는 주님의 이름으로 마누엘을 목사로 안수했다. 그리고 지금 베라크루스에는 오네시모 교회가 서 있다.

15년 동안 마누엘 목사는 오네시모가 되어 유익한 자로, 교회와 지역 감옥의 영혼들을 섬기고 있다.

네가 전에는 무익하였으나, 이제는 유익한 자가 되었느니라

| 몬 1:11

# 21
## 마지막 기도

그는 마지막 절규로 소리 질렀다.

"목사님! 목사님!"

미국에서 형기를 마치면 길은 보통 두 갈래다. 하나는 365일 이상의 형을 산 사람, 영주권자까지 포함해 자국으로 추방되는 길이다. 이 경우 이민세관단속국(ICE) 감옥으로 이감되어 몇 달의 법적 절차를 거친 뒤 추방된다. 추방 당일엔 두 명의 교도관이 미국 정부가 제공한 항공권을 들고 추방자와 함께 인천공항까지 동행하여 한국 정부에 인계한다. 다른 하나는 시민권자의 경우로, 추방 조치 없이 가정으로 복귀한다.

내 경험상, 미국에서 죄를 짓고 수감 생활을 마친 이들 다수에게는 보통 3~5년의 가석방(Parole) 기간을 준다. 이 기간에 재범하면 다시 수감된다. 미국의 재범률은 내가 알기로 73%에 이른다. 그래서 대부분은 형기를 마치면 곧장 집으로 가기보다 재활 기관이나 소버 홈으로 가서 가석방 기간을 버티고 새로운 단계로 넘어가는 것이 통상적이다.

새크라멘토에 있는 폴섬(Folsom) 감옥은 오래된 교정 시설로, 그곳에 한인 재소자가 5~6명 있었다. 나는 아내와 2~3주에 한 번, 왕복 8시간 거리를 오가며 복음을 전하고 그들을 세우는 일에 마음을 다했다. 어떤 이들은 우리에게 핀잔을 주기도 했다.

"그렇게 힘든 사역을 왜 하느냐, 변하지도 않는 죄지은 놈들을 뭣 하러 찾아다니느냐, 그 시간에 다른 사역을 하지…"

그럴 때마다 주님은 우리에게만 주시는 위로와 확신을 허락하셨다. 우리는 기쁨으로, 감사로, 피곤을 모른 채 많은 형제를 찾아다녔다.

우리가 이 사역을 주님이 주신 특권으로 받아들이게 된 데에는, 복음을 더 넓게 이해하고, 주님의 영혼을 향하신 목적을 더 깊이 깨닫게 된 과정이 있었다. 감옥 사역에는 내 의로움을 드러낼 자리가 없다. 그럴 환경도 없다.

첫째, 감옥에서는 사진을 찍을 수 없으니 남에게 우리를 드러낼 조건이 없다.

둘째, 이 사역은 시간이 오래 걸린다. 봄에 씨를 뿌리고, 비가 오고, 햇볕이 쬐어 싹이 나고, 여름을 지나 가을에 열매를 보는 것처럼, 한 인간이 은혜로 거듭나 방향이 바뀌고, 인생의 많은 과정을 통해 빚어지는 데는 긴 세월이 필요하다.

죄악 된 습관과 본성은 거듭난 이후에도 오랜 신앙생활 속에서야 비로소 내려놓아지기도 한다. 그러니 이 길엔 주님의 마음이 필요하고, 주님은 그 마음을 채우도록 은혜를 공급하신다. 그래서 사람이 아니라 하나님만 바라보게 되는, 특별한 은혜의 사역이다.

셋째, 이 사역은 결과를 바라보지 않는 사역이다. 결과를 바라보는 순간 우리는 시험에 들고 주저앉는다. 결과는 하나님의 것이고, 우리는 과정을 성실히 걸을 뿐이다. 오늘은 하나님이 주신 시간, 오늘 만난 사람은 하나님이 섬기라고 주신 사람임을 믿는 것. 그 결과는 오직 주님의 것이다. 결과에 매이면 우리는 이삭이 아니라 에서를 낳는다. 그래서 이 길은 때로 고독하고 외롭다.

그 형제는 폴섬에서 긴 형기를 마치고, 한국 고향으로의 추방을 위해 내가 사역하던 산페드로 이민세관단속국(ICE) 교도소로 이감되었다. 나는 아내와 팀과 함께 주 1회 산페드로에서 예배를 드렸다. 그날도 그 형제를 만났다. 한국으로 돌아가는 심정을 물었다.

"아메리칸드림을 안고 미국에 왔다가, 생각지도 못한 사건에 휘말려 살인자가 되어 오랜 형기를 마치고 한국으로 갑니다. 목사님… 한국 가서 어떻게 살아야 할지 모르겠습니다."

"한국에 친척이 있습니까?"

"누님 한 분이 계십니다."

그의 몸은 야위었고, 오랜 수감 생활 탓인지 사회로 돌아간다는 사실 자체가 커다란 부담으로 보였다. 그날 우리는 함께 예배드리고, 한국에 가서 도움이 필요하면 알려 달라고 격려하며, 기도로 힘을 북돋아 주었다.

다음 주, 이민세관단속국(ICE) 교도소에 갔을 때 그 형제가 보이지 않았다. 다른 형제에게 물으니, 며칠 전부터 안 보였다고 했다. 그날 예배를 마치고 1층으로 내려오는데, 갑자기 어둑한 뒤쪽에서 큰 목소리가 들렸다.

"목사님! 목사님!"

뒤돌아보니 독방(Segregation)에서 부르는 소리였다. 깜짝 놀라 독방으로 갔다. 창도, 들여다볼 수 있는 구멍도 없었다. 하지만 목소리는 분명 그 형제의 것이었다. 감방 문 아래 3cm 남짓의 작은 틈, 거기에만 대화가 통하는 왜소한 공간이 있었다.

형제의 울음소리가 들렸다.

"목사님, 저 며칠 있으면 한국으로 갑니다. 안녕히 계세요. 그동안 너무 감사했습니다. 목사님, 저를 위해 기도해 주세요."

가슴이 울컥했다. 나는 콘크리트 바닥에 바싹 엎드렸다. 감방 문 밑, 햇빛이 실오라기처럼 스며드는 3cm의 틈에 입술을 대기 위해 더 엎드렸다. 형제에게 "엎드리라"라고 말했고, 그도 엎드렸다. 우리는 문 밑 작은 틈으로 손가락 하나를 밀어 손을 맞잡고, 주님께 간절히, 간절히 기도했다.

"주께서 이 형제를 지켜 주옵소서. 한국에 나가 주님의 자녀답게 살게 하시고, 힘과 지혜를 주소서."

그리고 여호수아의 말씀을 함께 외웠다.

마음을 강하게 하라. 담대히 하라. 네가 어디로 가든지 네 하

### 나님 여호와가 너와 함께 하시느니라 | 수 1:9

돌이켜보면, 그날처럼 온 힘을 다해, 크게 부르짖어 드린 기도는 드물었다. 왜 독방에 갇혔는지는 몰랐다. 아마도 두려움 때문이라고 생각했다. 내 마음은 이민자의 슬픔으로 무거웠지만, 동시에 기도로 주시는 힘이 있어 담대히 그와 작별하고 집으로 돌아왔다.

그런데 이틀 뒤, 이민세관단속국 채플린(Chaplain, 종교 담당 교역자)에게서 전화가 왔다.

"그가 죽었습니다."

말문이 막혔다. "고향에 돌아간다"라는 생각에 잠을 이루지 못했다던 그가, 죽다니.

"어떻게 죽었습니까?"

"자살입니다."

눈물이 났다. 돌아갈 고향에 대한 두려움, 꿈을 안고 미국에 왔지만 가족을 모두 잃고, 아무도 찾아주지 않는 부초 같은 인생, '나 같은 죄인, 조국에서 어떻게 살아갈까?' 그의 마음을 조금은 읽을 수 있었다.

영사관의 요청으로 그가 있는 병원으로 갔다. 아직 미약한 호흡이 있었으나, 사실상 사망 상태라고 했다. 몇 해 전에도 한 형제가 시티 교도소에서 자살을 시도해 비슷한 상황을 겪은 적이 있었다. 나는 그의 귀에 입을 대고 예수 그리스도의 복음을 전했다. 숨이 붙어 있었기에 교도 당국은 아직 사망으로 처리하지 못

하고 있었다.

"하나님, 감사합니다."

나는 그의 귀에 여러 차례 예수님을 전하고, 아멘을 외쳤다.

"주님, 이 영혼을 당신의 품에 거두어 주옵소서. 비록 세상은 그를 인정하지 않지만, 주님은 아십니다."

부자와 나사로의 이야기를 기억하며, 주님의 신실하심을 의지해 간구했다. 그리고 그는 주님의 품으로 돌아갔다.

"이 세상에 쓸모없는 영혼은 없습니다. 다 하나님께는 귀한 영혼입니다."

눈이 손더러 '내가 너를 쓸데없다' 하거나, 또한 머리가 발더러 '내가 너를 쓸데없다' 하지 못하리라 | 고전 12:21

## 22
## Normal Life
### －가장 소중한 것, 가족

여호와 하나님이 가라사대 사람이 독처하는 것이 좋지 못하니 내가 그를 위하여 돕는 배필을 지으리라 하시니라 | 창 2:18

존경하던 한 선배 목사님이 온 삶을 하나님께 헌신하시다 주님의 품 안에 안기셨다. 장례식장에서 들었던 추모사 가운데 지금도 잊히지 않는 말씀이 있다.

목사님께서 달려갈 길을 다 마치시고 죽음을 준비하실 때, 누군가 여쭈었다고 한다.

"목사님, 이 세상에 계시면서 하나님 다음으로 가장 소중한 것이 무엇이셨습니까?"

목사님은 잠시 생각하시더니 단호하게 대답하셨다.

"가족. 가족이야."

그 말씀은 단순히 '가족'이라는 울타리를 넘어, 하나님이 주신 창조의 질서이자 그분이 허락하신 가장 귀한 선물임을 다시 새기게 했다.

돌아보면, 나 역시 사역의 길 위에서 수없이 무너지고 깨어진 가정들을 보아 왔다. 특히 이민 사회 속에서 만난 가정들의 아픔은 내 가슴에 깊은 자국으로 남아 있다. 부모를 따라 낯선 땅으로 건너온 자녀들이 겪는 불행, 문화와 언어의 벽 속에서 서로를 이해하지 못해 멀어지는 부모와 자녀들, 그리고 교회 안에서도 차마 말하지 못한 채 울부짖던 부모들의 눈물. 그 눈물은 내 눈물이 되었고, 그 상처는 내 마음의 상처가 되었다.

회복 대신 파괴가 이어지고, 다시 일어서야 할 자리에서 더 깊이 쓰러져 가는 현실 앞에서 수없이 같은 질문을 했다.

"이 불행의 답은 무엇인가? 깨어진 것을 다시 일으킬 길은 어디에 있는가?"

그 답은 결국 가족이었다. 가족은 하나님이 주신 가장 귀한 선물이자, 동시에 이민자의 삶에서 가장 큰 아픔이 드러나는 자리였다.

그러나 하나님은 깨어진 자리에서도 새로운 소망을 일으키셨다. 감옥의 차가운 벽 안에서도, 광야 같은 이민의 현실 속에서도, 하나님은 가족을 다시 붙잡게 하셨다.

나는 깨달았다. 사역이 아무리 크고 놀라워도, 가족을 잃으면 그 사역은 온전할 수 없다는 것을. 하나님은 언제나 가정을 통해 일하시고, 가정의 회복을 통해 그분의 나라를 세워 가신다.

## 23
## 효자의 눈물
## 고난 속에서 빚어진 믿음의 고백

하나님은 이 부족한 종을 먼 이민자의 땅으로 부르셨다. 불행을 당한 이들을 섬기게 하시고, 말할 수 없는 은혜와 간섭하심, 말씀의 성취를 경험하게 하셨다. 세상은 알 수 없는 힘과 능력, 사랑을 부어 주셨다.

캘리포니아에는 35개의 주정부 교도소(State Prison)와 12곳의 연방 교도소(Federal Prison)가 있었다. 언어적으로 부족했지만, 주님은 그것을 뛰어넘는 마음을 주셨고, 영혼을 사랑하는 마음을 부어 주셨다. 갇힌 이들에게 주님의 마음을 전하고 보여 줄 수 있는 열정과 인내도 허락하셨다. 사역은 선교회로 시작되었으나, 자연스레 재소자 가정들이 모이면서 교회가 세워졌고, 40여 가정이 함께 예배드리게 되었다.

성도들의 자녀 대부분은 종신형을 받은 가정이었다. 너무나 갈급했기에 예배드릴 장소가 없어도 모였고, 하나님의 말씀을 사모했다. 공원에서 시작된 예배는 인더스트리얼 파크로, 시청의 작은방으로, 다시 벨플라워의 2층 사업장으로 옮겨 다니며 주님이 베푸시는 은혜를 맛보았다.

나는 자주 생각하곤 했다. 자식을 감옥에 둔 부모가 고기를 한 점 편히 넘길 수 있겠는가. 따뜻한 침대에서 편히 잠들 수 있겠는가. 그 부모들의 마음 깊숙이 들어가 이해하기까지 몇 해가 걸렸다. 주님이 그렇게 내 마음을 빚으셨다.

매주 카운티 교도소(County Jail)를 방문했고, 아내와 함께 7~8시간씩 운전해 캘리포니아 곳곳의 교도소를 찾아다녔다. 한 재소자를 만나기 위해 밤 12시에 출발해 8~9시간을 달려 면회시간을 맞춘 적도 있었다. 그 긴 시간을 통해 주님은 주님의 마음을 우리 안에 새기셨다. 놀라운 은혜, 주님이 베푸신 축복이었다.

무엇보다도 우리가 같은 이민자요, 우리 자녀들의 일이라는 사실이 마음을 더욱 아프게, 또 깊게 공감하게 했다. 주님은 복음을 전하기 전에 우리를 낮추셨고, 주님의 마음을 알게 하셨다.

재소자 형제자매들을 만나며 깨달은 것이 있었다. 젊은이들이 이민 문화에 적응하지 못해, 조국과 전혀 다른 문화와 삶의 방식 속에서 부딪치고, 극복하지 못한 순간적 분노와 어디서나 구할 수 있는 마약의 유혹으로 인해 잘못을 저질렀다는 사실이었다.

캘리포니아의 Three Strikes(삼진 아웃) 법은 같은 범죄가 세 번 반복되면 종신형을 선고한다. 준법 문화에 익숙지 않은 이민자들에게 얼마나 두려운 법인지 모른다. 또한 총을 쏘지 않았어도 같은 자리에 있었다는 이유로 공범이 되어 동일한 종신형을 받는 경우가 많았다. 게다가 18세 미만의 아이들이 성인 재판으로 넘어가 종신형을 받는 경우도 허다했다. 청소년법이 적용되었다면 23세가 되면 석방될 수 있었지만, 성인 재판으로 넘어가면 긴 세월을 감옥에서 보내야 했다.

그렇게 종신형 자녀를 둔 부모들이 모여 교회가 되었다. 조국이었다면 단순한 사춘기의 실수로 끝났을 일들이 이곳에서는 종신형, 10년, 20년의 형벌이 되었다.

그들을 찾아가 보면, 너무나 어린 자녀들이었고, 마음은 여리기 그지없었다. 한순간, 이국땅 친구들과의 관계, 마약의 유혹으로 삶이 무너졌다. 부모들은 법을 몰랐고, 변호사를 세우기엔 돈이 없었으며, 무엇을 어떻게 해야 할지도 몰랐다.

교회를 시작하며 나는 인간이란 존재를 새삼 깨달았다. 일반 목회와 다를 바 없었지만, 같은 처지인 사람들이 함께 모여 서로 위로하고, 안아 주고, 함께 울며 세워지는 공동체가 되길 기도했다. 그러나 현실은 그렇지 않았다. 인간은 불가능한 존재였다. 하나님이신 그분이 인간이 되어 오셔야만 했다. 우리가 먼저 하나님을 알 수도, 사랑할 수도, 찾아갈 수도 없는 죄인이었기에, 하나님이 먼저 사랑하시고 찾아오시는 은혜가 아니면 불가능했다. 누구를 가릴 것도 없었다. 나 또한 똑같은 죄인이었다.

죄를 지어 감옥에 갇혔으면서도, "내 아들은 당신 아들 같은 죄는 안 지었다"라는 식의 자기 의와 비교 우월감이 고개를 들었다.

주님의 보혈이 아니면 씻을 수 없는, 사탄에게 길들여진 죄의 모양이었다. 고통과 아픔 속에서도 경쟁심을 일으켜 자기 힘을 삼으려는 죄의 본성. 서로 감싸안고 울며 격려하기보다, 여전히 불행보다 더 강해진 자아의 지배. 그러하기에 하나님이 십자가에서 죽으셔야 했다. 하나님의 능력, 성령의 역사가 아니면 인간은 불가능했다. 거듭남 없이 인간은 결코 새로워질 수 없었다.

스펄전 목사님의 말이 떠올랐다.

"성도는 하나님도 팔아먹을 자들이다."

그런 이들을 하나님이 목사들에게 맡기셨다.

주님이 붙여 주신 영혼들과 긴 세월을 함께했다. 함께 울며 교도소를 다녔고, 다인종 재소자들과 예배하며, 바이블 칼리지와 문서 선교로 복음을 전했다. 하나님은 우리 부부에게도 시련을 허락하셔서 재소자 가족들의 심정을 더 깊이 이해하게 하셨다. 우리 힘으로는 아무것도 할 수 없었으나, 주님은 더 간절한 마음으로 목회하게 은혜를 주셨다.

매주 금요일 밤 12시, 아내와 함께 출발해 여러 시간을 운전해 한 재소자를 면회하고 돌아오면 주일 새벽이 되었다. 그리고 곧바로 주일예배를 드려야 했다.

그럼에도 주님은 기쁨으로 힘을 주셨고, 긍휼로 그 가족들을 품게 하셨다. 피곤도 주님이 해결해 주셨다. 누우면 5초 만에 깊은 잠에 들게 하시는 은혜를 부어 주셨다.

세월이 흐르며 캘리포니아의 법도 조금씩 바뀌었다. 종신형자

중 영주권자에게는 CDC-830이라는 장기수 이감 법이 통과되어, 가정으로 돌아올 가망이 없던 한인 재소자들이 한국으로 이감되는 길이 열렸다.

주지사가 바뀌며, 형량만 늘려 사람이 변하리라 믿는 형벌 중심의 정책이 아닌, 신앙과 회복을 통한 변화의 필요성을 인정하는 흐름으로 정책이 일부 전환되기도 했다. 제도의 우월성을 보았다.

한국에서 추방자 사역을 위한 비영리 법인을 세우려 했을 때, 시청의 적립금 요건과 까다로운 절차가 무척 버겁게 느껴졌다. 반면 미국은 비전과 목표가 분명하면 비교적 쉽게 사역을 시작할 수 있도록 제도가 마련되어 있었다.

큰 차이를 체감했다.

"세월만큼 큰 힘이 없다"라는 말이 가슴에 와닿았다. 아무리 큰 불행도, 아무리 깊은 고난도, 성실한 세월과 그 세월을 참고 견디는 믿음 앞에서는 힘을 잃는다. 사랑만큼 큰 힘이 없음도 진리였다.

교회에서 자녀들이 하나둘, 청문회를 통해 바뀐 법의 길을 따라 한국으로 추방되기도, 미국 내에서 출감이 이루어지기도 했다.

때로 생각했다. 왜 하나님은 우리에게 이렇게 긴 인생을 허락하셨을까. 그 과정은 주님의 뜻을 이루는 복된 시간이었다. 예수님께서 아기로 오시고, 애굽으로 피하시고, 다시 이스라엘로 돌아오시기까지의 긴 여정을 왜 오늘의 우리에게 보이셨을까.

하나님은 말씀 한마디로 모든 것을 단번에 새롭게 하실 수 있는 분인데, 왜 과정을 허락하셨을까. 그것은 우리를 위한 것이었다. 과정을 통해 하나님을 알게 하시고, 항복케 하시며, 죄로 흩어진 인생을 고치시고 마음을 바로 세우셔서 복된 인생으로 빚어 가셨다. 그래서 감사했다. 하나님께 영광을 돌렸다.

하나님은 하나도 빠뜨리지 않으시고, 긴 환난과 고난의 여정을 허락하셔서 항복케 하시고, 돌이키게 하시며, 찬송하게 하셨다. 가랑비에 젖은 옷처럼, 성도들도 하나둘 주님 앞에 돌아와 고백했다.

"이 모든 일이 내게서 비롯되었다."

주님이 하셨다.

그리고 어느 해, 송구영신예배에서, 한 해를 인도하시고 우리를 빚어 주신 하나님께 감사하며, 감옥에 자식을 둔 성도들이 이렇게 고백했다.

"내 아들이 효자입니다. 내 아들이 아니었다면, 내가 어떻게 교회에 나올 수 있겠습니까? 내 아들에게 이런 일이 일어나지 않았다면, 내가 어떻게 '아멘'을 할 수 있으며, 세상이 아닌 하나님의 영원하신 사랑을 깨달을 수 있었겠습니까? 내 아들이 아니면, 내가 언제 주님께 기도했겠습니까? 나 같은 죄인이… 내 아들이 효자입니다."

그 고백을 하나님이 만들어 주셨다.

미국의 감옥은 세상이 끝날 때까지 문을 닫지 않을 것이다. 죄수는 세상이 발전할수록 더 많아질 것이다. 그러나 주님의 은혜는 그보다 더 넘칠 것이다. 십자가와 부활의 소망이 더 강하고 진하게 역사할 것이다. 그리고 그 모든 것은 주님의 영광이 될 것이다.

# 24
## Thrifty Store 사역

감옥 사역을 하며 재정의 필요는 언제나 절실했다. 감옥 사역, 갇힌 이들을 위한 바이블 칼리지(Bible College), 그리고 뉴 라이프(New Life) 사역까지. 모두가 '베푸는' 사역이었다. 한마디로 표현하자면, "바위에 씨앗을 뿌리는 사역"이었다. 언제 싹이 날지, 언제 돌아올지 알 수 없었지만, '주님께서 능력의 손을 펴실 때 반드시 열매 맺게 하신다'는 믿음 하나로 시간과 재물, 정력을 기꺼이 쏟아부었다.

놀랍게도, 하나님의 약속의 말씀은 실제로 이루어지는 것을 수없이 보았다. 영혼을 주님께 인도하고 세우는 선한 일에 하나님은 은총을 베푸셨고, 단 한순간도 모자람이 없게 하셨다. 그래서 아내와 헌신하는 동역자들은, 주님의 간섭과 손길을 보며 더 감사함으로 사역에 임할 수 있었다.

나는 늘 잠언 11장 27절 말씀을 사역의 '경제 원리'로 붙들었다. "선을 간절히 찾는 자에게는 은총을 주시거니와, 악을 더듬어 찾는 자에게는 재앙이 임하느니라."

어떤 영어 번역본에서는 이렇게 번역된다.

"He who earnestly seeks good finds favor, God will send people to him."

"선을 간절히 찾는 자에게 하나님께서 사람을 붙여 주신다."

정말 말씀 그대로, 주님은 사역에 필요한 사람들을 붙여 주셨다. 우리는 필요한 자금을 마련하기 위해 사이프러스 칼리지(Cypress College) 주차장에서 스왑 미트(Swap Meet)를 시작했다. 교회들에서 기증받은 중고 물품을 새벽같이 나가 펼쳐 놓고 25센트, 1달러씩 판매했다. 그 시간은 내게 '짜장면 한 그릇 값'이 얼마나 귀한지, 성도들이 교회에 드리는 헌금이 얼마나 소중한지를 절절히 깨닫게 했다.

저녁 무렵이면 교도소에 보낼 성경 몇 권을 살 수 있는 돈이 모였고, 그것만으로도 큰 감사였다. 특히, 99센트 도·소매점을 운영하던 한 장로님이 매주 벤 한 차 분량의 물건을 제공해 주셔서 큰 힘이 되었다.

1년쯤 지났을 때, 그 장로님이 제안을 주셨다. 가까운 도시에 본인 건물이 하나 있는데, 선교를 위해 그곳에서 장사를 해 보라는 것이었다.

우리는 감사히 받았다. 임대료도 받지 않겠다 하시며, 2층짜리 1만 3천 ft² 건물을 선교에 쓰라고 내어주셨다. 2층에는 선교회와 교회를 옮기고, 1층 약 1만 ft² 공간에는 쓰리프티 스토어(Thrifty

Store)를 열었다.

    그때만 해도 광고만 내면 여러 곳에서 기증 물품이 들어왔다. 새 물건은 아니었지만, 하나같이 귀한 손길이었다. 한 권사님은 쓰시던 스텝 밴(Step Van) 한 대를 선교회에 주셨다. 정말 "선을 행하는 자에게 하나님이 사람을 붙이신다"라는 말씀이 그대로 이루어졌다.

    1층에는 장로님의 도매 물품을 받아 판매하고, 2주에 한 번씩 대금을 결제했다.

    교회와 개인들이 보내준 물건은 분류·정리해 매장에 내놓았다. 1층 난간에는 "Onesimus Prison Ministry"라는 큰 현수막을 걸었다.

    운영 인력은 법원에 커뮤니티 서비스 비영리단체로 등록해 하루 10명 안팎의 봉사자들이 와서 도왔다.

    건물은 대로 옆 중심가에 있었고, 뒤편에는 시청과 넓은 주차장, 시니어(Senior) 아파트가 자리했다. 미국·스페인계 할머니들이 오가다 우리 매장에 들러 의자에 앉아 기도해 주시곤 했다.

    물건을 들여오는 날이면 단골손님들이 줄을 섰고, 인도 목사님을 비롯해 외국 목회자들도 "선교 단체에서 운영하는 곳을 돕고 싶다"며 일부러 찾아와 구매해 주셨다.

    당시 선교회는 가든 그로브(Garden Grove)에 중독 재활기관을 설립해 재활 사역을 진행했다. 주말에는 기관 형제들이 순번을 정해 매장을 돕고, 주중에는 커뮤니티 서비스 봉사자 10여 명이 상시로 함께했다. 물건 픽업이 잦아 차량 고장이 빈번했지만, 우리는 늘 감사하며 감당했다.

선교회는 점점 활발해졌고, 우리가 섬기는 재소자들과 지역 젊은이들을 돕는 사역도 확장되었다.

해마다 한 번은 후원회를 조직해 음악회를 열고, 문서 선교 자금을 모았다. 그 덕분에 뉴욕의 한 장로님이 쓰신 『양식을 예비하라』 책 10만 권을 한국에서 인쇄해 한국어·영어·스페인어로 번역, 미 전역과 중남미의 감옥·도서관 3,000여 곳에 전도용으로 기증했다. 영어·스페인어 번역에는 감옥 안 형제들이 직접 참여해 더 큰 은혜가 되었다.

쓰리프티 스토어는 선교사역의 좋은 모델이 되어 한국에서도 우리의 방식을 배우러 오는 목사님들이 있었다. 날마다 주님의 손길이 보였고, 우리는 성령으로 충만했다.

이렇게 7년을 사역하던 중, 동역하던 장로님 내외가 건물을 선교회에 헌납하겠다고 하셨다. "아, 하나님이 하셨구나!" 우리 마음은 주님의 은혜로 가득 찼다.

쓰리프티 스토어(Thrift Store) 덕분에 재활기관을 단 한 푼 받지 않고 운영할 수 있었고, 중남미로 추방된 바이블 칼리지 출신 헌신자들에게 교회를 세워 주며 '오네시모'로, 복의 통로로 세우는 기지가 마련되었다.

하나님은 하나님을 존귀히 여기는 자를 존귀히 여기시고, 하나님의 뜻을 향한 마음을 가진 이를 축복하시며, 그런 이들을 서로 붙여 주신다.

이 은총을 경험하며 나는 자주 느헤미야를 떠올렸다. 포로 된 느헤미야가 예루살렘 성벽이 허물어지고 성문들이 불탔다는 소식을 듣고 앉아서 울며 수일 동안 금식하며 기도했다. 많은 이가 소식을 들었지만, 울고 금식하며 기도한 이는 느헤미야 한 사람뿐이었다.

하나님의 마음을 가진 한 사람. 그 한 사람을 장로님 내외의 헌신에서 보았다. 이 시대에도 그런 마음을 가진 이를 통해 주님은 일을 이루신다. 하나님께는 많은 사람이 필요하지 않다. 하나님의 마음을 가진 단 한 사람을 붙여 주실 뿐이다.

10여 년 후, 시청에서 도시 재개발을 발표했고 우리가 1순위 대상이 되었다. 시청은 건물 대금을 5년 분할 상환 조건으로 주겠다고 했지만 우리는 난감했다. 사역은 모두 '베푸는 사역'이었고, 새 장소에 상환금이 생기면 감당할 수 없었기 때문이다.

기도하며 고민하던 중, 부에나 파크(Buena Park)의 한 건물을 알아보았지만 자금이 채워지지 않았다. 그때 또 한 번 주님의 손길을 보았다. 장로님의 아내, 권사님이 시청이 제시한 5년 분할 채권을 '현금'으로 사 주신 것이다. 두 분은 언제나 진지했고, 늘 하나님을 먼저 생각했다.

그들은 말없이 우리를 붙들어 주었고, 선교회와 모든 사역자에게 본이 되었다. 그 도움으로 우리는 새로운 곳으로 이전할 수 있었다.

하나님의 말씀은 단 한 마디도 헛되지 않다. 하나님은 우리를 통해 자신의 능력을 드러내시고, 사랑과 지혜를 나타내시길 원하신다. 그리고 말씀은 오늘도 유효하다.

선을 간절히 찾는 자에게는 은총을, 악을 더듬어 찾는 자에게는 재앙을 | 잠 11:27

아멘.

# 25
## 나는 사형을 주셔도 달게 받겠습니다

그는 2급 살인죄로 13년 형을 선고받았다.

"판사님, 나에게 사형을 주셔도 저는 달게 받겠습니다."

울먹이며, 그러나 또렷하게 그는 재판정에서 그렇게 말했다. 그의 사건은 한국 방송「그것이 알고 싶다」에도 방영된 바 있었다. 재판은 길었다. 관선 변호사의 말로는 미국에서도 보기 드문 유형이었고, 한국 특유의 가치관과 얽혀 발생한 사건이어서 더 그랬을 것이라고 했다.

40년 지기 한국의 친구, 그리고 미국에 건너와 그 친구의 가정에 저지른 추악한 일들…. 변호사는 선교회에 "한국의 자살 문화"에 관한 글을 부탁하기도 했다. 내 속에서는 분노가 치밀었다. 돈을 최우선으로 삼는 물질주의의 노예가 되어 급격히 변해 버린 조국의 가치관. 그 왜곡이 이민자의 삶을 흔들어 놓았고, 재판정에서는 우리 민족의 문화와 가치가 낱낱이 해부되었다.

그는 결국 40년 지기 친구를 죽였다. 재판은 7년이나 이어졌다. 그 사이 그는 사랑하는 가족들의 가슴에 지울 수 없는 상처를 남겼다. 나는 매주 카운티 교도소(County Jail)에서 그를 만났다. 그는 깊이 후회했다. 잘못 살아온 인생의 죗값을 달게 받겠다고, 만날 때마다 눈물로 고백하며 주님께 돌아섰다. 허망한 것을 붙잡고 살았던 교만이 얼마나 큰 죄였는지, 그 죄가 가족의 가슴을 어떻게 찢어 놓았는지 그의 눈은 늘 붉게 젖어 있었다. 재판 때마다 그는 잘못을 시인했고, "사형을 주셔도 달게 받겠다"라는 말은 수사가 아니라 진심이었다. 법원은 한국 문화 이해를 돕겠다며 멀리서 한국학 전공 교수를 불러오기도 했다.

나는 그의 모든 공판에 참석했다. 어떻게 생각할지 모르나, 내가 그 자리에 앉아 있던 이유는 분명했다. 그가 법정에서 사람의 심판을 받을 때, 동시에 '주님 앞'에 서 있음을 기억하길 바랐고, 내가 그 곁에서 기도함으로 그 마음이 참회로 기울기를 소망했기 때문이었다.

선고 뒤 그는 카운티에서 차로 네 시간 거리의 교도소로 이감되었다. 수감 중 우리 선교회 성경대학을 졸업했고, 졸업 페이퍼에는 자신의 죄상을 정직하게 고백한 긴 간증을 붙여 보냈다. 나와 아내는 교도소로 그를 찾아가 세워 주었다. 만날 때마다 그는 먼저 자신의 죄를 고백했고, 가족 앞에서는 늘 무릎 꿇은 사람처럼 겸손했다.

문득 떠오르는 이가 있었다. 한국에서 영어 한마디 못 하던 한 형제가 텍사스의 험악한 교도소로 이감되었을 때, 그 형의 이야기를 한국에서 들은 적이 있었다.

"목사님, 저도 몇 년 동안 마룻바닥에서 동생과 함께 잡니다. 동생의 잘못은 형인 제 잘못에서 비롯된 죄입니다."

그 형제처럼, 내 앞의 그는 가족 앞에서 언제나 낮았다. 그런 그를 만날 때면 우리도 은혜를 입고 더 낮아져 돌아오곤 했다.

그는 교도소 안에서 타 인종들에게도 열심히 복음을 전했다. 전도한 이들의 이름을 선교회로 보내와 성경을 보내 달라 부탁했고, 성경대학 과정을 가르쳐 달라고도 했다. 건강이 좋지 않다는 소식을 간간이 전했지만, 그의 태도는 담담하고 당당했다.

형기를 마칠 즈음, 그는 아델란토 이민국 구치소(Adelanto ICE Detention Center)로 이감되었다며 연락이 왔다. 곧 한국으로 추방될 예정이니 기도해 달라는 부탁이었다. 아델란토에는 늘 추방 대기 중인 한인 형제들이 몇 명씩 있었다. 사역의 '종착역'이 이민국이라 나는 그곳을 빼놓지 않고 찾았다. 이유가 있었다. 카운티 교도소에서 나눈 말씀, 교도소에서 쌓인 이야기, 주님의 가르침을 마지막으로 정리해 조국으로 돌아갈 이들에게 '신앙의 총정리'를 해 주기 위해서였다.

결론은 언제나 단순했다.

"왜 이런 불행이 우리 인생에 일어났는가?"

돈이 없어서? 집이 없어서? 직업이 없어서? 아니다. 인생의 근본 문제는 영적인 문제였다. 하나님을 떠난 것, 바로 그것이었다. 또한 물었다. "이스라엘이 왜 선민이면서 실패했는가?" 하나님을 떠났기 때문이었다.

"형제님, 자매님, 하나님을 떠나지 마십시오. 하나님을 떠나면 죄가 들어오고 문제가 삶을 지배합니다. 한국에 나가면 교회로 가십시오. 교회에 길이 있습니다. 거기에는 음식도, 일자리도, 은혜도 있습니다. 인천공항에 먼저 추방된 이들이 마중 나오게 하지 마십시오."

그리고 우리와 동역하는 한국 목사님의 연락처를 꼭 쥐어주었다.

"반드시 연락드리고 픽업을 받으십시오. 그분과 함께 새출발 하십시오."

이민국에서 만났을 때도 그의 얼굴은 괜찮아 보였다. 여러 번 당부하고, 선교회 쉼터와 동역 목사님을 소개한 뒤 돌아왔다. 한 달쯤 지나 전화가 왔다. 한국인가 싶었는데, 병원이었다. 암이 발견되어 입원했다는 것이다. 빅토빌(Victorville)에 있었던 그 병원으로 달려가니 교도관이 지키고 있었고, 그는 성경을 끼고 누워 있었다. 췌장암 진단이었다.

며칠 뒤 또 전화가 왔다.

"목사님이 오셨으면 합니다."

병원에 가 보니 뜻밖의 소식이었다. 이민국에서 그의 '자유 추방'을 취소하고, 미국에 머물러도 좋다고 한 것이었다. 이유는 분명했다. 병든 이를 추방하려면 의사와 간호사, 교도관 두 명을 동행시켜야 하기에, 사실상 '살 가망이 없다'고 본 처분이었다. 그리고 60일의 호스피스가 허락되었다.

미국이란 나라를 다시 생각했다. 인권을 최대한 지키려는 나라, 인간의 존엄을 귀히 여기는 나라. 그 기초가 어디서 왔을까. 트리프티 스토어에서 누군가 기증해 준 '미국 독립선언문' 복사본을 가끔 꺼내 읽는다. 그들의 기초는 '하나님을 경외함'이었다. 남의 나라에서 죄를 짓고 추방되는 이에게까지 비행기표를 제공하고, 교도관을 붙여 신변을 보호하며, 병든 죄수는 법을 풀어 가족 품으로 돌려보내고, 호스피스로 마지막 인권을 지켜 주는 나라. 나는 숙연히 고개를 떨구었다.

그는 이 조치의 의미를 알아차렸다. 나는 기도해 주고 "내일 다시 오겠다"라고 병실을 나섰다. 그리고 목회자로서 해야 할 일을 떠올렸다. 화목하게 하는 직분. 가족과의 화해였다. 큰 상처 때문에 가족은 떠나 있었고, 그 역시 가족을 볼 면목이 없어 등을 돌렸다. 그러나 나는 그들을 알고 있었고, 아내도 만난 적이 있었다. 이민 사회에서 그 상처가 의미하는 바를 알기에, 돌아오는 길 내내 기도했다.

"주님, 그들의 상처를 만져 주시고, 십자가에서 우리를 용서하신 것처럼 남편과 아버지를 용서할 마음을 주옵소서."

나는 조심스레 아내에게 상황을 전하고, 주님의 뜻을 나누었다. 며칠 뒤 그는 가정형 호스피스로 옮겨졌다. 아내와 함께 그를 찾아갔다. 죽음을 준비하는 시간이었다. 아내는 말이 없었다. 나도 말을 아꼈다. 상태가 급격히 나빠지자 마지막 단계의 호스피스 병원으로 옮겨졌다. 그는 하루 한두 번씩 전화를 걸어왔다.

"목사님… 기도… 목사님… 기도…."

가느다란 음성은 금세 끊기곤 했다. 우리도 함께 기도했다.

며칠 뒤였다. 아주 작은 목소리로 물었다.

"목사님, 너무 힘듭니다. 한 가지 여쭙겠습니다. 안락사가 죄인가요? 주치의가 고통이 심하니 안락사를 권합니다. 저도 그러고 싶습니다. 오늘 주님 품에 가고 싶습니다. 그러나 목사님 의견에 순종하겠습니다."

나는 한참을 망설였다. 그리고 떨리는 목소리로 말했다. "형제님, 주님이 십자가에 달리실 때 그 고통을 참으셨습니다. 그 고통에도 주님의 뜻이 있었습니다. 하나님이 우리의 죄를 대신 지시기 위한 고통을 감하지 않으신 것이 하나님의 뜻이었습니다. 형제님의 고통을 내가 다 알 수는 없지만, 이 육신의 고통을 피하기 위해 안락사를 택하는 일은 주님께서 기뻐하지 않으실 것 같습니다. 이 마지막을 믿음으로 건너가시는 것. 그것이 형제님이 주님께 드리는 마지막 사랑이라 믿습니다."

"목사님, 알겠습니다. 기도해 주십시오."

우리는 전화로 마지막 기도를 드렸다. "주님, 이 형제가 죽음의 골짜기를 지나는 이 고통을 받으소서." 눈물의 기도 끝에 "아멘, 아멘"을 함께 속삭였다. 다음 날, 그는 긴 고통의 터널을 지나 주님의 품에 안겼다.

나는 아내와 함께 그의 아내를 모시고 병원 영안실로 가 시신을 확인했다. 화장은 조용히 진행되었다. 선교회 동역자들과 가족이 함께 추모예배를 드렸다. 나는 앞줄에 앉은 그의 아내와 사랑하는 딸들에게 돌아가신 아버지의 간증을 들려주었다. 그리고 시편 30편을 전했다.

"그 노염은 잠깐이요 그 은총은 평생이로다. 저녁에는 울음이 기숙할지라도 아침에는 기쁨이 오리로다. 주께서 나의 슬픔을 변하여 춤이 되게 하시고 나의 베옷을 벗기고 기쁨으로 띠 띠우셨나이다. 이는 잠잠치 아니하고 내 영광으로 주를 찬송케 하심이니, 여호와 나의 하나님이여, 내가 주를 영영히 감사하리이다." 아멘.

가족은 주님의 십자가 은총으로 남편과 아버지를 용서했다. 십자가로 담을 허무신 주님께서, 굳게 닫힌 상처의 담을 허물어 주셨다. 아멘.

# 26
## 나는 권사도 아닙니다

미국 교회가 어려움을 당한 성도들을 돕는 방식과 헌신의 자세는 늘 나를 놀라게 했다. 미국 땅에서 성실히 사업하던 한 부부가 두 딸을 키우며 살고 있었다. 그런데 불행하게도 사업 계약 문제로 법적 소송에 휘말렸고, 결국 두 미성년 자녀를 남겨 둔 채 부부가 모두 감옥에 가게 되었다. 나는 카운티 교도소에서 그들을 만나 신앙 교제를 나누었고, 재판 후 멀리 떨어진 여자 교도소에 수감된 어머니도 면회했다. 미성년 자녀가 있는데도 남편과 아내가 동시에 수감되는 일은 흔치 않으나, 그 가정은 그렇게 큰 풍랑을 만났다.

그 부부는 늘 다니던 미국 교회가 있었고, 두 딸도 같은 교회에 출석했다. 놀라운 일은, 같은 지역의 성경 공부 소그룹 식구들이 남은 두 자녀를 보호하고 부모를 대신해 정성껏 돌보기 시작했다는 것이었다. 작은 성경공부 모임이었지만 섬김은 치밀하고 따뜻했다. 큰딸의 대학 입학 절차부터 기숙사 배정까지, 아버지를 대신해 발로 뛰며 하나하나 챙겨 주었다. 막내는 소그룹 리더인 집사님의 댁 한 방을 개조해 불편함 없이 지낼 수 있게 했고, 리더의 가족은 그 아이를 친자녀처럼 품었다. 어느새 한 식구가 되었다.

소그룹은 감옥에서 딸들을 걱정하는 부모에게 꾸준히 편지를 보냈다. "당신들은 하나님께서 감옥에 보내신 선교사입니다. 주님이 함께하십니다." 그렇게 격려하면서, 두 아이의 소식도 빠짐없이 전했다. 리더 집사님과 모임 식구들의 섬김은 한결같았다. 시간이 흘러 부부는 출감했고, 두 딸은 무사히 졸업하여 건강하게 자랐다.

어느 날 두 딸의 할머니가 선교회를 찾아와 고백했다. "목사님, 저는 크리스천도 아니에요. 한국에서만 신앙생활을 했기에 미국 교회는 잘 몰랐습니다. 그런데 이번 일을 겪으며 미국 교회가 보여 준 섬김을 보고, 회개밖에는 할 말이 없었습니다." 눈시울을 훔치며 덧붙였다. "어떻게 작은 소그룹이 불행을 당한 가정을 온전히 돕고, 방을 고쳐 함께 살게 하고, 학교 문제까지 일일이 챙길 수 있나요. 저는 교인도 아닌데…." 나는 고개를 끄덕였고, 그분들의 구체적이고 실제적인 섬김 앞에 깊이 도전받았다.

비슷한 섬김을 또 본 적이 있었다. 남편이 잘못으로 수감되면서, 아직 어린 딸 셋을 둔 아주 젊은 가정이 남겨졌다. 어느 날 아내가 선교회를 찾아왔는데, 큰 승합차를 타고 왔다. 사연을 묻자 "교회에서 아이들과 함께 타고 다니라며 제공해 준 차"라고 했다. 그들의 도움은 말뿐이 아니라 생활 깊숙한 곳까지 닿아 있었다. 오랜 시간이 흘러 부부가 출감해 새출발할 때, 교회의 섬김이 얼마나 큰 힘이 되었을지 생각만으로도 뭉클했다.

그 남편 집사님이 들려준 일화가 있었다. 출감 후 두 딸의 생일에 소그룹 리더 집사님의 댁으로 초대받았을 때, 온 마음으로 감사 인사를 전하자 리더의 아들이 또래인 큰딸을 바라보며 말했다. "오히려 저희가 더 큰 은혜를 받았어요. 이런 기회를 우리 가정에 주신 하나님께 감사드립니다." 그 말을 듣는 순간, 내 안 깊은 곳에서 "아멘!"이 터져 나왔다. 그리고 나 자신을 돌아보았다. 나는 이 사역 속에서 어떤 태도로 섬겨왔는가. 우리 교회는 어떻게 할 것인가.

지금 그 부부는 신학교를 졸업하고 목회를 준비 중이었다. 하나님은 우리의 인생 속 모든 일을 합력하여 선을 이루셨다. 은혜는 언제나, 어디에나 있었다. 두 딸도 주님의 은혜 안에서 결혼해 각자 가정을 이루었다. 해마다 성탄절이면 온 가족이 환히 웃는 사진과 함께 감사의 카드가 우리 부부에게 도착했다. 아픔을 통과해 선을 이루신 주님의 손길, 그리고 말없이 주님께 하듯 섬긴 몇몇 분의 아름다운 헌신이 그 가정의 회복을 이끌었다. 그들의 헌신은 앞으로도 그 가정의 역사 속에서 빛날 것이었다.

이 부부를 떠올릴 때면, 또 하나의 고백이 생각났다. 어느 권사님이 겸손히 말씀하셨다. "저는 권사도 아닙니다." 아들이 저 먼 펜실베이니아의 시골 교도소에 있었다. 멀리서 학업만 하는 줄 알았던 아들에게 닥친 엄청난 일을 마주하고, 그 아들을 면회하러 처음 가는 길이었다. 공항에는 지역 교회 자원봉사자이신 백발의 미국 할머니가 작은 차를 몰고 마중 나와 주셨다. 한 시간 넘는 길을 운전해 교도소에 데려다주고, 면회가 끝날 때까지 기다렸다가 호텔까지 친절히 안내해 주었다. 차 안에서는 진심 어린 위로와 기도가 이어졌다.

두 차례 면회를 마치고 돌아오는 날, 그 할머니는 자신의 집에 들러 차 한 잔을 대접하고 싶다 하셨다. 소박한 집에서의 따뜻한 환대, 기도, 격려…. 그때 권사님은 깜짝 놀라셨다. 할머니가 한쪽 다리에 의족을 하고 계셨던 것이었다. 의족을 한 몸으로 공항에 마중 나오고, 먼 길 운전해 안내하고, 묵묵히 섬긴 것이었다. 공항으로 돌아오는 차 안에서 권사님은 한마디 말도 할 수 없었다. "아, 이것이 진정한 그리스도인의 삶이로구나." 비행기 안에서 그는 고백했다. "비록 아들은 멀리 감옥에 있었지만, 아들 때문에 너무 귀한 것을 배웠습니다."

그리스도의 향기, 그리스도의 편지, 나도 그렇게 살아야지. 나도 그렇게 늙어야지. 그 할머니의 헌신을 떠올리면, 시편 90편의 한 대목이 마음에 피어올랐다.

그러나 거룩한 세월 속에서 원숙해지고 영원한 소망으로 위로를 받은 그리스도인들의 노년은 불쌍하기보다는 오히려 부러움의 대상이 된다. 해는 지고 낮의 열기는 사라지나 고요하고 서늘한 황혼은 아름답다. 아름다운 일생의 낮은 사라지나 그것은 어둡고 지루한 밤으로 가 아니라 영광스럽고 청명하고 영원한 낮으로 들어간다. 썩을 것이 영원한 것으로 갈아입고, 옛사람은 영원한 젊음으로 깨어나기 위해 잠든다. 아멘.

# 27
## 인생을 설명해 주신 하나님

나와 아내는 이제 은퇴하여 이 글을 남기고 있다. 뒤돌아보고 헤아려 보면 하나님만 보이고, 남은 인생으로 우리를 빚어 주신 분이 하나님이심을 고백하게 되었다.

인생의 '황금기'라 부르는 마흔에 주님은 우리를 미국 땅으로 부르셨고, 생전 가 보지도, 경험해 보지도 못한 목회의 길, 그것도 오직 미국 감옥만 다니며 형제들에게 복음을 전하고 세우는 헌신의 길로 이끄셨다. 그 길을 통해 우리에게 영광된 삶을 보여 주셨다. 우리 두 사람에게 남은 것은 '은총'과 '감사'뿐이었다.

노회에서 한 노(老) 목사님이 은퇴하시던 날, 후배 목회자들에게 들려주신 자전거 이야기가 생각났다. 자전거는 페달을 잠깐 놓아도 관성으로 곧바로 넘어지지 않고 나아간다는 이야기였다. 우리도 은퇴 후, 아직도 감옥에 있는 오래된 형제들을 잊지 못해 일주일에 한 번 오렌지 카운티 교도소(County Jail)를 방문했고, 감옥에서 만나 목사가 되고 사역자가 된 형제들을 곁에서 도왔다. 수십 년 만에 시카고에서 은퇴하고 캘리포니아로 내려온 친구 목사와 회포를 풀던 중, 그는 '은퇴'를 "숨을 은(隱) 자, 물러날 퇴(退)"라고 풀어 주었다. 아직도 완전히 내려놓지 못하는 내 마음에 그 말이 찌릿하게 박혔다.

어느 날 존경하는 목사님과 식사하던 자리에서 그분이 내게 말씀하셨다.

"목사님께는 하나님이 흔적을 주셨습니다. 목사는 은퇴가 없습니다. 영원히 목사입니다."

집에 돌아와 곱씹어 보니 맞는 말씀이었다. '흔적'을 주셨다. 그 말에 나는 은퇴 후 마음 한구석의 부담에서 자유를 얻었다.

36년 전 한국을 떠나 미국으로 올 때, 나는 하나님에 대해 적지 않은 오해를 품고 있었다. 하나님의 종으로 부르시면 먹고사는 문제는 다 책임져 주신다는 설교를 수없이 들었고, 문자 그대로 믿었다. 그러나 현실에서 하나님은 늘 침묵하시는 것 같았다. 경제적 어려움이나 자녀 양육의 문제 속에서 하나님의 손길을 체감하지 못하는 날들이 많았다. "하나님의 일을 위해 부르셨다면, 이 세상의 것들은 하나님이 다 책임져 주셔야 하는 것 아닌가?" 이것이 내가 가졌던 오해였다.

수없는 실수와 갈등이 세월을 통과하며 내 인생을 해석해 주었다. "왜 인생은 이렇게 긴가?" 길어야 했다. 하나님은 긴 인생을 통해 '하나님 자신'을 설명하시는 분이시기 때문이다. 창세기 12장에서 아브라함을 부르시며 "본토 친척 아비 집을 떠나라" 하신 말씀, 구원의 참된 의미를 조금씩 깨달았다. 하나님만으로 살게 하시는 하나님. 나는 세상의 것을 뒤로하고 가방 하나 들고 미국에 와 신학교로 갔다. 부끄러운 고백이지만, 구원의 확신이 흔들릴 때가 있었다. 그때마다 혼돈이 찾아왔다. "내가 미친 짓을 하는 건가? 하나님이 부르신 것도 아닌데 나 혼자 착각한 건 아닐까?" 그럴 때면 헌팅턴 비치(Huntington Beach)로 가, 태평양 너머 고향을 바라보곤 했다. 괜히 가족들만 고생시키는 건 아닌가 하는 마음에…

신학교의 또래 전도사들 이야기를 들어 보면, 다들 "하나님께 붙들려 왔다"라고 간증했다. 이민 와 집 잃고, 병들고, 사업 망하고, 결국 항복하고 신학교에 왔다고, 나와 비슷했다. 훗날 깨달았다. 하나님의 목적은 나를 변화시키는 것이었다. 나를 만들어 가시는 것이 목적임을 알게 되자, 내 믿음은 조금씩 하나님 중심으로 옮겨갔다.

하나님은 우리 가족에게 '좋은 환경'을 허락하지 않으셨다. 아내가 가장의 각오로 8개월을 주님과 씨름했지만, 경제적·가정적 근심은 끊이지 않았다. 가게도 날아가고, 한국에 남겨 둔 것들은 사기를 당해 다 잃었다. 막막했다. 집은 파산으로 비워야 했고, 아파트를 구하려 해도 크레디트가 좋지 않아 큰돈을 더 내고 겨우 들어갔다. 아내와 나는 5년 동안 밤 청소를 했다. 신학교를 마치고 목사 안수를 받은 뒤에도 교회 렌트비가 없어 청소권을 사서 밤 청소를 했는데, 알람 문제와 관리 이슈로 그것마저 중

단되었다. 금·토·일이면 아이들이 우리와 함께 나가 밤 청소를 도왔다.

생활을 책임지려 한국에서 신발을 수입해 세일즈맨을 두고 팔아 보려 했지만, 유통도 해 보기도 전에 주저앉았다. 영주권을 얻으려 찾아간 교회 집사에게 3년을 끌려다니며 사기까지 당했다. 어느새 우편함을 열기가 제일 무서워졌다. 'URGENT' 빨간 글씨가 찍힌 우편물만 보면 심장이 떨렸다. 길이 막혔다. 한국에 나갈 수도 없었다. 한국에 남은 형제들은 내가 사업하다 떠난 탓에 "돈 들고 미국 가서 잘 살려는 거다"라고 오해했고, 미국에 먼저 와 계시던 큰형님은 돈을 벌어 본 적이 없으셔서, 우리가 돈을 가져온 줄로만 아셨다. 여느 이민 가정의 첫 번째 고비처럼, 가족과도 멀어졌다. 하늘만 쳐다보게 되었다. 아내와 아이들 얼굴을 보면 눈물이 났다. "이게 하나님이 하시는 일인가?" 한국에서 가졌던 신앙의 환상은 다 깨졌다.

그러나 몇 해가 흘러서야 우리는 어렴풋하게 하나님의 뜻을 알게 되었다. 하나님의 목적은 나를 변화시켜 '은혜로만' 살게 하시려는 간섭이었다는 것을. 그리고 그것이 주님의 사랑이었음을. 하나님은 내 삶과 환경, 미국 생활의 긴 여정을 통해 '하나님 자신'을 설명해 주셨다. 그것이 믿음이었고, 주님의 영광 앞에 서는 날까지 이 땅에서 세상을 이기며 주님의 증인으로 살게 하는 내 신앙이 되었다.

첫째, 로마서 8:28

"하나님을 사랑하는 자, 곧 그 뜻대로 부르심을 입은 자들에게는 모든 것이 합력하여 선을 이루느니라."

이 말씀은 평생 내 인생을 해석하고, 이 땅에서 겪고 당하는 모든 일의 해답이 되었으며, 인생을 하나님의 시각, 영적 시각으로 보게 하는 교과서가 되었다. 내 신앙의 철학이다. 그리스도 안에 있는 자에게 이보다 큰 특권이 어디 있는가. 어그러지고 거스르는 세상의 풍조를 이기고, 앞으로 나타날 영광을 바라보며 나아갈 힘을 얻는다. 나는 주님 안에 있다. 바울의 고백이 내 고백이다.

"내가 확신하노니… 어떤 피조물이라도 우리 주 그리스도 예수 안에 있는 하나님의 사랑에서 끊을 수 없느니라." 아멘.

내 인생에서 일어나는 그 어떤 것도 하나님의 허락 없이 발생하지 않는다. 실패, 어려움, 성공, 아픔, 무엇이든 하나님은 합력하여 '선'을 이루신다. 믿지 않는 자나 믿는 자나 이 세상에서 당하는 사건은 비슷해 보일지 모른다. 그러나 주 안에 있는 자에게 하나님은 그 '결과'를 다르게 만드신다. 환난을 인내로, 인내를 연단으로, 연단을 소망으로 빚으신다. 우리 마음에 성령으로 부으신 사랑 때문에, 그 길은 실패하지 않는다.

그 '선'이 무엇인가? 로마서 8:29가 답한다. "그 아들의 형상을 본받게 하려 하심이라." 주님은 우리를 맏아들의 형상을 닮게 하신다.

나는 이 말씀으로 미국에서의 내 발걸음을 해석했다. 환경은 여전히 고통스러웠지만, 내 마음은 하나님으로 충만했고 은혜와 능력으로 채워졌다. 이해할 수 없어 원망과 당혹감이 밀려올 때마다, 성령께서 이 한 구절로 모든 것의 해답을 주셨다.

얼마 전 여자 교도소에서, 한국에서 와 긴 형기를 받고 곧 추방될 한 자매와 인생 이야기를 오래 나누었다. 하늘밖에 보이지 않던 내 옛날이야기를 들려주었고, 이 한 구절로 그 자매의 인생도 함께 해석해 주었다. 하나님은 인생에서 일어난 일을 하나도 빠뜨리지 않고 다루셔서, 끝내 선을 이루신다. 그 '선'은 내 뜻이 아니고, 이 세상에서의 편안함도 아니다. 예수님의 모습을 닮게 하시는 일이다. 이 명쾌한 진리는, 이해할 수 없는 고통을 견디게 했고, 티끌만큼이라도 주님의 마음을 닮게 해 주셨다고 믿는다.

인생을 뒤돌아보니
막막한 인생인 줄 알았는데,
뒤돌아보니 예수님이 늘 예비하신 인생이었습니다.
해답이 없는 인생인 줄 알았는데,
뒤돌아보니 예수님이 늘 응답하신 인생이었습니다.
갈 바를 모르는 인생인 줄 알았는데,
뒤돌아보니 예수님이 늘 인도하신 인생이었습니다.
부족한 인생인 줄 알았는데,
뒤돌아보니 예수님이 늘 채워 주신 인생이었습니다.

연약한 인생인 줄 알았는데,
뒤돌아보니 예수님이 늘 힘주신 인생이었습니다.
외로운 인생인 줄 알았는데,
뒤돌아보니 예수님이 늘 동행하신 인생이었습니다.
혼자인 인생인 줄 알았는데,
뒤돌아보니 예수님이 늘 함께하신 인생이었습니다.
세상에 흔들리는 인생인 줄 알았는데,
뒤돌아보니 예수님이 늘 붙들어 주신 인생이었습니다.
지금까지 살아온 것, 모두 주의 은혜였습니다. 아멘.

둘째, 고린도후서 4:17
"우리의 잠시 받는 환난의 가벼운 것이 지극히 크고 영원한 영광의 중한 것을 우리에게 이루게 함이니."

주님은 우리가 이 땅에서 '긴 인생'을 걷게 하신 이유를 밝히셨다. 우리가 받는 환난은 결국 '영원'을 빚기 위함이다. 이 잠시 지나가는 땅의 의미가 분명해졌다. 하나님은 우리를 영광 앞으로 인도하신다. 하나님을 떠나 죄로 말미암아 영광에 이르지 못하던 우리를, 반드시 '영광의 중한 것'으로 이끄시기 위해, 때로 어려움이라는 과정을 허락하신다.

되돌아본다. 이 못난 죄인, 미련하고 어리석은 자에게 하나님은 은혜로 살도록 부르시고 의롭게 하셨다. 육체적으로는 여덟 번의 눈 수술을 겪게 하셨다. 원망 대신, 이 질병을 주신 하나님을 인정하고 감사하며, 인생을 다루시는 주님을 다시 바라보게 하셨다. 사고로 세상을 떠난 남편의 각막을 기증해 주신 어떤 아내의 편지를 받고, 유가족 모두와 함께 미국에, 그리고 하나님의 손길에 감사했다. 신장암도 조기에 발견되어, 또 한 번 질병 가운데 감사를 배웠다.

아내와 때로는 감옥에서 나온 형제자매들의 자원봉사로, 미국의 국도 하이웨이 I-5와 101을 타고 수많은 교정을 오가며 잃어버린 영혼을 찾을 수 있게 '아론과 훌'을 붙여 주셨다. 내 육체의 약함 때문에 사역이 막힌 적이 없게 하셨다.

아침부터 저녁까지 만나는 사람들 대부분이 감옥과 관련된 상담이었고, 교회를 통해 그 가족들을 정신적으로·영적으로 돕는 일은 고되고 힘들었으나, 주님은 당신의 마음을 부어 주셔서 작은 종이 주님의 기쁨으로 섬기게 하셨다. 육체의 고통, 깊은 정신적 고통이 밀려올 때마다, 성령님은 어둠을 빛으로 바꾸어 주셨고, 아무리 다루기 어려운 형제자매라도 '긴 사랑'을 베풀 수 있도록 내 고단한 마음을 은혜로 바꾸어 주셨다. 그래서 할 수 있었다. 주님의 것으로 한 것이다.

그래서 또 하나, 내 인생의 신앙 철학은 빌립보서 2장이다. "너희 안에 이 마음을 품으라 곧 그리스도 예수의 마음이니…."

주님은 내 보잘것없는 인생을 주님께 드릴 특권을 부어 주셨다. 그리고 내 마음과 아내의 마음에는, 열두 돌의 기념비 같은 하나님의 '흔적'만 남겨 두셨다. 아멘.

# 28
## 순종의 씨앗, 바다 위에 던진 믿음

**너는 네 식물을 물 위에 던지라 여러 날 후에 찾으리라 | 전 11:1**

"다리를 건넌 후에 사다리를 치우지 말라."

미국 속담에 이런 말이 있다.

지금으로부터 약 28년 전, 처음 장기수 재소자 구명운동을 시작했을 때였다. 항소 변호사를 선임하기 위해서는 큰 비용이 필요했고, 네 명의 장기수 형제들의 항소를 돕기 위해 '스와프 미트(Swap Meet)'를 열었다. 새벽 2시부터 오후 2시까지, 뜨거운 햇볕 아래에서 하루 종일 일하며 번 돈은 참으로 귀했다.

그때 처음으로 짜장면 한 그릇이 이렇게도 소중한 것임을 깨달았다. 그 경험은 목회에도 큰 도움이 되었다. 무엇보다 이민 와서 애쓰며 살아가는 성도들의 마음을 깊이 이해하게 되었고, 그들의 삶이 얼마나 고되고 힘든지 몸으로 느낄 수 있었다. 그리고 아주 작게나마 주님의 마음도 알게 되었다.

그때의 경험을 통해 하나님은 또 다른 길을 여셨다. 한 장로님이 13,000스퀘어피트(ft²) 되는 장소를 빌려주시며 교회 중고매장(Thrifty Store)을 운영해 보라고 제안하셨다. 큰 꿈에 부풀어 시청에 가서 비즈니스 라이선스를 신청했지만 거절당했다. 은혜를 주신 줄 알았는데 왜 길이 막히는지, 마음은 실망과 의문으로 가득 찼다. 세 번이나 찾아갔지만 결과는 같았다.

나는 길을 걸을 때도, 사무실에 앉아 있을 때도 중얼거리며 하나님께 물었다.

"주님, 왜 막으십니까? 정말 주신 길이 맞습니까?"

그러던 어느 날, 문득 이 장소에서 먼저 사업을 했던 한 권사님이 떠올랐다. '권사님을 찾아가 도움을 구해야겠다.' 나중에야 알게 된 일이지만, 그것이 바로 하나님의 인도하심이었다.

권사님은 흔쾌히 함께 시청으로 가 주셨다. 그런데 놀라운 일이 벌어졌다. 젊은 직원이 상담을 맡더니, 지금 당장 신청서를 제출하라고 하는 것이었다. 단순한 절차라 생각하며 작성해 제출했는데, 잠시 후 기다리라는 말과 함께 그 자리에서 바로 라이선스가 발급되었다. 깜짝 놀랐다. 세 번이나 찾아가 간절히 요청했을 때는 거절당했는데, 어떻게 이런 일이 일어날 수 있단 말인가.

시청을 나서며 권사님이 미소를 지으셨다. 나는 물었다.

"권사님, 이게 도대체 어떻게 된 일입니까?"

권사님은 조용히 대답하셨다. 오래전 자신이 이곳에서 가게를 하던 시절, 오늘 라이선스를 내준 바로 그 직원 때문에 쫓겨난 적이 있었다는 것이다. 그 직원은 "이곳은 도매점만 가능한 장소이

지, 소매점은 할 수 없다"라는 이유로 몇 년간 끊임없이 괴롭히며 결국 내쫓았던 인물이었다.

　권사님은 그때 큰 상처를 받았지만, 신앙의 눈으로 그 일을 바라보며 다른 장소로 옮겨가면서도 그 직원에게 감사 카드와 작은 화분을 보냈다고 했다. 그 카드에는 이렇게 적혀 있었다.

　"당신과 많은 시간을 논쟁했습니다. 그러나 당신을 원망하지 않습니다. 오히려 감사드립니다. 하나님께서 다음 계획을 예비하셨으리라 믿습니다. 몇 년간 이곳에서 장사할 수 있게 해 주셔서 감사합니다."

　권사님은 주님의 주권을 인정하며 그때의 일을 감사로 마무리했다. 그 결과 마음에 평안이 임했고, 주님께서 다른 길을 열어 주신다는 확신을 얻었다고 하셨다.

　그 이야기를 들으며 큰 깨달음을 얻었다. 하나님께서 주신 은혜를 원망이 아닌 감사로 바라보았을 때, 그 감사가 다시 하나님의 때에 열매로 돌아온다는 것을 깨달았다.

　그날은 마치 전도서 11장 말씀처럼,

　"비가 내려 홍수가 날 때, 혹시 떠내려가는 사람이 붙잡을 수 있도록 곡식 자루를 강물에 던지라. 그러면 여러 날 후에 찾게 될 것이다."

　그 말씀이 내 삶 속에서 실제로 이루어진 날이었다.

　너는 아침에 씨를 뿌리고 저녁에도 손을 거두지 말라. 이것이 잘 될는지, 저것이 잘 될는지, 혹은 둘 다 잘 될는지 알지 못함

이니라 | 전 11:6

우리는 인생 속에서 수많은 만남과 조건, 관계 속에 살아간다. 나는 뜻하지 않게 불행을 당한 가정을 상담할 때나, 주님의 길로 인도할 때, 혹은 변호사를 세울 때마다 이 이야기를 들려준다. 그리고 꼭 이렇게 말하곤 한다.

"해결되었다고 사다리를 치우지 마십시오.

다리를 건넌 후 사다리를 치우지 마십시오."

인생은 내일 일을 알 수 없다. 그러나 우리가 모든 일을 하나님의 관점으로 바라본다면, 아무리 힘들고 나를 괴롭히는 일이라도, 그것을 대하는 태도에 따라 하나님은 그 일을 인생의 귀한 재료로 사용하시고, 큰 축복으로 바꾸신다.

혹시 우리는 "이제 끝났다, 너는 더 이상 필요 없다"라며 건너온 사다리를 치우고 있지 않은가? 하나님은 우리가 인생에서 그분의 통치와 축복 누리기를 원하신다.

그럴 때 이 말씀을 기억하라.

바람을 살피는 자는 파종하지 못할 것이요, 구름만 보는 자는 거두지 못하리라. 바람의 길이 어떠함을 알지 못하고, 아이 뱃속의 뼈가 어떻게 자라는지를 알지 못함같이, 만사를 운영하시는 하나님의 일을 네가 알지 못하느니라 | 전 11:4-5

# 29
## 잘되는 사람

　망설이며 이 글을 썼다. 혹여 '잘 된다'는 말이 영적이지 못하여 단순히 현실적인 번영의 의미로 오해될까 염려되었기 때문이다. 예전에 조용기 목사님의 설교집을 읽은 적이 있었다. 목사님의 설교 결론은 언제나 "요한삼서 1장 2절" 말씀으로 맺어졌다.

　"사랑하는 자여 네 영혼이 잘 됨 같이 네가 범사에 잘되고 강건하기를 내가 간구하노라."

　목사님께서 이 구절을 설교의 결론으로 삼으셨다는 것은 그 말씀이 그분의 사역에 큰 깨달음과 확신을 주었기 때문이었을 것이다. 이 세상에는 잘 되는 사람이 있고, 잘되지 않는 사람도 있었다. 그러나 우리 모두는 이 땅에서도 잘 되기를 기도했다. 잘 되려면 먼저 '잘 되는 사람'이 되어야 했다.

　나는 지난 몇 주 전에 주님이 주시는 기쁨과 따뜻함, 그리고 보람을 깊이 맛본 날이 있었다. 그것은 감옥에서 오랫동안 생활하다가 주님의 은혜로 출소한 두 형제 때문이었다.

코로나로 인해 'Stay Home' 명령이 내려졌을 때였다. 재택근무가 대부분이었지만, 사회복지와 관련된 일은 예외가 되기도 했다. 우리 사역이 100% 거기에 속하는지는 확실하지 않았지만, 사무실 인원이 적었기에 화요일과 금요일은 사역을 이어갔다.

그날 두 형제에게서 연락이 왔다. 한 형제는 선교회에 나와 자원봉사를 하고 싶다고 했고, 다른 한 형제는 단지 만나고 싶다며 사무실 방문을 허락해 달라고 했다.

먼저 한 형제는 나이가 어린 형제였다. 나는 재판 때부터 그를 지켜봐 왔다. 그의 가정이 겪은 아픔, 아들을 감옥에 보낸 부모의 눈물, 그 과정을 믿음으로 견뎌낸 이야기를 함께 보아 왔다. 하나님께서 감옥에서 그를 어떻게 사랑으로 다루셨는지, 출소의 과정에서도 어떻게 은혜로 인도하셨는지를 목격해 왔다.

어느 날, 그 형제를 만나 짜장면을 먹으며 대화하던 중 그는 "아마존에서 이발 기구를 샀다"고 말했다. 의아해 내가 이유를 묻자, 그는 이렇게 대답했다.

"목사님, 제가 감옥에서 나온 후 친구들에게 신세를 많이 졌습니다. 밥도 많이 얻어먹었습니다. 어떻게 이 고마움을 갚을까 생각하다가, 감옥에서 조금 배운 이발 기술로 친구들을 섬기고 싶어 도구를 구입했습니다."

그 말을 듣는 순간 내 마음은 마치 가뭄에 단비를 맞은 듯했다. 얼마나 대견했는지, 하나님께서도 기뻐하실 마음이라 느껴졌다. 그다음 주 그는 자원봉사자로 와 내 머리를 정성스럽게 깎아

주었다. 수없이 거울을 보여 주며 꼼꼼하게 다듬는 그의 마음을 보며 감사와 감동이 밀려왔다. 그 순간 나는 그의 머리를 깎는 내내 그를 위해 기도했다.

또 한 형제는 나이가 조금 더 있었다. 그야말로 하나님께서 기적을 베푸신 형제였다. 처음 면회했을 때 그는 돌짝밭 같은 마음을 가진 사람이었다. "지금 나이에 나가서 무엇을 하겠습니까? 저는 이곳이 더 편합니다"라고 말할 정도로 아무런 소망이 없었다. 그러나 두 번째 면회에서는 마음에 작은 소망이 싹트기 시작했고, 세 번째 면회에서는 간절한 바람이 되어 기도와 믿음으로 변화되는 모습을 보게 되었다. 결국 하나님께서는 추방 없이 그 긴 결박을 끊어 주시는 은혜를 베풀어 주셨다.

나와 아내는 늘 의아했다. "어떻게 그 긴 세월, 그것도 독방에서 많은 시간을 보낸 그가 이렇게 정신이 맑고 건전할 수 있을까?" 물어보니 그의 대답은 '신문'이었다. 매일 배달되는 신문 기사들을 달달 외우며 시간을 보낸 것이었다.

그러나 출소 후 그의 가족을 만나며, 그 모든 비밀은 '가족의 믿음의 기도'였음을 알게 되었다. 기적적인 출소 이후 그는 성실히 사회에 적응하며 하루도 게으르지 않고 열심히 일했다. 정기적으로 나에게 전화를 걸어 안부를 물었고, 감옥에서 나온 형제들을 돕거나 어려운 가정을 위로할 기회가 있는지를 늘 물었다. 그의 말 끝에는 언제나 감사가 있었다.

어느 날 그는 LA에서 수박을 사서 오렌지 카운티 교도소

(Orange County Jail)까지 가져왔다. 여기서도 살 수 있는 수박이었지만, 일부러 먼 길을 달려와 나누어 준 그 마음이 얼마나 따뜻했는지 몰랐다. 돌아가면서는 헌금을 내고, 머리를 깎아 주던 어린 형제에게 위로와 용돈을 쥐여주며 "힘내라"라고 격려했다.

그날 나와 아내는 두 형제에게 큰 절을 받는 듯한 감사와 기쁨으로 하나님을 경배했다. 그리고 그동안 뿌렸던 복음의 씨앗이 헛되지 않았음을 확인하며 눈물로 감사했다.

두 형제는 감사할 줄 아는 사람이었다. 은혜를 값으로 갚을 줄 아는 형제들이었다.

성경은 말씀한다.

하나님은 나를 존중히 여기는 자를 내가 존중히 여기고, 나를 멸시하는 자를 내가 경멸스럽게 여기리라 | 삼상 2:30

"하나님은 외모를 보시지 않고 중심을 보신다."

다윗은 살인자요 간음자였으나, 그의 중심은 늘 회개와 경외로 주님께 향해 있었다. 그래서 하나님께서는 말씀하셨다.

내가 이새의 아들 다윗을 만나니 내 마음에 합한 사람이라. 내 뜻을 다 이루리라 | 행 13:22

하나님께서는 우리의 중심, 곧 마음을 보신다. 나는 두 형제의 마음이 늘 한결같아, 축복된 인생으로 주님의 뜻을 이루어 드리는 삶이 되기를 간절히 바라며, 반드시 그렇게 될 것을 믿었다.

감사하는 사람은 잘 되었다. 은혜를 갚을 줄 아는 사람은 잘 되었다.(대하 32:24 - 25)

# 30
## 세상에서 가장 아름다운 인연

### 장기수 결혼 이야기

나의 사역 가운데 법정을 찾는 일이 많았다. 오렌지 카운티 교도소(Orange County Jail)에는 다섯 군데의 코트(Court, 법원)가 있었고, 그중에는 청소년 코트도 포함되어 있었다. 내가 코트를 다니는 첫 번째 이유는 재판을 받으러 오는 재소자들과 관계를 맺고, 그 관계를 통해 복음을 전하기 위해서였다. 특히 남의 나라에서 생각지도 못한 일을 당해 언어도 잘 통하지 않고 도와줄 사람도 없는 미국에서, 목사가 자기 위해 법정에 앉아 기도해 준다는 사실만으로도 분노로 닫힌 마음, 독기로 가득한 마음, 돌처럼 굳어진 마음이 열릴 수 있다고 믿었다.

오렌지 카운티에는 정신 질환으로 분류된 재소자들을 재판하는 코트가 따로 있었다. 안타깝게도 우리 한인 자녀들 가운데 마약 중독으로 인해 정신적 문제까지 겪는 이들이 많았다. 기소가 이루어지면 코트는 죄를 가리되, 정신적 치료가 필요한 경우 '멘틀 코트(Mental Health Court, 정신건강 법원)'로 보내 관리와 재판을 진행했다. 나는 한인 젊은이들의 마약 사건 재판을 가능하면 빠지지 않고 보러 갔다. 그들을 신앙적 케어를 하는 기관으로 보낼 수 있도록 변호사와 상의했고, 때로는 검사에게 부탁했고, 판사에게 프로그램 배정을 청원하기도 했다. 감사하게도 판사들은 사역자들의 의견을 존중해 주는 경우가 많았다.

몇 해 전, 그 코트에서 일본인 남편이 아내를 위해 변론하는 장면을 본 적이 있었다. 아내는 이미 어떤 판결을 받았는지 알 수 없었으나, 남편이 많은 파일철을 들고 판사 앞에 섰다. 내 눈에는 아내가 중증의 정신 질환을 앓는 듯 보였다. 여자 판사가 질문을 이어갔고, 남편은 아주 젠틀하고 겸손하게 답했다. 숙제 검사처럼 보였는데, 이전 기일에 판사가 과제를 내준 모양이었다. 남편은 대학교수였다. 여러 차례 남편이 아내를 대동해 온 듯했고, 판사는 아내의 상태를 하나하나 묻고 확인했다.

뒤에서 지켜보는 내게도 남편의 표정과 태도는 '사랑' 그 자체였다. 아내가 판사 앞에서 병증으로 인해 산만해지면 남편은 다정히 어루만지고 얼굴을 맞대며 집중을 도왔다. 가식이 아니었다. 판사에게 잘 보이려는 제스처도 아니었다. 아내가 그린 그림들을 펼쳐 보이며 "이건 이렇게 그렸고, 요즘 이렇게 좋아졌다"라며 자랑할 때의 눈빛은 인자했고, 처방약의 종류와 복용 반응까지 세세히 설명하면서 약에 따라 아내가 찡그리는 표정까지 흉내 냈다. 어떻게 이렇게 성실하고 진실하게 케어(Care)할 수 있을까 싶을 정도였다.

나를 감동시킨 것은 문제를 대하는 그의 '성실함'이었다. 그 장면은 내게 우리가 불행을 맞을 때 얼마나 쉽게 "무자식이 상팔자"라며 신세를 탓하는가를 돌아보게 했다. 40분가량 이어진 공판에서 판사도 그 남편의 사랑스러운 태도에 미소를 지었고, 가족처럼 그들을 대해 주었다. 재판이 끝난 뒤 남편이 아내의 겉옷을 입혀 주고 나가길래 나도 복도로 따라나가 정중히 인사했다. "저는 한국 목사입니다. 오늘 아내를 돌보시는 태도에 깊이 감동했습니다." 남편은 "아내는 오래전부터 이렇습니다. 사랑하는 아내니까요"라고 담백하게 답했다. 나는 기도하겠다고 약속하고 헤어졌다. 그날 하루 종일 그 남편이 생각났다. 문제를 문제로 '그대로' 받아들이고 사랑하며 최선을 다하는 사람인 것 같았다.

나는 교정 시설에서 종신형 재소자 몇 명을 '교정 시설 내 결혼'으로 주례한 적이 있었다. 그중에는 검사가 사형을 구형했던 한인 젊은 형제도 있었다. 판결은 가석방 없는 종신형으로 낮춰졌지만, 그의 여자친구가 찾아와 결혼을 부탁했다. 베트남계였고, 고등학교 수학 선생이었다. 젊은 한인 남성은 갱단 범죄를 저질러 같은 한인 목회자 가정에 큰 상처를 남겼다. 결혼을 허락하기까지 잠시 망설였지만, 목사로서 영혼을 위한 답을 주어야 했다.

결혼 전, 한국 식당에서 점심을 함께하며 상담을 했다. "평생 감옥에서 나올 수 없을지도 모릅니다. 그래도 결혼하겠습니까? 왜 결혼하려 합니까?" 예전에 캄보디아 여성과 재소자의 결혼을 주례하며 그들의 신앙적 마음을 본 적이 있었지만, 다시 물었다. 그녀의 대답은 간단했다. "Just love." 가톨릭 신자였다. 나는 과제를 하나 내었다. "성인이시지만, 부모님의 동의가 있어야 하지 않겠습니까?" 그녀는 이미 베트남에 다녀와 부모님의 동의를 구했다고 했다. 나와 아내는 다시 한번 이 결혼을 놓고 기도하며 생각했다. 한인 사회에서는 꿈도 꾸기 어려운 선택이었다.

기억나는 또 한 여성이 있었다. LA에서 4시간 거리의 교도소에 아주 자주 오던 미국 여성이었는데, 내가 방문하는 날이면 이상하게 늘 마주쳤다. 늘 단정한 여성용 정장 차림에 성경을 품고 있었다. 면회실에서 유심히 보니 흑인 재소자를 만나고 있었다. 몇 시간 후 나와 같은 버스를 타게 되어 인사를 건넸다. "항상 성경을 들고 오시네요. 누구를 만나시나요?" "남편이에요." 그녀는 담담히 말했다. 남편은 무기징역자였고, 교정 시설 내에서 혼인신고를 했다. 시간이 지나 알게 되었다. 미국 감옥에는 무기징역자와 결혼한 여성들이 적지 않다는 것을. 대부분 가톨릭권 출신이 많아 보였고, 가톨릭 문화권 국가의 여성들이 많았다. 평생 감옥에서 나올 수 없는 '한 영혼'을 위해 자기 인생을 드리는 헌신, 그 의미를 오래 생각했다. 이후에도 그녀는 늘 단정하고 정중하게 성경을 들고 남편을 만나러 왔다.

오늘은 볼티모어에 사는 니콜스 부부의 이야기를 보았다. 밀알선교회 영상의 제목은 "이 세상에서 가장 아름다운 인연"이었다. 니콜스 부부는 70대의 시각장애인 부부였다. 놀랍게도 네 명의 시각장애인 아이들을 입양해 키우고 결혼까지 시켰다. 모두 한국 아이들이었고, 그중 한 명은 정신 질환까지 있었다. 기자가 물었다. "네 명의 시각장애인을 입양해 키우는 것이 힘들지 않으셨나요?" 니콜스 씨는 미소 지으며 대답했다. "아니요. 전혀요. 제가 영향을 줄 수 있는 아버지가 되었다는 사실이 너무 기쁩니다." 그는 42년 동안 연방 공무원으로 일해 왔다. 정신 질환을 가진 딸은 돌보기가 쉽지 않았지만, 두 부부는 웃으며 감사로 품었다. 일본인 남편이 아내를 사랑한 것처럼.

두 아이는 이미 결혼해 세 살배기 손자까지 낳았다. 추수감사절 날, 두 부부는 흰 지팡이를 짚고 기차역으로 딸을 마중 나갔다. 그 아름다움은 어디서 오는가. 그 희생은 어디서 오는가. 연말, 밀알선교단이 두 부부를 초대했을 때 니콜스 씨는 부드럽게 웃으며 말했다. "사랑은 성과를 바라는 것이 아닙니다. 저는 조건 없는 사랑을 믿습니다." 아멘! 영상은 "이 세상에서 가장 아름다운 인연을 보았다"라는 말로 마무리되었다.

생각했다. 어떻게 그렇게 생각할 수 있었을까. 어떻게 그렇게 사랑을 실천할 수 있었을까. 나는 믿었다. 주님 안에서 '영원'을 믿었기 때문이었다. 정신 질환이 삶을 송두리째 흔드는 자리에서도 사랑할 수 있는 힘, 기꺼이 한 영혼을 위해 일생을 바칠 수 있는 믿음, 자신도 시각장애인인 두 부부가 네 명의 시각장애 아이를 품을 수 있었던 이유. 그들에게 삶은 주님을 위한 '도구'일 뿐이었다.

우리는…?

## 31
## 실수 속에서 배우는 은혜

나는 사역 속에서 많은 실수를 했다. 미국 기관들, 특히 감옥 안에서 재소자들을 상대할 때 지켜야 할 규칙들은 나에게 생소했고, 문화적 성향도 달라 여러 번 넘어지며 배워야 했다. 미국은 거의 모든 규칙이 매뉴얼화되어 있었다. 감옥 사역도 예외가 아니었다. 처음 이민국 교도소에 들어갈 때 채플린(Chaplain, 종교 담당자)에게서 받은 규칙 가운데 하나가 "설교하지 말고, 나누라(Do not preach, but share)"였다. 낯설었지만 곰곰이 생각해 보니 매우 중요한 원칙이었다. 선포하고 명령하고 지적하는 설교가 아니라, '나눔'으로 하라는 뜻이었다. 오랜 경험에서 나온 지혜라고 생각되었다.

우리 팀 가운데는 나 외에도 규칙을 지키지 못해 사역 승인이 취소된 이들이 여럿 있었다. 연방 감옥의 규정은 특히 더 엄격해서 거의 6개월마다 교육을 받았다. 자원봉사자들은 이 교육에 반드시 참여해야 했다. 그런데 한인 사역자나 목회자들이 교육 참여에 소홀한 경우가 많았다. 설교에는 참여해도 교육은 '부차적인 것'으로 여기는 경향이 있었다. 우리 민족의 정(情)과 열정이 장점이 될 때도 많았지만, 규정 앞에서는 느슨해지는 단점으로 드러나곤 했다. 미국 사역자들은 달랐다. 그들은 교육 자체를 사역의 일부로 보았다. 감옥 당국의 운영 원칙에 동의하고, 재소자 관리를 위한 규칙을 지켜 주는 것이 협력이며 반드시 따라야 할 일이라고 믿었다. 배워야 할 태도였다.

내 실수들도 적지 않았다. 첫째, 하드커버 성경을 반입했다가 몇 주간 방문이 금지된 일이 있었다. 감옥과 교도소에서는 하드커버 성경의 반입이 금지되어 있었기 때문이다. 오렌지 카운티에서는 한때 한국어 성경 반입을 공식적으로 금지한 적도 있었다. 이유를 묻자, 한국어 성경은 재질도 좋고 값도 비싸 내부에서 시기와 갈등을 유발해 싸움으로 번졌기 때문이라는 답을 들었다. 영어 성경은 대개 값이 싸고 단출했다.

둘째, 전화 때문이었다. 캘리포니아 감옥에 있던 형제가 텍사스로 이감되었는데 영어를 한마디도 못 했다. 치질 수술을 받고 피가 멈추지 않아 겁이 난 그가 교회로 '컬렉트콜'을 했다. "목사님, 소송(sue)을 하고 싶습니다. 어떻게 해야 합니까?" 나는 법률 조언은 하지 않고 그저 기도해 주고 전화를 끊었다. 사흘 뒤, 워싱턴 D.C.에서 '서스펜드( Suspend : 중단)' 통지서가 날아왔다. '연방 교도소 영구 출입 금지.' 이유는 '연방 교정 시설 출입 사역자가 재소자와 전화 통화를 했다'는 것이었다. 나는 목사로서 교회로 걸려 온 전화를 어찌 받지 않겠냐고 항소했지만 소용이 없었다. 거의 5년 동안 연방 교도소에 들어갈 수 없었다. 같은 이유로 함께 사역하던 목사 한 분도 중지되었다.

셋째, 함께하던 찬양 사역자들의 실수였다. 성탄 예배 때 한 사역자는 주머니에 사탕 몇 개를 넣고 들어갔다가, 재소자들과 악수하며 손에 사탕을 쥐어 준 장면이 카메라에 잡혀 그 자리에서 '서스펜드'되었다. 다른 사역자는 포옹하다가 상체가 맞닿는 '강한 포옹'을 했다는 이유로 즉시 퇴거 조치되었다. 감옥 안에서의 신체 접촉 규칙을 몰랐기 때문이었다.

넷째, 나와 아내가 함께 한 실수였다. 연방 이민국 교도소에서 한인 추방자의 페티션(Petition, 청원서)에 서명해 준 일로 조사 대상이 되었다. 그 자매는 언어에 영재적 소질이 있어 수감 중에 스페인어·중국어를 통달했고, 내가 이끄는 성경공부에도 열심이었다. 같은 동포로서 동정심도 생겼고, 진정성 있는 참여가 기특하여 추방 면제를 구하는 청원서에 의심 없이 서명했다. 그러나 이민국은 이를 문제 삼았다. 재판정에 재소자와 나, 아내가 함께 섰고, 감옥 당국의 감독관들도 배석했다. 그날 주님은 판사를 통해 은혜를 베푸셨다. 판사는 방청객들에게 분명히 말했다.

"김 목사 부부는 사역자로서 이 사람을 미국에 남게 하려는 보증인이 아닙니다. 단순한 청원 정도로 알고 선의로 서명했을 뿐입니다." 그러고는 재소자에게 "당신은 두 분을 절대 잊지 말고, 이분들의 선한 마음을 본받아 다른 이들을 도우라. 이분들의 사역을 언어로 도와라"라고 권면했다. 마지막에 우리에게 "다음부터는 조심하십시오"라며 정중히 경고했다. 우리는 기울었던 마음의 저울을 다시 세웠다. 'Do not preach, but share.' 처음 다짐을 다시 적었다.

그 자매는 며칠 뒤 이민국 교도소에서 석방되어 우리 선교회를 찾아왔다. 그러나 우리가 교도소에서 보았던 그 순전한 모습은 아니었다. 사람은 얼마나 쉽게 교만해지는가. 우리는 다시 세상과 인간을 정리하는 계기를 얻었다. "도움이 먼저가 아니다. 복음이 먼저다." 영적 순서를 잊지 말아야 했다.

또 하나의 실수가 있었다. 오랜 수감 끝에 본국 송환을 앞둔 형제가 늙은 어머니를 한 번만 보고 싶다고 했다. 양로원에 계신 LA의 노모를 찾아가 의사를 물으니, 내 손을 꼭 잡고 "고맙습니다"라고 하셨다. 약속을 잡아 노모를 모시고 이민국 교도소에 갔다. 면회를 마치고 모셔다드리니, 내 손에 무언가를 쥐어 주며 "기름값입니다"라고 하셨다. 50달러였다. 며칠 뒤 예배를 드리러 이민국 감옥에 갔다. 이곳은 대부분 가족 연고가 끊긴 이들이었고, 연고가 있어도 외면당하기 일쑤였다. 예배 후 복도에서 두 형제가 따라와 "배가 너무 고픕니다. 1달러만 주세요"라고 했다. 나는 전날 노모에게서 받은 50달러를 둘에게 나눠 주며 말했다. "어머니가 아들을 만나게 해 주신 감사로 주신 돈입니다. 담배 말고 음식을 사 드세요." 마음속으로는 '이 돈이 그들의 마음을 움직여 감사와 은혜로 이어지기를' 기도했다.

일주일 후, 예배에 그 형제가 보이지 않았다. 방으로 찾아가니 화가 난 얼굴로 다가왔다. "아들인 나에게는 1불도 안 넣어 주고, 다른 놈들에게는 25불씩 줬단 말입니까?" 놀라고도 마음이 저렸다. 탕자의 비유가 떠올랐다. 집으로 돌아온 작은아들을 위해 잔치를 벌이자, 들에서 일하고 돌아온 큰아들이 들었던, 그 집의 소리 같았다. 그의 심정을 이해할 수 있었다. 아, 내 잘못이었다. 어떻게 수습할까. 겨우 달래고 돌아오는 길, 깊은 시름에 잠겼다.

다음 날은 부활절이었다. TV에서는 가족 갈등을 용서와 자기성찰로 풀어 가는 이야기가 방영되었다. 마음이 흔들렸다. '부활의 의미는 화해다.' 이민국에 전화해 그 형제의 동향을 묻자, 아침에 다른 시설로 이감되었다고 했다. 곧장 찾아가 유리창 너머로 면회했다. 진심으로 사과했다. "어머니가 왜 돈을 넣지 않으셨는지는 모르지만, 경황이 없으셨을 것이다. 미안하다." 그의 표정이 누그러졌다. "와 주셔서 고맙습니다. 한국에 오시면 연락해 주세요." 그렇게 헤어졌고, 그는 곧 한국으로 추방되었다. 이후 나는 노모께 전화드려, 추방 후 한국 삶에 필요한 것들을 전하고, "그날의 50달러는 가족 없는 이들을 돕는 데 썼다"라고 솔직히 말씀드렸다.

사도 바울의 권면이 오래 맴돌았다.

"너희 자유가 약한 자들에게 거치는 것이 되지 않도록 조심하라."

"만일 음식이 내 형제를 실족하게 한다면, 나는 영원히 고기를 먹지 않겠다."

선한 의도도 누군가에게 걸림돌이 될 수 있었다. 더 낮아져야 했다. 그리스도의 마음으로.

또 하나, '오해'에서 비롯된 아픈 사건이 있었다. 한 형제는 아내를 납치해 자동차 트렁크에 싣고 멕시코를 거쳐 한국으로 가려다 국경에서 체포되었다. 한인 사회 신문에 대문짝만하게 실린 사건이었다. 어린 아들이 함께 왔는데 돌볼 이가 없어 항공사와 상의해 한국의 외할머니에게 보냈다. 재판을 기다리는 동안, 그 형제가 보내온 편지들은 마음을 쓰리게 했다. 감옥에서 복음을 전했지만, 그의 마음은 아직 세상과의 결별을 준비하지 못한 듯했다. 긴 형량을 받고 이감된 뒤, 같은 감옥에 있던 한 형제로부터 편지를 받았다.

"목사님을 해치려 칼을 준비하고 있으니 절대 방문하지 마세요." 수감자들의 정신 상태가 얼마나 취약해지는지 익히 알고 있었다. 미국의 형량은 길고, 다민족이 모여 갈등이 심했다. 언어도 막혀 절망이 깊어지면, 재소자들은 들어온 나이에서 '생각이 멈춘다'고들 했다. 15살에 들어오면 15살에 멈춘다. 의지로 사는 것이 아니라 타인의 규칙에 따라 사는 곳이었기 때문이다. 그래서 가족의 케어가 절실했다.

나는 기도하며 그에게 편지를 썼다. "왜 나를 해치려 하는가. 이유를 써 달라." 답장을 받고서야 오해를 알았다. 출감 후 우리 선교회에서 바이블 칼리지를 돕던 형제를 나로 착각했고, 밖에 있는 아내 문제로 의심이 부풀었다. 짐 보관을 부탁하며 여권을 넣어 두었는데 사라졌다고도 했다. 사실관계를 자세히 설명해 답장을 보냈지만 의심은 가라앉지 않았다. 더 거친 답이 돌아왔다. 나는 결심하고 또 편지를 보냈다. "증거를 대지 못하면 연방에 정식 조사를 요청하겠다. 나는 당신을 방문할 것이다. 그때 하고 싶은 대로 하라." 두려웠다. 7일을 금식 기도하듯 간구했다. 방문 당일, 일부러 구석 자리에 앉아 기다렸다. 그가 나왔다. 나는 말없이 눈을 감고 기도했다. 아무 일도 일어나지 않았다. 그는 어린 아이처럼 순전한 표정으로 나를 대했다. 연민이 밀려왔다. 이후 그는 다시 다른 감옥으로 이감되었다. 또 찾아가 성경공부를 권했고, 그는 시작했다. 내가 가장 바란 것은 주님과의 관계 회복, 그리고 그 안에서 우리 사이의 오해도 함께 회복되는 것이었다. 몇 년 뒤 그는 한국으로 추방되었고, 서울시 도봉구 도봉동의 추방자 쉼터에서 다시 만났다. 고향으로 돌아가 삶이 조금씩 회복되었고, 광풍 같던 그의 인생은 잔잔한 평지로 인도되었다.

　나는 카운티 교도소를 사역의 '베이스캠프'라 불렀다. 가장 눈물이 많은 곳, 가장 고향이 그리운 곳. 판사의 한마디, 검사의 표정 하나에 마음이 급등락하는 곳. 특히 추석, 구정, 성탄절, 복음이 가장 잘 스며드는 때였다. 세상에서 아무 잘못 없이 편히 사는 인생을 우리는 꿈꾸지만, 잘못을 저질러 가족과 떨어져 말할 수 없는 그리움과 두려움 속에 자신을 마주한 이들은 이곳에서 비로소 자신이 쫓던 것의 허망함을 깨달았다. 가난한 마음이 되었고,

그때 주님을 붙들었다. 그래서 '일의 끝이 시작보다 낫다'는 지혜가 마음에 깊었다. "너는 내일 일을 자랑하지 말라. 하루 동안에 무슨 일이 일어날는지 네가 알 수 없음이라." "산 개가 죽은 사자보다 낫다." 산 자는 죽을 줄을 알았고, 그러기에 소망이 있었다. 피투성이라도 살려 내라고 외치던 선지자의 음성이 들리는 듯했다. 많은 형제가 긴 터널을 지나, 아니 스스로가 아니라 섭리에 이끌려, 고향으로 돌아갔다. 소식은 드물었지만, 가끔 들려오는 근황은 '각자의 자리'에 서 있다는 것이었다. 소망이었다.

돌아보면, 내 실수들은 나를 낮추고 사역의 순서를 바로잡는 훈련이었다. 규칙보다 '정'을 앞세우지 말 것. 도움보다 '복음'을 먼저 둘 것. 선한 의도라도 '약한 자에게 걸림이 되지 않게' 살필 것. 그리고 무엇보다 설교하지 말고, 먼저 나눌 것.

# 32
## 양식을 허락하시는 하나님

　지금은 주님의 영광 가운데 계신 한 장로님께서 쓰신 책의 제목이었다. 나는 장로님을 생전에 한 번도 뵌 적이 없었다. 하나님의 부르심을 받으셨다는 연락을 받고 장례식에 참석하려 뉴욕으로 갔으나, 공항에서 내려 택시를 잘못 타 늦게 도착하는 바람에 장례예배는 이미 끝난 뒤였다. 아쉽게도 연로하신 아내 되시는 권사님과 자녀분들만 만나 뵙고 돌아와야 했다.

　장로님이 이 책을 쓰게 된 것은 감옥에 있는 재소자들을 위한 마음에서였다. 생전에 구역예배 때마다 구역원들에게 전하신 말씀을 모아 엮은 설교집이었는데, 귀한 말씀이었다. 이 책은 우리 선교회의 사역과 연결되어 얼마나 많은 복음의 씨앗이 되었는지 알 수 없었다. 하나님께서 그렇게 하셨고, 그 영광을 받으셨다. 주님은 늘 주님의 마음을 품은 '한 사람'을 통하여 역사를 주장하시고, 하나님 나라를 확장해 오셨다. 언제나 십자가의 방법, 한 알의 밀알이 썩어 땅에 떨어져 많은 열매를 맺게 하시는 그 원리로 역사하셨다.

뉴욕에는 나와 동역해 오던 한 여자 전도사님이 계셨다. 아마 한인 커뮤니티에서 처음으로 뉴욕의 교정 시설을 찾아다니며 주의 일을 감당해 오신 분이 아니었을까 한다. 어느 날 그분께 전화가 와 장로님 이야기를 들려주시더니, 한국어로 된 『양식을 예비하라』 50권을 보내 주셨다. 책을 처음 받아 들었을 때, 솔직히 제 마음에 스친 생각은 "고리타분한 옛날 스타일"이었다. 대지 하나, 대지 둘로 조목조목 나눠 전개되는 오래된 설교문처럼 보였기 때문이었다. 큰 기대 없이 50권을 한인 재소자들에게 보내 드렸다.

내가 교정 시설에 있는 형제·자매들을 찾아가는 데에는 나름의 순서가 있었다. 먼저 카운티 교도소에서 이미 관계가 맺어진 이들, 다음으로 우리 선교회 바이블 칼리지를 통해 충실히 공부하는 이들을 방문했다. 열심을 보이는 이들을 더 깊이 양육해 '감옥 선교사'로 세워 그들을 통해 복음이 감옥 안에서 확장되기를 바랐다. 공부 중이던 이들에게 책을 붙였고, 방문했을 때 책에 대해 물었더니 예상 밖의 답이 돌아왔다. "너무 체계적이고, 머리에 쏙쏙 들어옵니다." 그러면서 "목사님, 다른 시설에 있는 누구에게도 보내주실 수 있나요?"라는 부탁이 이어졌다.

집에 돌아와 책을 찬찬히 읽어 보았다. 그리고 다른 형제들을 방문할 때도 똑같은 반응을 들었다. "은혜가 크다." 왜 미국 사람들에게 이 '고루해 보이는' 설교 방식이 오히려 관심을 끄는지 깨

닮게 되었다. 한국의 옛 선배 목사님들의 설교는 교리 설교가 많아, 요즘 스타일에 비해 딱딱하고 예화도 드물어 '말씀 자체'로만 빼곡했다. 반면 미국 교회의 설교는 매우 실용적이고, 자국 문화와 현실에 밀착한 예화 중심의 이야기 설교가 주류였다. 그런 흐름 속에 이 책은 간단·명료한 구조로 메시지를 머릿속에 질서 있게 정리해 주었고, 오히려 새로웠던 것이었다.

나는 이중 언어권에 속하면서 장래에 신학을 공부해 사역자가 되길 소망하던 한 형제에게 제안했다. "이 책을 영어로 번역해 보지 않겠니? 번역하며 더 큰 은혜를 받을 거야." 그는 흔쾌히 받아들였고, "하나님의 일에 동참한다"라는 기쁨과 자부심으로 밤낮을 가리지 않고 작업했다. 곧 번역본이 완성되었고, 우리는 해마다 열던 선교 기금 음악회를 통해 한국에서 영어판 50,000권을 인쇄 주문했다. 아는 권사님의 회사 선적에 함께 실려 도착했고, 우선 바이블 칼리지 학생들에게 1권씩 보내며 독후감을 숙제로 받았다. 반응은 놀라웠다.

우리는 후원회와 상의하여 미국 전역의 교정 시설에 이 책을 '무상으로 20권씩' 보내기로 했다. 수많은 자원봉사자가 창고에서 하루 종일 포장 작업을 도왔고, 지금은 주님의 품에 계신 집사님과 권사님의 헌신이 특히 생각났다. 제 기억으로 미국 전역 교정 시설은 약 2,600곳이었다. 많은 시간과 비용을 들여 『Prepare Your Providence』를 발송했고, 뉴욕의 권사님께도 이 소식을 전했다. 권사님은 "저세상에 계신 장로님이 죽어서도 하나님께 영광을 돌리신다"며 눈물로 감사하셨다.

> 믿음으로 아벨은 죽었으나 그 믿음으로써 오히려 말하느니라
> | 히 11:4

죽어서도 말씀하는 하나님의 종, 나도 그런 주님의 종이 되기를 간절히 소망했다.

이후 미국 곳곳의 교정 시설에서 답장이 쏟아졌다. 하루에 편지가 50통 넘게 오던 날도 있었다. 어떤 시설에서는 우리를 초청해 세미나를 열어 달라는 요청도 왔다. 재소자들이 장로님께 보낸 편지는 눈물겹도록 진실했다. 우리는 책을 보낼 때, 앞표지 안쪽에 "이 책을 읽는 이들에게"라는 머리글을 일일이 붙였다. "장로님의 기도와 함께, 비록 지금은 영어(囹圄)의 몸이지만 하나님은 당신을 사랑하시며 선한 계획을 가지고 계십니다."

> 여호와의 말씀이니라 너희를 향한 나의 생각을 내가 아나니 평안이요 재앙이 아니니라 너희의 장래에 소망을 주려 하는 생각이라 | 렘 29:11

는 구절을 꼭 적었다.

수없이 많은 재소자가 감사와 결단의 편지를 보내왔다. "장로님의 인생처럼 살고 싶다"는 고백도 적지 않았다. 우리는 이 모든 편지를 권사님과 가족분들께 전달해 드렸다. 남편이요, 아버지이자, 할아버지였던 그분이 뿌린 작은 씨앗이 싹이 나고, 움이 트고, 꽃이 되어 가는 은혜를 가족과 함께 나누었다. 어느 날 권사님께 전화가 왔다. "목사님, 하나님께 영광을 올립니다. 이번 일을 계기로 우리 가족 모두가 '가족 선교회'를 결성했어요." 그 소

식을 듣는 순간, 나 역시 벅찬 감격에 잠겼다.

우리는 또 하나의 계획을 전했다. "올해 음악회 수익으로 스페인어 번역본을 출판하겠습니다." 그때 권사님의 기쁨에 북받친 울음과 하나님께 드리는 감사의 기도 소리를 지금도 잊지 못한다.

이후 콜롬비아 보고타로 추방되어 감옥 채플린이 된 우고 안토니오에게 스페인어 번역을 의뢰했고, 5만 부를 인쇄해 『Prepare sus Provisiones』 스페인어판을 완성했다.

이 책은 미국 전역의 2,600개 교정시설에 발송되었고, 멕시코의 테레사, 콜롬비아의 보고타, 엘살바도르 등 중남미 여러 교정시설에도 함께 전달되었다.

모든 과정 속에 하나님이 예비하신 은혜가 있었다. 하나님은 연약한 자들을 사용하셔서 영광을 드러내셨다.

"한 사람으로 말미암아 죄가 들어오고, 한 사람의 의로운 행위로 말미암아 영생이 임했다."

'한 사람'이 얼마나 중요한지 모른다. 그 시대, 주님의 성전이 훼파되고 성문이 불탔다고 하는 소식을 듣고 울며 금식하며 기도하던 '한 사람' 느헤미야처럼, 그런 주님의 사람이 간절히 되고 싶었다.

그 후 권사님도 주님의 품에 안기셨다. 직접 뵙진 못했지만 마지막 통화로 함께 기도드렸다. 그리고 죽은 이들의 '살아 있음'은 자손에게로 이어졌다. 손녀들이 선교회에 꼬박꼬박 십일조를 보내왔고, 가끔 감사 인사와 함께 할아버지·할머니를 그리워하는 마음을 종이에 적어 보내곤 했다. 나는 은퇴했지만 지금도 장로님과 권사님은 살아 계신다. 가족 선교회는 그 영광스러운 유업을 이어가고 있다.

나는 개인적으로도 주님께 기도해 왔다.

"주님, 저희 가족도 이 땅에서 우리 주님을 영원히 영화롭게 할 수 있는 선교회를 세워, 그 유업을 잇게 하옵소서."

아멘, 아멘.

# 33
## 여호와 이레의 체험
### ―사역 길에서 채우신 하나님

그날도 시티 교도소 예배실은 여자 재소자들로 가득했다. 우리가 방으로 들어서자 묵직한 문들이 연이어 열리며 여러 재소자가 들어왔다. 어떤 이는 성경책을 품에 안고 있었고, 또 어떤 이는 어색한 듯 주춤거리며 들어왔다. 대부분 아시아계였고, 그중 유일하게 한인 권사님 한 분이 계셨다. 그분은 언어에 탁월하여 한국어를 포함해 4개 국어를 구사하셨다.

그 방을 채운 이들은 주로 홍콩을 거쳐 온 중국 여성들과 베트남 여성들이었고, 스페인어권 자매들도 적지 않았다. 때때로 흑인과 백인 재소자들도 있었지만, 다수는 아시아계였다. 우리가 같은 아시아계라는 사실이 그들에게 더욱 친근하게 다가왔을 것이다.

그날도 찬양과 기도로 예배를 시작했다. 한인 권사님은 때로는 스페인어로, 때로는 중국어로, 간간이 베트남어로까지 통역을 도우셨다. 모두가 말씀을 갈급해하고 있었다. 우리는 누가복음 15장의 탕자 비유를 나누었다. 내가 한국어로 설교하면 권사님이 통역했다. 말씀을 전할수록 분위기는 점점 진지해졌고, 베트남 자매들의 훌쩍이는 소리가 들렸다. 어떤 이는 옆 사람에게 기대어 흐느끼기도 했다.

나는 특히 "집으로 돌아가라"는 메시지를 힘주어 전했다. 탕자가 아버지를 떠났을 때 맞이한 결과를, 곧 인간이 하나님을 떠날 때 겪는 삶의 파괴와 연결 지어 강하게 선포했다. 곳곳에서 울음이 터졌고, 어떤 이는 바닥에 주저앉았다. 예배는 주님의 은혜로 가득 찼다. 예배가 끝난 뒤 나는 한 사람씩 안아 주며 머리에 손을 얹고 기도했다. 통역하던 권사님의 눈에도 눈물이 가득했다.

다음 주, 다시 그 방을 찾았을 때는 부분적인 록다운으로 권사님과 몇 사람만 예배실에 들어올 수 있었다. 그때 권사님이 지난주 예배 이후의 소식을 전해 주셨다. 놀라운 이야기였다.

그날 설교를 듣던 베트남 재소자 한 명이 큰 충격을 받고 정신을 놓았다는 것이다. 우리가 전한 "아버지 집으로 돌아가라"는 말씀을, 그들은 문자 그대로 "베트남에 있는 친아버지에게 돌아가라"는 의미로 받아들였다는 것이다. 왜 그렇게 충격이었을까? 그때 나는 성경 속 롯의 범죄가 단지 옛이야기가 아니라, 오늘날 세상에서도 실제로 일어나고 있음을 절감했다. 그 자리에 있던 베트남 여성 중에는 자기 아버지로 인해 아이를 낳은 이도 있었다. 근친의 비극이 그 사회 안에 존재한다는 고백도 있었다. 그렇기에 "아버지께 돌아가라"는 말은 그들의 상처를 깊이 건드린 것이었다.

더 놀라운 것은, 추방을 피하려고 재심을 신청했던 몇 명이 말씀을 듣고 재심을 취소하며 "베트남으로 돌아가겠다"라고 결단했다는 사실이었다. 권사님은 그들에게 메시지의 참뜻을 설명하셨다. "우리가 걸어온 길은 하나님을 떠난 결과입니다. 그러므로 우리가 돌아가야 할 분은 '그때의 아버지'가 아니라 '하나님 아버지'이십니다."

새벽닭 울음에 회개하며 통곡하게 하신 하나님, 예수님을 부인한 베드로의 마음을 열어 주셨던 그 하나님은 지금도 죄악의 담을 무너뜨리신다. 그분은 죽은 자를 살리시고 없는 것을 있는 것처럼 부르시는 분이시다.

나는 은사를 드러내는 사람이 아니었다. 그런데 콜롬비아 보고타의 게이 교도소 집회에서, 기도 중에 사람들이 쓰러지며 울부짖고 회개하는 역사를 보았다. 멕시코 베라크루스의 임마누엘 교회에서도 같은 일이 있었다. 많은 재소자의 머리에 손을 얹고 기도할 때, 주님은 힘 있는 말씀을 주셨고, 그들은 고향으로 돌아갔다.

한참 뒤, 그 한인 권사님은 한국으로 추방되셨다. 그러나 주님은 내가 영어로 서툴지만 설교할 수 있을 때까지 그분을 그곳에 두셔서 귀하게 사용하셨다. 부족한 종의 입술을 돕는 '아론'으로 세워 주셨던 것이다. 이후 권사님이 한국에 나가 서대문 교도소에서 사역하고 계시다는 소식을 들었다. 주님은 작은 마음도 축복으로 바꾸신다.

> 너희 안에서 행하시는 이는 하나님이시니, 자기의 기쁘신 뜻을 위하여 너희로 소원을 두고 행하게 하시나니 | 빌 2:13

미국에는 재활 기관이 많다. 그중 홈리스(Homeless, 노숙자)와 출소자를 돕는 기관 '레스큐 미션(Rescue Mission)'을 설립한 이는 제리 맥컬리였다. 그는 텍사스의 장기수였다. 예배에 한 번도 참석하지 않았던 그는 어느 날 감옥 방송을 통해 예배 안내를 들었다. 설교자가 낯익은 이름이었다. 같은 방을 썼던 죄수가 출소해 전도사가 되어 돌아온 것이었다. 호기심에 처음 예배에 참석한 그는 그날 밤 주님께 붙잡혔다. 방으로 돌아온 그는 눈물로 죄를 고백하며 용서를 구하고, 새사람으로 살게 해 달라고 간절히 기도했다.

그 시간, 제리의 어머니는 작은 시골 마을에서 아들을 위해 기도하다 주님의 품에 안기셨다. 마지막 기도는 "주님, 제 아들 제리를 부탁합니다"였다.

몇 년 뒤, 법이 바뀌어 제리는 석방되었다. 고향으로 달려갔으나 어머니는 이미 세상에 계시지 않았다. 이웃 할머니가 작은 보따리를 건네주며 말씀하셨다. "어머니가 네게 전해 달라고 하셨단다." 보따리에는 통장과 편지가 있었다.

"제리야, 사랑하는 아들아. 주님은 너를 사랑하신단다. 이 믿음을 잊지 말고 주님을 섬기거라. 천국에서 만나자. 엄마가 남긴

이 돈은 집을 판 돈이란다. 네가 출감하면 주님이 너를 사용하시도록 기도했다. 이 돈으로 주님을 섬기고, 감옥에서 나온 이들을 도와라."

제리는 그 돈으로 작은 집을 사서 출소자들을 섬기기 시작했다. 주님은 그를 축복하시고 그의 사역을 기뻐하셨다. 그는 뉴욕 할렘가에 '레스큐 미션'을 세웠다. 1872년의 일이었다. 150년이 흐른 지금, 한 재소자의 순종과 한 어머니의 눈물의 기도가 미국 곳곳 수백 개의 거리에서 방황하는 이들을 살려 내는 '레스큐 미션'으로 이어지고 있다.

하나님은 많은 사람을 원하지 않으신다. 오직 한 사람의 순종, 한 사람의 주님을 향한 마음이 역사를 움직인다. 나도 그 작은 하나가 되기를, 간절히 또 간절히 바라며, 그날 주님을 뵐 영광을 소망한다. 아멘.

## 34
## 5번 프리웨이 사역의 길

### 부르심을 향한 길

나는 하나님의 사역에 부르심을 받았다고 믿고 걸어온 지 이제 30년이 되었다. 언젠가 은퇴하면 꼭 한 권의 책을 엮어 보고 싶다는 소망을 품은 적이 있다. 그 책의 제목을 두 가지 마음에 정해 두었는데, 하나는 "5번 프리웨이", 또 하나는 "101번 프리웨이"였다. 혹시 주님이 허락하신다면, 내가 주님을 알고 주님으로 말미암아 살게 된 이야기, 곧 내 인생을 다루신 하나님을 소개하고 싶었다. 그 책의 성구는 로마서 8장 28절, 제목은 그냥 "로마서 8:28"이면 좋겠다고 생각했다.

이 글을 쓰는 이유는 셋이다. 첫째, 하나님을 높이고 사랑하기 위해서다. 미련하고 쓸모없던 내게 생명을 불어넣으시고, 하루하루 복음의 감격 속에 살게 하셔서 하나님의 이름을 영화롭게 하신 그분을 찬양하고 싶다.

둘째, 남의 나라에서 이민의 꿈을 안고 왔다가 원치 않는 감옥

살이를 하며 절망 속에 존재의 가치를 잃고 탄식하는 형제자매들을 위함이다. 이 이야기들이 신앙적이고 영적인 메시지가 되어, 갇힌 이들에게 "피투성이라도 살아내라"는 소망의 말씀이 되기를 바란다.

셋째, 사랑하는 가족들을 위해서다. 무턱대고 아버지를 따라와 어려움을 겪으면서도 끝까지 믿고 따라준 민정이와 재승이, 그리고 평생 미련한 남편 곁을 헌신으로 지켜 준 영원한 동역자, 사랑하는 아내에게 드리는 글이 되기를 바란다. 무엇보다 이 기록이 개인의 한탄이나 서러움을 푸는 탄원서가 되지 않기를, 성령님의 인도하심을 구하며 간구한다.

나는 하나님을 알지 못하는 가정에서 여섯 남매 중 막내로 태어났다. 인천에서 조금 떨어진 작은 시골 마을, 6·25 전쟁을 맞아 부모님이 피난 내려와 정착한 곳이었다. 열두 가구뿐인 작은 마을이었지만 서정과 목가가 깃든, 노래 〈나의 살던 고향은 꽃피는 산골〉이 어울리는 그런 곳이었다. 내 마음속 고향은 언제나 아름답고 그리운 풍경으로 남아 있다.

중·고등학교를 인천에서 마치고 서울로 대학에 들어간 나는 입학과 동시에 군에 자원입대했다. 제대 후 복학을 위해 서울 형님 댁에 머물며, 작은아버지가 운영하시던 T그룹에 들어가 경영을 배우고 밤에는 공부를 했다. 세상을 하나하나 배워 가던 그때, 지금의 아내를 만났다.

군 제대를 막 하고 형님 집에 얹혀 지내던 나는 외로움이 컸고, 무엇보다 채워지지 않는 '정'이 그리웠다. 형님이 처제를 집으로 불러 "내 동생이 서울을 잘 몰라서 그런데, 데리고 나가 점퍼 하나 맞춰 주라"라고 부탁했다. 가죽을 건네받아 노량진 거리의 작은 양복점에 함께 갔을 때, 내 옷을 정성껏 챙기는 그녀의 손길과 표정에서 처음으로 어머니 같은 체취를 느꼈다. 조카들이 '이모'라 부르던 그분, 지금의 아내를 나는 사랑하게 되었다. 밥도 잘 먹히지 않았고 잠도 오지 않았다. 고등학교 시절 감명 깊게 읽었던 알퐁스 도데의 「별」, 황순원의 「소나기」가 심어 준 순정의 사랑이 내 안에서 꿈틀거렸다. 감히 넘볼 수 없는 마님을 흠모하는 이야기 같은, 꿈같은 사랑이 시작되었다.

우리 사랑은 요즘 기준으로 따지면 '겹사돈'에 해당하는 복잡한 관계였기에 양가 어른들의 반대가 있었지만, 내가 집안 막내라는 특권 덕분에 결국 축복 속에 결혼할 수 있었다. 아내는 아름답고 헌신적이며 청초하고 사려 깊었다. 우리의 결혼생활은 행복했고, 민정이와 재승이를 얻었다.

30대 초반, 나는 그룹의 해외 차관을 담당하며 밤낮없이 일했다. 성실했고 충성스러웠다. 그러나 그 시절 한국 직장 문화는 퇴근 후 술자리가 일상이었다. 나는 수입과를 맡아 미국에서 원면을, 세계 각국에서 염료와 방직기계를 들여오며 술 접대 자리가 많았다. 아내가 달력에 빨간 동그라미를 표시해 놓을 만큼, 1년 365일이 거의 다 붉게 칠해져 있었다.

그러다 30대 후반, 큰 충격을 맞았다. 지방간과 간염 진단이었다. 입원한 병동에 한 중년 여인이 들어와 전도지를 건네고 갔다. 그날 밤 나는 처음으로 죽음을 생각했다. 젊은 아내와 두 아이, 부모님이 떠올랐다. 그날 처음, 눈물이 났다. 전도지를 집어 들고 병원 예배당으로 내려갔다. 예배당은 칠흑같이 어두웠지만 문은 열려 있었다. 나는 생애 처음으로 기도했다. "하나님, 살려 주십시오. 살려 주시면 하나님을 위해 살겠습니다." 눈물이 펑펑 쏟아졌다. 이 밤, 부모님도 아내도 아무것도 해 줄 수 없는 처지임을 처음 인정한 밤이었다.

다음 날, 중학교 졸업 후 20여 년 만에 소식도 없던 친구가 병실을 찾아왔다. 여의도에서 내 소식을 들은 그가 외항선을 타고 잠시 들른 길에 온 것이다. 그는 많이 달라져 있었다. 예수님 이야기를 들려주었다. 외항선을 타고 낯선 나라들로 향하던 밤, 밀려오는 쓸쓸함과 외로움과 두려움 속에서 주님이 지켜 주셨다는 간증이었다. 우리는 택시를 타고 문래동을 오가며 그의 이야기를 들었다. 그날 저녁, 나는 예수님을 나의 주, 나의 구원자로 영접했다. "머리털 하나도, 키 한 자도 스스로 더할 수 없다"라는 말씀을 가슴에 품으며, 아직 희미하지만 확실히 입술로 고백했다. 따뜻한 손길로 주님이 나를 안아 주시는 것 같았다. 의사도 "괜찮다"라고 말했다. 집으로 돌아왔다. 그때는 '주님이 고쳐 주셨나?' 반신반의했다.

그러나 인간은 금세 잊고 돌아서는 존재다. 얼마나 교만한가. 하나님이 독생자를, 그것도 육신을 입고 보내셔야 할 만큼 우리의 마음은 완고하다. 나는 곧 절망의 밤을 잊었다. 다시 일에 매이고 술도 시작했다. 그러던 중, 우리 집안이 경영하던 T그룹 10여 개 회사가 군사정권에 의하여 하루아침에 넘어갔다. 작은아버지는 시골 구둣방에서 직공으로 시작해 T그룹을 일으킨 분이었다. 정치와는 거리가 멀었고, 유식도 자랑하지 않으셨다. 곧은 사업 정신으로, 형님이신 아버지를 극진히 모시며 정직하게 일구신 그룹이었다. 어린 시절, 명절만 되면 부산에서 작은아버지의 지프차가 올라오셨다. 나는 동네 어귀까지 4km를 달려가 차를 기다리곤 했다. 차가 오면 죽어라 뒤를 쫓아가다, 작은아버지가 차를 세우고 태워 주시던 기억. 마을 사람들은 취직을 부탁하러 닭을 품고 찾아오고, 딸을 공장에 넣어 달라 줄지어 서곤 했다. 그런 작은아버지와 아버지의 우애와 인자함이 눈에 선한데, 그 정직한 그룹이 남의 손으로 넘어갔다.

나는 결심했다. "다시 찾자." 김포에 '하성 산업'이라는 핸드메이드 카펫 공장을 차렸다. 물불 가리지 않고 전국의 몇 안 되는 카펫 공장을 찾아가 직공들을 스카우트했다. 박정희 대통령의 수출 드라이브 정책 덕에 달러당 800원의 생산 집하 자금까지 허용되던 시절, 밤낮없이 신용장을 받아 중동으로 수출했다. 어느새 병상의 그 밤도, 친구가 전해 준 예수님 이야기도, 하나님께 드린 서원도 까마득히 잊었다. 공장을 사면서 마음속에는 그룹이 통째로 무너져 버린 것에 대한 분노와 다시 회생하려는 결의가 들끓었다. 수출은 잘 됐다. 해마다 중동 왕자가 조선호텔에 묵으며 1

년치 주문을 했다. 나는 복수의 화신처럼 달렸다.

그때, 공장을 싸게 인수하도록 도와준 공항동 은행 지점장님에게서 전화가 왔다. 술 한잔하자며 나오셨나 싶었는데, 본인을 장로라고 소개하시며 예수님을 믿게 된 간증을 들려주셨다. 그리고 내 건강 이야기를 듣고 "소개할 분이 있다"라고 하셨다. 도봉동의 골목 안, 평범한 집이었다. 한국말이 서툰 일본인 집사님, 아카사카 집사님이 나오셨다. 기도와 치유의 은사가 있으신 분이라며, 지점장님 부부와 함께 무릎 꿇고 안수기도를 받았다. 그런데 집사님이 내게서 막 올려 드린 그 서원을 "살려 주시면 주님을 위해 살겠다" 그대로 입술에 올리시는 것이 아닌가. 등골이 서늘해졌다. 기도 가운데 마음을 만지시는 주님의 손길을 느꼈고, 눈물이 났다.

아내가 결혼 후 내 병치레를 간병해 온 이야기, 과업과 스트레스, T그룹의 몰락, 하성 산업의 중압감… 기도 속에 다 말씀하시는 것 같았다. 나는 소스라치게 놀랐고, "주님이 나를 잊지 않으셨다"라는 사실을 깨달았다. 나는 주님을 잊었지만, 주님은 나를 잊지 않으셨다. 이제 주님께 돌아가야 한다는 생각이 마음을 사로잡았다. 주님은 한 단계 한 단계 내 인생을 다루시며 간섭하고 계셨다. 강압이 아니라 사랑으로, 나를 인정해 주시며 선을 이루어 가고 계셨다.

며칠 뒤, 미국 롱비치에서 열리는 PGA 골프쇼를 다녀올 일이 있어 미국에 왔고, 가디나의 개혁신학교를 찾아 학기와 등록 정보를 얻었다. 한국으로 돌아오자 내 마음은 이미 확정되어 있었다. 그날 밤, 아내에게 "신학교에 가겠다"라고 말했다. 아내는 말을 잇지 못했다. 하나님을 사랑하고 두려워하던 아내는 다음 날 다니던 교회 여목사님께 상담을 청했다. 목사님은 '성실한 집사님 가정에 무슨 일이 있나' 싶어 별별 생각을 하시다, 아내의 말을 듣고 한참 침묵하시더니 "하나님의 뜻을 분별해야 하니, 먼저 남편을 미국에 보내 보라"고 했다. 과정 속에서 주님의 뜻이 드러날 것이라고. 아내는 신실하신 하나님을 믿었고, 하나님의 부르심이라면 거스르는 건 불순종이라 여겼다. 결국 "가 보라"고 허락했다.

미국에 온 뒤, 그때 병상에서 나를 찾아왔던 친구도 어찌 된 연고인지 미국 신학교로 오게 되었다. 우리는 같은 신학교, 같은 노회, 같은 총회의 목사가 되었다. 그 친구가 내 인생을 두고 한 말이 있다. "김 목사는 '뭣도 모르는 은혜'를 받았어." 맞다. 무모할 만큼 인생을 뒤집는 결단, '뭣도 모르는 은혜'. 마흔에, 가정이 있고, 일궈 놓은 회사가 있고, 병상에 계신 어머니까지 계실 때, 회사 하나 정리하지 못한 채 아내와 두 자녀, 어머니를 뒤에 두고 9월 학기 신학교에 입학하겠다며 가방 하나 들고 김포공항을 떠났다. 인천 형님 댁에서 어머니를 마지막으로 뵈었을 때, 어머니는 병상에서 "왜 미국에 가야 하니? 나 죽거든 가거라" 하셨다. 그러나 내 머리에는 9월 등록밖에 없었다. 어머니는 한 달 뒤 주님 품에 안기셨다. 장례가 다 치러진 뒤에야 한국에 내려갈 수 있었다. 그럼에도 집안 대대로 믿어 오던 미신을 버리고 우리가 믿는 하나님을 믿고 돌아가신 부모님을 생각할 때면, 하나님께 드리는 감사와 불효의 마음 사이에서 작은 위로를 얻는다.

모든 것을 버렸다. 지금도 그 무모한 결단을 떠올릴 때면, 이것이 하나님의 은혜였는지 내 성미의 결단이었는지 자문한다. 그럴 때마다 '내 삶의 전과 후'를 비교해 보는 것으로 답한다. "하나님의 은혜였다." 그리고 또 묻는다. "내가 아직 한국에 남아 있었다면?", "큰일 날 뻔했다." 안도의 한숨을 쉰다. 훗날 아브라함을 부르시고 찾아오신 하나님께서 "본토 친척 아비 집을 떠나라" 하신 뜻, 이제는 하나님 안에서 살도록 하시는 결단의 분기점이었음을 확신한다. 가방 하나 들고, 가족과 이별하고 김포공항을 떠났다. 그리고 풀러턴(Fullerto)의 큰형님 댁으로 왔다.

형님은 장손이셨다. 형수님이 아들을 낳지 못하시고 딸 넷을 미국 유학 보냈고, 그룹이 넘어간 뒤 형님도 미국으로 오셨다. 한국에서 내가 형님을 많이 도왔던 터라, 내 갑작스러운 변화가 믿기지 않으셨다. 한국의 둘째 형님도, 미국의 큰형님도, 내가 한국에서 돈을 빼돌려 미국에서 살려는 술수라고 오해하셨다. 가족 간 오해가 깊었고, 한국에 남아 있던 아내가 큰 고생을 했다. 내가 떠난 뒤, 아이들이 학교에서 돌아오면 전철과 택시를 갈아타고 인천 본가로 가 병수발을 들고, 새벽에 아이들을 깨워 학교 보낼 준비를 해 보내고… 그렇게 미국 들어오는 날까지 오갔다. "미국에 가면 언제 또 뵐지 몰라서라도, 이렇게라도 해야 했다"라고 아내는 말한다. 한참 뒤에야 가족들은 내가 하나님께 돌아간 것을 알았고, 큰형님도 늦게나마 주님께 돌아오셨다.

### 광야와 개척의 시간

미국 생활이 시작되었다. 형님 댁에서 개혁신학교에 등록하고 가디나로 통학했다. 생각지 못한 갈등도 시작되었다. 큰형님과 형수님은 내가 큰돈을 들고 왔다고 생각했다. 자동차와 세탁소, 생활비에 대한 요구가 이어졌다. 처음 겪는 갈등이자 시험이었다. 나에 대한 오해가 풀리기까지 시간이 걸렸다.

두 달 뒤, 아내와 아이들이 여행 비자로 입국했다. 풀러턴에 아파트를 얻고 복음 장로교회에 출석했다. 가족이 온 다음 날, 우리는 이른 새벽 풀러턴의 크레이그 리저널 파크(Craig Regional Park)에서 예배를 드렸다. 아내와 아이들은 한 달 사이 달라진 남편과 아빠를 보며 의아해했다. "주님, 이 시작이 주님과 함께하게 하소서. 주님의 영광을 위해 살게 하소서." 간절히 기도했다.

아내는 몹시 갈등했다. 아브라함을 따라갈 바를 알지 못하고 순종한 사래처럼 하나님과 남편을 따랐지만, 이제는 자신이 가장이 되어 가정을 이끌어야 한다는 무게가 어깨를 짓눌렀다. 울며 기도하던 아내는 어느 날, 주님이 주신 위로의 말씀을 붙잡고 일어섰다. 나는 신학교에 다니며 한인 교회 전도사로 훈련을 받았고, 졸업 후 목사 안수를 받았다. 아내는 가든 그로브의 샌드위치

가게를 운영하며 가장이 되었다. 고된 미국살이가 이어졌고, 결국 가게는 문을 닫았다. 파산(뱅크럽시), 한 푼도 건지지 못했다. 생활을 위해 밤 청소를 시작했다.

노워크의 교실 하나를 빌려 교회를 개척했다. 새벽에 일을 마치고 집에 돌아오면, 아내는 서너 시간 눈을 붙이고 어덜트 스쿨(Adult School)에서 영어를 배웠다. 나는 교회 주변 한인 주소를 구해 한 집 한 집 문을 두드리며 전도했다. 낮에는 다들 일하러 나가 만나기 어려웠다. 딱 한 가정이 문을 열어 주었다. 집에 들어가 교회를 알리고 전도했다. 기도하는데 분위기가 이상했다. 그러나 첫 전도라는 기쁨에 힘주어 기도했다. 눈을 뜨니 부부가 내 손을 가리켰다. 왼손에서 피가 줄줄 흘렀다. 밤 청소에 쓰는 강한 소독약에 손이 갈라졌는데, 기도하며 주먹을 꽉 쥐다 살이 터진 것이었다. 놀라게 해 미안하다고 사정을 설명했다. 그 부부는 한국에 온 지 얼마 안 돼 더 놀랐다고 했다. 그 가정이 한 번 교회를 찾아왔다. 개척교회는 우리 가족 넷과 부모님이 한국에 있는 두 자매, 남학생 하나가 전부였다. 그래도 주님은 순간마다 은혜를 주셨다. 우리는 밤엔 청소, 낮엔 전도를 이어갔다.

어느 주일, 젊은 어머니에게서 전화가 왔다. "아이(청소년)가 잘못을 저질러 소년원에 있습니다. 재판에 같이 가 주실 수 있나요?" 그 어머니와 함께 처음으로 청소년 재판정에 갔다. 맨 뒤 자리에 혼자 앉은 나, 앞에는 판사·검사·변호사뿐이었다. 오렌지카운티의 재판정에서 어린아이 하나가 수갑을 차고 수인복을 입고 들어왔다. 어머니는 울었다. 우리의 이민 현실을 마주했다. 가슴이 아팠다. 여자 판사가 자리에 앉으며 맨 뒷자리의 나를 가리키고 통역에게 물었다. "저분은 누구죠?" "어머니 교회 목사님입니다." 판사가 의자를 돌려 앉으며 법복을 고쳐 입고 정중히 물었다. " 하실 말씀이 있으시면 하십시오." 당황했지만 입을 열었다. "오늘 이곳에서 우리 교민들의 아픔을 보았습니다. 교회의 사명이 크다는 것을 깨달았습니다. 제가 이 아이를 찾아와 타이르고 최선을 다해 돕겠습니다." 판사는 형량 6개월을 감해 주며 아이에게 "목사님 말씀을 잘 들으라"고 했다. 그날, 이 땅에서의 하나님의 부르심을 어렴풋이 붙잡았다. 어떤 목회를 해야 하는지 마음에 새겨진 날이었다. 이상하리만치 내가 만나는 사람마다 감옥 이야기, 감옥과 관련된 교민들이었다. 신학교 추천으로 부목사 면접도 봤지만 열리지 않았다. 나중에 알았다. 주님이 나를 감옥으로 부르신 것을. 환경을 통해 말씀하신다는 것을. 내게 '열린 문'은 감옥이었다.

### 5번 프리웨이의 사역

그렇게 시티 카운티 교도소(County Jail)에서 사역이 시작되었다. 롱비치 연방 교정 기관, 샌페드로 이민국 구치소, 랭캐스터 이민 구치소, 엘센트로 이민 구치소까지 사역이 넓어졌다. 마약·중독자들을 위한 기독교 기반 재활센터 사역이 열렸고, 벨플라워에 'Thrifty Store'가 세워져 사역의 경제적 밑천이 되었다.

재소자 가족의 고통을 함께 나누고 영적으로 세워 가는 갈릴리 장로교회 아웃리치 교회 사역도 시작했다. 청소년 범죄 예방을 위한 심포지엄을 매년 열어 이민 가정의 가치관을 신앙으로 세우고, 우리 자녀들이 꿈과 목적을 재정렬하도록 돕는 리디렉션 캠프(Redirection Camp)도 연방 교정 기관과 협력해 진행했다. 누군가는 우리 사역을 "바위에 씨앗 뿌리기"라고 했다. 맞다. 끝이 없어 보이는 사역. 그러나 바위에도 때가 되면 싹이 난다.

캘리포니아 5번 프리웨이를 따라 35개의 주정부 교정 시설이 길게 놓여 있다. 가까운 곳은 3시간, 먼 곳은 오리건주 경계의 레벨 4 교도소까지 12시간. 재소자 16만 명, 그중 한인도 수백 명이다. 상당수는 종신형이다. 우리의 사역은 늘 카운티에서 시작된다. 구치소에서 만나고, 재판정에서 서 있고, 정기 방문으로 상담하며 복음을 전한다. 형이 확정되면 주정부 교도소로 따라간다.

주말이면 거의 늘 교도소 방문이다. 공적 예배도 드리지만, 가장 중요한 건 개인 면담이다. 각자 사연이 있고, 이민자이기에 영·혼·육 모든 면에서 갈급하다.

5번 프리웨이는 우리에게 긴 사연들과 가슴 저린 만남이 뿌려진 길이다. 30년 동안 한 영혼 한 영혼에게 주님의 사랑을 전했다. 말씀의 씨앗을 심었다. 결과는 우리의 것이 아니었다. 배운 것이 있다. 사랑만큼 큰 힘은 없다. 주님이 세상을 향해 하신 것처럼 끝까지 사랑하는 것. 한 영혼을 찾아가는 그 긴 길을 주님은 기뻐하셨다.

세상은 알 수 없는, 세상에 없는 은혜를 마음에 부어 주셨다. 죄와 사람을 분리해 사랑하는 법을, 용서하는 법을 배우게 하셨다. 때로는 바보가 되어야 했고, 호구가 되어야 했다. 그런데 끝까지 사랑하면, 그 길이 능력이 된다. 아주 오랜 시간이 흐른 뒤에도 변치 않는 한 가지 "자라게 하시는 이는 하나님"이시라는 믿음.

샌페드로 이민 구치소 사역을 할 때 연세 드신 여자 전도사님과 사모님이 동역하셨다. 가끔 한국의 추방자 사역을 위해 나가면 많은 형제들을 만난다. 그들이 살아가는 이야기를 들을 때마다 은혜와 감사가 넘친다. 나는 그들의 이름을 잘 기억하지 못했다. 미국에 돌아와 두 분과 사역지에서 만나 그 이야기를 나누다, 사모님이 두툼한 노트를 꺼내셨다. 그 노트에는 우리가 만난 형제자매들의 이름이 한 명도 빠짐없이 기록되어 있었다. "어떻게 이렇게 기억하세요?" 하고 묻자, 노트를 펴 놓고 아침·저녁, 새벽기도와 밤기도마다 그 이름들을 부르며 기도해 왔다고 하셨다. 놀랐다. 누군가 그들의 이름을 불러 주고 있었다는 사실에. 그들이 은혜 아래 머물 수 있었던 이유. 한 분의 기도. 주님의 마음을 가진 이를 통해 주님은 영혼들을 붙드신다.

5번 프리웨이의 긴 길을 달리며 나와 아내는 수없이 많은 이름을 불렀다. 이 길은 주님의 가슴을 만지는 시간이었다. 한 영혼을 사랑하시는 주님의 마음을 채우는 시간이었다. 우리가 가장 자주 부른 찬송은 341장 〈너 하나님께 이끌리어〉, 512장 〈내 주 되신 주를 참 사랑하고〉였다. 운전하며 수도 없이 불렀다. 찬송할 때마다 주님이 품에 안아 주시는 것 같았다. 뒤늦게 깨달았다. 긴 운전 시간은 우리 마음을 주님의 마음으로 준비시키는 시간이었음을. 한 형제, 한 자매를 사랑으로 만나게 하시려는 예비였음을.

우리는 3년에 한 번씩 차를 바꾸어야 했다. 1년에 6만 마일을 달렸다. 어느덧 재소자들과 한 몸이 되었고, 그들의 가족과도 하나가 되었다. 토요일에 드물게 집에서 쉬는 날이면 죄책감이 들었다. "이렇게 쉬어도 되나?" 좋은 음식을 먹으면 형제들이 떠올랐다.

특권, 하나님이 나와 아내에게 주신 은혜다. 이 길, 5번 프리웨이를 따라 이어진 수많은 면회와 기도, 눈물과 찬송, 긴 기다림과 조용한 기쁨. 모든 순간에 로마서 8장 28절의 고백이 새겼다. "우리가 알거니와 하나님을 사랑하는 자, 곧 그 뜻대로 부르심을 입은 자들에게는 모든 것이 합력하여 선을 이루느니라." 아멘.

## 35
## 하나님을 드러내는 봉사자들

내가 산타아나에서 사역을 시작한 지 1년쯤 되었을 때, 복음방송에서 사역 간증을 나눌 기회가 있었다. 방송에서 처음 간증을 하다 보니 긴장이 되었지만 주님의 은혜를 전하기로 마음을 정하고 증언했다. 며칠 뒤 롱비치에 있는 연방 교도소 FCI 터미널 아일랜드(Federal Correctional Institution, Terminal Island)에서 전화를 받았다. 그곳에서 수감자들의 신앙 지도를 맡고 있는 채플린(Chaplain, 종교 담당 교역자) 압둘이라는 분이었다. 그곳에 한국인 한 분이 있는데, 내 간증을 듣고 꼭 자신을 방문해 달라고 부탁했다는 것이다.

그 교도소는 사방이 태평양으로 둘러싸여 마치 영화 〈빠삐용〉 같은 느낌을 주는 곳이었다. 처음 만난 그 형제는 내게 정기적으로 방문해 줄 수 있겠느냐고 물었고, 나는 기꺼이 수락했다. 채플린은 배경 조사를 마친 뒤 나를 자원봉사자로 승인해 주었고, 나와 아내는 매주 한 번씩 그 형제를 찾아가 개인 성경 공부를 시작했다. 그러던 중 그 형제는 일본인 다카하시를 소개하며 그에게도 복음을 전해 달라고 부탁했다. 그렇게 두 사람과 함께 성경공부를 이어 갔고, 1년이 지나자 채플린은 우리에게 팀을 꾸려 정식으로 사역을 해 달라고 요청했다.

나는 15명의 봉사자를 모아 매주 찬양과 함께 예배 사역을 시작했다. 특별히 채플린은 우리가 김치를 가져가는 것을 허락했는데, 외국인 재소자들이 김치를 얼마나 좋아했는지 덕분에 많은 이들이 예배에 참석하게 되었다. 재소자들은 큰 은혜를 받았고, 채플린은 한국인들의 열정에 감탄을 금치 못했다. 우리 사역팀은 감옥 안에서 재소자들에게 큰 사랑을 받았다.

어느 해 크리스마스에는 교도소장의 특별 허락으로 30인조 오케스트라가 준비되었고, 광장에서 큰 예배가 열렸다. 그날은 한국에서도 유명한 분이 색소폰으로 "Danny Boy"를 연주했는데, 고향을 그리워하는 재소자들의 마음을 울리며 많은 이들이 모여들었다. 그러나 관리상의 문제로 그 행사는 아쉽게도 한 번으로 끝났다.

우리 선교회는 또한 매년 한 번씩 한인 커뮤니티의 청소년 범죄 예방을 위해 리디렉션(Redirection)이라는 프로그램을 7일간 산속에서 진행했다. 다양한 프로그램 속에서 청소년들에게 꿈을 심어 주고 복음을 전하며, 삶의 롤모델을 제시했다. 특히 연방 교도소에서 진행한 초이스(Choice) 프로그램은 매우 인상 깊었다. 청소년들이 재소자들과 마주 앉아 그들의 간증을 듣고 "너희는 절대 우리처럼 되지 말라"는 고백을 직접 들으며 충격을 받고 삶을 돌이키는 계기가 되었다. 이 프로그램은 청소년들에게 깊은 울림을 주었고, 커뮤니티에도 큰 유익을 주었다.

연방 교도소는 매년 봉사자들의 수고를 격려하기 위해 감사 연회를 마련했다. 우리도 초청받아 귀한 교제를 나누었는데, 그날 나는 큰 은혜를 받았다. 미국의 자원봉사 정신이 단순한 선행에서 나온 것이 아니라 하나님을 주인으로 인정하는 믿음에서 비롯되었다는 사실을 깨달았기 때문이다.

행사는 40년 동안 단 한 번도 빠지지 않고 봉사하셨던 한 대학교수님의 소천 소식과 함께 시작되었다. 채플린은 묵념을 요청하며 그분을 기렸다. 이어 그의 아들이 소개되었는데, 그 역시 대학교수였다. 그는 아버지가 늘 어머니와 함께 단 한 명이 참석하는 성경 공부라도 인도하셨다는 사실을 증언했다. 그리고 아버지가 돌아가시기 전 "내 뒤를 이어 그들을 섬겨라"라는 유언을 남기셨고, 자신도 아버지를 따라 봉사를 시작했다고 고백했다.

나는 깊은 감동을 받았다. 드러내지 않고, 단 한 사람을 위해서라도 40년, 50년을 봉사한 사람들이 있다는 사실이 놀라웠다. 소돔과 고모라의 운명이 의인 열 명으로 갈렸듯, 이 시대에도 그런 신실한 봉사자들이 있었다. 그들의 성실함과 겸손한 섬김은 곧 하나님을 드러내는 삶이었다.

그날 나는 기도했다.

"주님, 저도 말없이 언제나 주님 앞에서, 주님을 주인으로 드러내는 인생을 살게 하옵소서. 아멘."

## 36
## 하나님이 기억하시는 헌신

### 잊지 아니하시리라
하나님이 불의하지 아니하사 너희 행위와 그의 이름을 위하여 나타낸 사랑으로 이미 성도를 섬긴 것과 이제도 섬기는 것을 잊어버리지 아니하시느니라 | 히 6:10

저와 아내는 우리의 삶을 하나님을 드러내는 작은 도구로 사용해 주신 은혜에 한없는 감사를 드린다.

그리고 마음 깊숙이 자리 잡은 동역자들이 있다. 이사회와 후원회다. 잊을 수 없는 하나님의 종들이다.

선교회에는 해마다 두 번의 특별한 모임이 있다. 하나는 선교기금을 마련하기 위한 찬양 음악회다. 한 해 주님께서 이루신 사역을 나누고 간증으로 하나님께 경배드린다. 다른 하나는 연말에 가까이에서 함께 동역한 이사회와 후원회가 모여 감사하며 격려하는 자리다.

30년 세월이 지나 허리가 굽고 머리가 희끗희끗해진 권사님들

가운데 어느새 여든, 아흔을 맞으신 분들도 계신다. 긴 세월 부족한 종을 묵묵히 도와 하나님 앞에 세워 주시고, 물질로도 말없이 도와주신 장로님들. 갇힌 이들에게 어머니의 마음으로 편지를 보내고, 멀리 감옥까지 함께 가서 예배드리며, 웃음과 따뜻한 손길로 언어조차 통하지 않는 이국의 재소자들에게 주님의 마음을 비춰 주신 권사님들. 고향의 어머니를 보여 주듯 품어 주신 손길이었다. 때로 힘들고 지친 이민의 고달픔 속에서도 선교회 일에 동참해 준 집사님들. 모두 잊을 수 없는 분들이다.

오네시모 선교회와 갈릴리 장로교회는 당회가 없었고 이사회로 운영되었다. 이사회는 저와 아내가 하나님 앞에서 사명을 감당할 수 있도록 세워 주신 신앙의 동역자들이었다. 한 달에 한 번은 아무 의제가 없어도 아침마다 카페에서 모였다. 함께 식사하며 하나님의 사역을 나누었고, 함께 기도하며 서로를 격려했다. 그렇게 주 안에서 서로가 세워졌다.

나는 그 동역자들을 통해 주님을 섬기는 자세와 충성된 마음을 배웠다. 하나님은 그들의 헌신을 통해 선교지에 교회를 세우셨고, 선하신 뜻을 펼치셨다. 부족한 종을 섬겨 주시고 기다려 주시며 격려해 주신 그 마음들을 나는 잊을 수 없다.

나의 뒤를 이어 주님의 사명을 감당할 사역자들이 그 사랑과 본 따르기를 간절히 기도하며 소망한다.

주님만 바라보며 물질과 감사로 뿌려진 씨앗은 지금도 싹이 나고 꽃이 피며 열매를 맺는다. 그리고 주님은 그 헌신을 기억하시고 잊지 않으실 것이다.

나는 은퇴 후에도 여전히 선교회 사역에 조금씩 참여하고 있다. 아는 목사님 한 분은 이제 모든 것을 내려놓고 쉬라고 권면하셨다. 그러나 나는 아직 온전히 사역을 내려놓지 못한 자신을 발견한다.

30년을 함께해 온 동역자들의 아름다운 헌신과 땀과 희생과 마음이 빠르게 변하는 세태에 휩쓸려 잊히지 않을까 걱정이 된다. 부디 하나님의 역사를 가볍게 여기지 말고 귀히, 존중히 여기며, 그들의 헌신 위에 주님의 뜻 세우기를 간절히 바라고 소망한다.

네게 부탁한 아름다운 것을 힘써 지키라 | 딤후 1:14

# 37
# 광야의 끝에서 정로로 가라

"어리석은 비둘기"
에브라임은 어리석은 비둘기 같이 지혜가 없어서 애굽을 향하여 부르짖으며 앗수르로 가는도다 | 호 7:11
너희는 인생을 의지하지 말라 그의 호흡은 코에 있나니 수에 칠 가치가 어디 있느뇨 | 사 2:22
이것이 정로니 너희는 이리로 행하라 할 것이며 | 사 30:21

우리 이민자들에게 낯선 땅에서 가장 당황스럽고 어렵게 다가오는 문제는 아마도 영주권일 것이다. 나 역시 32년 전, 주님의 부르심을 믿고 미국 땅에 발을 디뎠을 때 오랜 시간 세상의 많은 것을 잃어버리며 아픈 세월을 보냈다. 처음에는 주님의 뜻을 따라가면 이 땅에서 모든 일이 순적히 진행될 줄로만 알았다. 그러나 그것은 나의 얕은 신앙 수준이었고, 하나님에 대한 오해였다. 한참의 시간이 지난 후에야 깨달았다. 하나님은 내 인생을 직접 주관하시고 일일이 간섭하시며, 결국 합력하여 선을 이루시는 분이라는 것을. 그 깨달음 이후 나는 무릎을 치며 하나님을 향한 굳은 믿음을 붙잡기 시작했다.

하나님은 우리 인생에 단 하나도 빠짐없이 간섭하시며, 무엇보다 먼저 보이지 않는 영원한 나라를 바라볼 수 있도록 믿음을 만들어 가신다. 하나님께서 우리를 이 땅으로 옮겨 주신 이유는 단순히 형통한 삶을 누리게 하려는 것이 아니었다. 바로 우리 자신을 다듬고, 성숙하게 하고, 결국 하나님의 형상을 이루어 가는 것이 목적이었다. 그 진리를 깨달았을 때, 나는 오히려 모든 것을 가진 자가 되었다. 연약함으로 인한 좌절, 미련, 부끄러움, 자존심… 다 쓰레기통에 던져졌다. 이제는 오직 하나님을 영화롭게 하는 삶, 그 거룩한 목적을 위해 살아가야 함을 알게 되었다. 오늘 나누는 이 영주권 이야기는, 어리석은 비둘기 같았던 나를 사랑하시고 한순간도 눈을 떼지 않고 간섭하셔서 끝내 영원한 것을 보게 하신 주님을 경배하기 위한 간증이다.

나와 아내, 두 자녀는 하나님의 부르심을 따라 미국에 들어왔다. 나는 신학교 9월 학기를 위해 먼저 들어왔고, 한 달 뒤 가족들이 합류해 플라톤에 정착했다. 당시만 해도 신학교를 마치고 다시 한국으로 돌아갈 계획이었다. 그러나 막상 생활이 시작되니 모든 짐은 아내의 어깨에 놓였다. 8개월 동안 울며 주님께 매달리던 아내는, 마침내 주님이 주신 힘으로 용기를 내어 생전 처음 프리웨이를 운전해 샌드위치 가게에서 일하기 시작했다. 그 순간부터 우리 가족의 진짜 미국 생활이 시작된 것이었다.

자동차도 한 대 구입했다. LA의 한 지인이 "일을 시작하면 여행하기가 힘들어지니 지금 여행하라"고 권해, 함께 그랜드캐니언을 다녀왔다. 웅장한 자연을 마주하며 미국의 크기를 실감했고, 아이들도 무척 좋아했다. 이후 나는 신학교 추천으로 장로교회에서 전도사로 사역을 시작했다.

어느 날, 우리에게 여행을 권했던 지인이 와서 처음으로 영주권 이야기를 꺼냈다. "영주권이 없으면 길에서 잡혀간다"는 말이었다. 겁이 난 우리는 그가 소개해 준 젊은이를 만났다. 그는 서류에 서명하라 했고, 우리를 데리고 이민국에 가서 일을 할 수 있는 워크 퍼밋을 받게 해 주었다. 그것이 영주권이라 믿고 안심했다. 그러나 그것은 허위였고, 결국 사기였다는 사실을 뒤늦게 알게 되었다. 지인도, 그 젊은이도 자취를 감추었다.

어찌할 바를 몰라 신문 광고를 보고 또 다른 회사를 찾았다. 교회의 안수집사가 운영한다는 말에 신뢰가 갔다. 그러나 이번에도 속았다. 그는 목회자들만 골라 사기를 치는 사람이었다. 매주 토요일, 나는 웨스턴과 7가의 맥도날드에서 그를 만나야 했다. 영주권 진행 상황을 묻고, 돈을 돌려 달라 사정했지만 그는 매번 새로운 거짓말만 늘어놓았다. 3개월 동안 단 한 주도 빠짐없이 만나면서도 한 푼도 돌려받지 못했다. 내 마음은 인간에 대한 상처와 분노로 가득 차기 시작했다.

남편으로서, 아버지로서 가족을 지키지 못하고 고생만 시킨다는 자책은 나를 더 옥죄었다. 어느 날, 결심을 굳히고 그의 사무실로 향했다. 화장실에 들어가 변기통을 붙잡고 주님께 따졌다. "주님, 이것이 저를 이곳에 부르신 이유입니까?" 그러면서도 돈을 돌려받게 해 달라고 간절히 기도했다. 한참 후, 내 마음에 이상한 평안이 찾아왔다. 그리고 이런 생각이 스쳤다. "이 사람이 바로 너를 변화시키기 위해 하나님이 보내신 도구다."

그때 마음에 떠오른 말씀이 로마서 8장 28절이었다.

"하나님을 사랑하는 자, 곧 그 뜻대로 부르심을 입은 자들에게는 모든 것이 합력하여 선을 이루느니라."(롬 8:28)

그 순간, 분노가 감사로 바뀌었다. 마음에 힘이 생겼다. 나는 사무실에 들어가 그에게 말했다. "돈은 돌려주지 않아도 된다. 걱정하지 말라." 그러고는 그 자리를 나왔다. 돌아오는 길, 나는 큰 깨달음을 얻었다. 내가 살아온 방식이 늘 "편법"이었다는 것. 사람을 의지하고, 돈으로 해결하려 했던 삶의 방식이 드러난 것이었다. 하나님은 바로 그 잘못된 삶의 원리를 바꾸시기 위해 사기꾼들을 내 앞에 두셨던 것이었다.

"정로로 가라." 주님께서 이사야 선지자를 통해 주신 말씀이 내 귀에 울렸다.

세리토스에 집을 샀지만 1년도 되지 않아 파산했다. 한국의 재산도 모두 남의 손에 넘어갔다. 아내가 세운 샌드위치 가게도 빚만 남기고 문을 닫았다. 하나님은 내가 의지하던 세상의 모든 것을 하나도 남기지 않고 거두어 가셨다. 오직 하나님만 바라보게 하셨다.

나는 결심했다. 정로로 가겠다고. 이민국에 가서 내 사정을 솔직히 말했다. 그리고 "불법을 행한 나를 추방하신다면 한국으로 돌아가 처음부터 다시 시작하겠다"라고 고백했다. 그러자 직원이 뜻밖의 말을 했다. "다시 한번 기회를 주겠다. 신청해 보라." 그날 나는 처음으로 정로의 길이 열리는 경험을 했다.

교회 담임목사님께 모든 과정을 고백하고, 교회를 통해 영주권을 신청하게 해 달라고 부탁드렸다. 목사님은 흔쾌히 허락해 주셨다. 유대인 변호사를 통해 신청했지만, 몇 차례 반송과 보완을 거쳐 2년이 걸렸다. 하나님은 그 시간을 통해 나를 다듬고 계셨다.

드디어 인터뷰 날이 다가왔다. 아침에 아내와 두 자녀와 함께 기도했다. "만약 오늘 떨어져 한국으로 돌아가라고 판결이 나면, 주님의 뜻으로 알고 기쁘게 순종하자." 그렇게 보따리까지 싸 놓고 출발했다.

인터뷰 직전, 변호사가 귓속말로 말했다. "오늘 인터뷰 담당 중 캄보디아 직원이 있는데, 그분이 하면 무조건 떨어진다. 그 직원이 아니길 기도하라." 우리는 간절히 기도했다. 그러나 안타깝게도 바로 그 여직원이 담당하게 되었다.

그녀는 두꺼운 서류를 넘기며 얼굴을 붉혔다. "What is it? What is it?"을 반복하며 분노하는 듯했다. 그때 처음 알았다. 맨 처음 허위 신청에서 내가 25년을 목회자 신분으로 미국에 있었다는 기록이 있었던 것이다. 다른 잘못된 서류들도 계속 나왔다. 그녀는 서류를 덮으며 자리를 박차고 일어날 기세였다.

그 순간, 변호사가 작은 목소리로 20분간 우리의 이야기를 설명했다. "이 가족은 사기를 당한 것입니다. 지금 제출된 전도사 서류가 진짜입니다." 그러자 여직원의 표정이 바뀌기 시작했다. 그리고 갑자기 아내에게 다가와 꼭 껴안으며 말했다. "그동안 얼마나 마음고생이 많으셨습니까." 그러고는 우리 가족의 서류에 도장을 쾅쾅 찍어 주었다.

그날 우리 가족은 함께 고백했다.

"주님, 감사합니다. 오직 주님만이 하셨습니다. 주님만 영광을 받으시옵소서."

우리는 9년 4개월 만에 영주권을 받았다. 9만 달러라는 큰 대가도 치렀다. 그러나 주님은 우리 가족에게 하나님만 남게 하셨다. 영주권은 세상의 신분이 아니라, 하나님께서 우리에게 영원한 것을 보게 하시기 위한 도구였음을 알게 되었다.

그날 저녁, 우리는 호세아서 말씀을 읽었다.

에브라임은 어리석은 비둘기 같이 지혜가 없어서 애굽을 향하여 부르짖으며 앗수르로 가는도다 | 호 7:11

저희가 돌아오나 높으신 자에게로 돌아오지 아니하니 속이는 활과 같으며… | 호 7:16

저희가 바람을 심고 광풍을 거둘 것이라…" | 호 8:7

나는 어리석은 비둘기처럼 사람을 의지하며 하나님께 온전히 돌이키지 못했다. 그러나 하나님은 내 의지를 다 끊게 하시고 정로의 길로 인도하셨다.

> 무명한 자 같으나 유명한 자요, 죽은 자 같으나 보라 우리가 살고, 근심하는 자 같으나 항상 기뻐하고, 가난한 자 같으나 많은 사람을 부요하게 하고, 아무것도 없는 자 같으나 모든 것을 가진 자로다 | 고후 6:9-10

주님 앞에 나는 기도한다.

주님, 앞길에 험한 일이 있어도 두려워하지 않게 하소서. 사람을 의지하지 않게 하시고, 편법을 버리고 정직의 길을 걷게 하소서. 세상이 무엇을 빼앗아 가도 그리스도 안에 있는 생명은 빼앗을 수 없음을 잊지 않게 하소서. 넘어질 때마다 온전히 주께 돌이켜, 주께서 보여 주신 길, 곧 정로를 따르게 하소서. 오늘도 내 마음에 한마디로 명하소서. "정로로 가라." 아멘.

#  4부

주 여호와의 영이 내게 내리셨으니
이는 여호와께서 내게 기름을 부으사
가난한 자에게 아름다운 소식을
전하게 하려 하심이라.
나를 보내사 마음이 상한 자를 고치며,
포로 된 자에게 자유를, 갇힌 자에게 놓임을
선포하게 하심이라
사 61:1

교정 선교는
하나님이 친히 예비하신 사명입니다.
감옥의 문은 닫혀 있어도,
복음의 문은 활짝 열려 있습니다.
포로 된 자에게 자유를,
갇힌 자에게 해방을 주시는
주님의 약속은
오늘도 오네시모 선교회와
PFI, PFK의 사역 속에서
이루어지고 있습니다.
만남은 우연이 아니라,
하나님의 길 위에 놓인
예비된 은혜의 발자취입니다.

# 교정 선교의 확장,
## 하나님이 예비하신 만남들

38 오네시모 선교회의 사역과 비전 | 39 PFK곽성훈 대표와 김석기 목사, 하늘이 이어주신 인연 | 40 PFI(국제교도협회), 세계 교정 선교의 역사와 비전의 길 | 41 PFK(한국교도협회), 한국 교정 선교의 동행과 새로운 지평 | 42 PFK 제이원 목사, 예비된 인연 위에 세워진 교정사역의 유업

# 38
## 오네시모 선교회의 사역과 비전
Onesimus Mission Ministry : Overview & Vision

오네시모 선교회의 사역은 감옥이라는 닫힌 공간 속에서도 하나님의 구속사가 결코 멈추지 않음을 증언한다. 한 영혼을 향한 주님의 집요한 사랑은 쇠창살 너머에서도 여전히 살아 역사하셨고, 그 사랑은 회개한 죄인을 복음의 일꾼으로 세우는 놀라운 은혜로 나타났다.

이 사역은 단순한 봉사나 선행이 아니다. 복음의 능력으로 죽음에서 생명으로, 죄에서 의로움으로, 절망에서 소망으로 옮겨지는 '영혼의 회복 사역'이다.

감옥은 세상이 버린 자들의 자리였으나, 하나님께는 여전히 구속의 현장이었다. 그곳에서 눈물로 회개한 영혼들은 다시 일어나 복음의 통로가 되었고, 과거의 상처와 실패는 오히려 은혜의 증거로 바뀌었다.

본 장에서는 오네시모 선교회의 설립 배경과 사역의 확장, 그리고 하나님께서 예비하신 미래의 비전을 함께 살펴보고자 한다. 이는 곧 하나님께서 교정 사역을 통해 이루어 가신 회복과 구속의 역사를 기억하고 기록하는 신앙의 여정이기도 하다.

## :: 사역의 설립 배경 Background

오네시모 선교회(Onesimus Mission Ministry)는 교정 사역 현장에서 복음을 전하며, 감옥 속에서 회심한 이들이 새로운 삶으로 돌아가도록 돕기 위해 설립되었다.

'오네시모(Ὀνήσιμος)'는 사도 바울이 빌레몬서에서 언급한, 감옥에서 회심하여 복음의 일꾼으로 세워진 종의 이름에서 비롯되었다. 이 이름은 곧 사역의 정체성을 상징한다.

즉, 과거의 죄와 실패 속에서도 복음의 능력으로 새롭게 태어나 하나님의 나라를 위해 쓰임받는 인생이 될 수 있다는 소망을 담고 있다.

오네시모 선교회는 초기에는 로컬 카운티 교도소(Local County Jail) 방문 사역으로 시작되었으나, 점차 주립 교도소(State Prison)와 연방 교도소(Federal Prison), 그리고 가석방자 및 출소자 재활 사역으로 영역을 확장하였다.

현재는 미국 전역과 중남미 지역까지 사역의 지경을 넓혀, 복음적 회복과 재사회화, 그리고 세계 선교적 파송 사역을 감당하고 있다.

## ::주요 사역 영역 Main Ministry Areas

### 1. 교도소 방문 및 예배 사역
In-Prison Worship & Counseling Ministry

- 정기 예배 및 성경공부 프로그램 : 매주 지역 교도소를 방문하여 찬양, 말씀, 기도 중심의 예배를 인도하며, 재소자들이 복음을 이해하고 삶의 변화를 경험하도록 돕는다.
- 개인 면담 및 기도 사역 : 재소자 개개인과의 상담과 기도를 통해 심리적·영적 치유를 지원하며, 회개와 회복의 여정을 함께한다.
- 다민족 예배 공동체 형성 : 영어, 스페인어, 중국어, 한국어 등 다국적 언어권 재소자들을 섬기며, 인종과 언어를 초월한 복음의 통합을 실천하고 있다.

### 2. 가석방자 및 출소자 재활 지원
Rehabilitation & Reintegration Ministry

- 출소 후 정착 지원 : 주거 연결, 직업 알선, 교회 네트워크 연계 등 실질적인 재사회화 지원을 통해 출소자들이 신앙 안에서 새출발할 수 있도록 돕는다.
- 멘토링 및 제자훈련 : 출소 후 신앙이 흔들리지 않도록 멘토링 시스템을 운영하며, 지속적인 신앙적 돌봄과 공동체 훈련을 제공한다.

- 바이블 칼리지 통신 과정 연계 : 재소자 및 출소자가 말씀 중심의 삶을 이어갈 수 있도록, 오네시모 성경통신대학(Bible College) 과정을 연계 · 지원한다.

### 3. 가정 회복 사역
Family Restoration Ministry

- 가정 상담 및 중보기도 사역 : 수감자 가족이 겪는 심리적 · 경제적 어려움을 함께 나누며, 가족 관계의 회복과 신앙적 재건을 돕는다.
- 가정 재결합 프로그램 : 신앙교육과 상담을 통해 가족 간 화해와 용서를 촉진하며, '복음 안의 화목'을 이루는 가정 회복을 지원한다.

### 4. 국제 교정 선교 연대
Global Correctional Ministry Network

- PFI(Prison Fellowship International), PFK(한국교도협회) 등 국내외 교정 선교 단체들과 협력하여, 사역의 지경을 확장하고 각국 교정 선교 현장의 모델을 공유한다.
- 미국 내에서는 County Jail, State Prison, Federal Prison 등 다양한 기관과 연계하며, 해외에서는 중남미, 아시아, 한국 등지로 파송 선교를 진행하고 있다.

## ::세부 사역 소개 Detailed Ministries

### 1. 뉴라이프 사역 New Life Ministry

뉴라이프 사역은 감옥에서 성경통신대학을 통해 복음을 배우고 학위를 받은 재소자 중, 주님을 인격적으로 만난 이들을 선교사로 파송하는 사역이다. 이들은 형기를 마치고 자국으로 추방된 후, 그곳에서 복음의 일꾼으로 다시 서며

- 조언과 상담
- 경제적 지원
- 선교지 방문 및 격려
- 교회 개척 지원 등을 받는다.

| 파송 지역 및 사역자 |

- 멕시코, 배라쿠르즈 : 메뉴얼 조로 목사
- 티나와 테래사 : 수산나 씨애라 선교사
- 멕시코 산루이스 : 다니엘 목사, 김명철 선교사
- 엘살바도르 : 에드가 보리스 목사
- 콜롬비아 보고타 : 우고 안토니오 선교사
- 하이티 : 댈만 선교사
- 미국 : 전상경 선교사 부부(북가주지역), 로이스 강 목사(협력 사역자)
- 한국 : 안일권 목사(협력 사역자), 박진우 형제(협력 사역자)

## 2. 문서 사역 Book Ministry

- 매년 각 감옥 및 교도소에 성경과 신앙서적, 묵상집을 공급
- 재소자 형제들과의 협력으로 『양식을 예비하라』, 『가정의 참된 양식』 번역·배포
- 중남미 지역 교도소에도 복음 문서 보급

| 대표 자료 |

  - Onesimus Newsletter(소식지)
  - 성경전서(NLT / The Easy Bible)
  - 오늘의 양식(Our Daily Bread)

## 3. 성경통신대학 OST, Onesimus School of Theology

- 설립 : 2001년 5월
- 목적 : 효과적인 복음 전파를 위하여, 세계 각국 감옥 선교사 양성
- 학위 과정 :

  - Associate of Biblical Studies (61 credits)
    성경학 준학사 과정 (61학점)
  - Bachelor of Biblical Studies (120 credits)
    성경학 학사 과정 (120학점)
  - Certificate in Bible Missions (42 credits)
    선교학 수료 과정 (42학점)

- 특징 :
  - 미국 교육국 BPPE(Bureau for Private Postsecondary Education) 인가 과정
  - 영어권·스페인어권 확대
  - 연간 40여 개국 재소자 참여
  - 출소 후 오네시모 정신을 실천하는 신앙공동체 형성

### 4. 청소년 예방사역 Youth Prevention Ministry

- 설립 : 1999년 11월
- 목적 : 청소년 범죄·마약 예방 및 신앙적 가치관 확립
- 프로그램 :
  - CYA 감옥 방문 프로그램
  - Short Stop Program
  - 청소년 마약/범죄 예방 교육
  - 상담 및 멘토링, 캠프사역
- 비전 : 다음세대를 세상의 유혹과 파괴로부터 보호하고, 올바른 신앙의 길로 인도하는 것

### 5. 추방자 선교 Deportee Ministry

- 시작 : 1997년
- 쉼터 설립 : 2014년, 신림동
- 목적 : 미국에서 추방된 이민자들이 조국에서 복음으로 새 삶

을 시작하도록 돕는 것
- **사역 내용** :
  - 공항 픽업 및 초기 정착 지원
  - 쉼터 숙식 제공
  - 현지 교회 연결
  - 일자리 알선 및 가족 관계 회복
- **비전** : 오랜 이별과 상실을 경험한 이민자들이 복음 안에서 회복되어 선교의 도구로 세워지는 것

### 6. 후원 선교 Supporting Ministry

- **후원 체계** : 이사회, 후원회, 기도 후원자 조직
- **사역 방식** :
  - 기금 마련 음악회, 바자 등 개최
  - 재소자와 가족에게 사랑과 소망 전달
  - 현장 선교사 및 출소자 지원
- **비전** :
  - 하나님이 기뻐하시는 방향으로 모든 사역을 운영
  - 후원자들의 헌신을 통해 주님의 사명을 아름답게 이루어감

## :: 사역의 성과 및 영향 Fruits & Impact

- 수많은 재소자가 복음으로 변화되어 가정과 사회로 복귀

- 일부는 **목회자 · 선교사**로 부름받아 다시 감옥 사역에 헌신
- **다민족 복음 공동체** 형성으로 인종 · 언어 장벽을 허무는 선교의 장 마련
- 교도소 내 성경공부 그룹, 자치 예배 공동체 조직
- 미국 내 한인 이민교회의 **교정선교 인식 확산**

## ::향후 비전 및 전략 Future Vision & Strategy

### 1. 글로벌 네트워크 확장
  −PFI, PFK 등 국제 교정 선교 단체와의 협력 강화
  −각국 오네시모 사역자 네트워크 구축

### 2. 출소자 재활 센터 설립
  −Faith-Based Rehabilitation Center(신앙 기반 재활 센터) 설립 추진
  −출소자 대상 제자훈련 · 직업훈련 병행

### 3. 교정 선교 전문 인력 양성
  −Prison Ministry Academy(교정선교 아카데미) 설립
  −신학생 · 목회자 · 평신도 리더 대상 교정 선교 교육

### 4. 가정 회복 및 다민족 통합 사역 강화
  −재소자 가족, 이민자 가정, 다민족 공동체를 아우르는 복음적 화해 사역 확대

오네시모 선교회의 여정은, 감옥이라는 닫힌 공간 속에서도 복음의 빛이 결코 꺼지지 않음을 보여 주었다. 쇠창살 너머에서 흘린 회개의 눈물은 헛되지 않았고, 그 눈물 위에 하나님의 은혜와 긍휼이 흘러넘쳤다.

하나님은 죄인을 정죄하지 않으시고, 오히려 그들을 새롭게 빚어 복음의 증인으로 세우신다. 오네시모의 이름처럼, 과거의 실패와 수치가 은혜의 통로가 되었고, 그 은혜를 입은 자들이 다시 감옥으로 들어가 다른 영혼을 섬기는 복음의 일꾼이 되었다.

앞으로도 오네시모 선교회는 복음으로 영혼을 회복시키고, 감옥에서부터 세상 끝까지 하나님의 사랑을 전하는 교정 선교의 사명을 흔들림 없이 감당할 것이다.

그리고 이 모든 사역의 열매가, 오직 하나님께 영광이 되기를 소망한다.

그가 멸시하고 버림받은 자를 일으키시며, 갇힌 자에게 자유를, 포로 된 자에게 해방을 선포하신다 | 사 61:1

왼쪽부터 제이원 PFK 사무국장, 김석기 목사, 소망교도소 김영식 소장, 관계자(외국 분), PFK 곽성훈 대표

# 39
## PFK 곽성훈 대표와 김석기 목사, 하늘이 이어주신 인연

### 불의의 병기에서 의의 병기로

비가 내리던 어느 날, 아홉 살의 나는 비를 맞으며 홀로 집으로 걸어가고 있었다. 그날은 엄마가 학교에 데리러 오지 않으셨고, 집에 도착했을 때 비로소 알았다. 엄마가 교통사고로 세상을 떠나셨다는 것을.

그 순간부터 내 시간은 멈췄다. 아버지는 지역 사회에서 존경받는 분이셨지만, 엄마의 부재 이후 가정은 폭풍 같은 어둠 속으로 내던져졌다. 형은 중증 뇌성마비로 몸이 불편했고, 나는 형을 지키며 살아야 했다. '형을 지켜야 한다'는 사명감은 어린 나를 일찍 세상의 싸움판으로 내몰았다.

동네 아이들이 형을 조롱할 때마다, 내 안의 분노는 커져 갔다. 그때 형을 도와주던 이들이 있었다. 바로 동네의 조직 형들이었다. 어린 마음에 '깡패 형들은 좋은 사람'이라는 인식이 자리 잡앉고, 결국 나는 그 길로 걸어 들어가고 말았다.

세월이 흘러, 나는 기업형 조직의 보스가 되었다. 부동산 개발과 극장, 엔터테인먼트 사업까지 손을 뻗었고, 겉으로는 누구나 부러워할 '성공한 사업가'였지만 속은 텅 비어 있었다. 그러나 약한 자를 돕고, 내 식구를 챙기는 마음만은 사라지지 않았다.

그 무렵, 미국 LA에서 총기·마약·불법체류 문제로 추방된 한국인 조직원들(소위 KK단, Korea Killer)과 마주했다. 낯선 땅에서 가족도, 연고도 없이 고립된 그들을 도우며, 내 마음은 복잡한 울림을 받았다. 그들과의 대화 속에서 '한 목사님' 이야기를 들었다.

미국 교도소에 수감된 한 조직원이 있었는데, 그를 찾아가 유일하게 면회를 해 준 한국인 목사님, 바로 오네시모 선교회의 김석기 목사님이었다. 그 무명의 수고는 내 마음에 깊은 자국을 남겼다. 비록 얼굴을 뵙지는 못했지만, 그 이름은 내 기억 속에 오래 남아 있었다.

### 성공의 끝에서 찾아온 무너짐

2008년경, 나는 영화 제작사의 믿음의 형제들을 통해 새로운 세상을 보기 시작했다. 그들의 깨끗하고 정직한 삶은 내게 낯설었지만, 마음 한켠을 흔들었다. 그들은 그들이 제작한 이스라엘 다큐멘터리 〈회복〉을 내 극장에서 상영하길 원했다. 그 시기, 극장은 전 세계를 휩쓴 〈아바타〉를 전관 상영 중이었다. 그러나 나는 손익을 계산하지 않고, 그저 '돕고 싶다'는 마음으로 한 관을 내주었다.

예상과 달리 관객이 몰렸고, 결국 전관을 열었다. 세상의 눈으로는 이해되지 않는 결정이었지만, 극장 로비에 울려 퍼진 기도소리와 눈물은 내 인생의 방향을 바꾸는 씨앗이 되었다.

〈회복〉은 수많은 사람들의 헌신으로 만들어진 작품이었다. 상영은 6개월 장기, 전국 120개 관, 약 25만 명 관람으로 이어졌다. 이 일로 한국 사회와 교계 안에서 이스라엘에 대한 관심이 커지기 시작했고, 항공편과 성지순례 상품들도 눈에 띄게 늘었다. 이 흐름은 김종철 감독의 '브래드TV' 사역이 출발하는 전환되었다.

하지만 신앙의 감동이 내 삶의 변화를 뜻하지는 않았다. 사업은 연달아 부도났고, 극장은 문을 닫았다. 모든 것을 잃은 뒤, 마지막 희망으로 필리핀 광산 사업에 뛰어들었다. 그러나 사업 파트너가 피살되는 충격적인 사건을 겪으면서, 내 삶은 완전히 무너져 내렸다.

건강은 이미 한계에 다다랐다. 지속된 사업 스트레스와 폭력적 삶의 후유증으로 심장은 망가져 있었다. 다섯 개의 스텐트를 삽입해야 했고, 의사는 "언제 쓰러져도 이상하지 않다"고 했다. 몸과 마음이 동시에 꺼져 가던 그때, 나는 복수를 결심했다.

그 무렵, 영화 제작사의 한 믿음의 형제가 미국 블랙가스펠 영화 촬영에 동행하자고 했다. 나는 겉으론 촬영 동행을 수락했지만 속으론 복수의 계획을 품고 있었다. 여전히 분노와 증오 속에 복수의 계획을 품은 채 미국행 비행기에 올랐다.

### 9시 15분, 용서의 자리에서 만난 하나님

뉴욕에 도착해 영화사 PD 제이(미국 교포 형제)와 한 방을 썼다. 그는 긴장 속에 지쳐 있던 나를 진심으로 돌봤다. 낮에는 할렘의 흑인 성가대가 있는 교회들을 돌았다. 찬양은 은혜로웠지만, 며칠 뒤면 복수를 실행해야 한다는 생각에 마음을 쉽게 열 수 없었다.

LA로 떠나기 이틀 전, 스태프의 연결로 한 통의 전화를 걸었고, 복수의 상대가 LA에 있다는 사실을 확인했다. 수화기를 내려놓는 순간, 1층에서 아름다운 피아노 찬양이 흘러나왔다. 그 선율을 듣는 순간, 참을 수 없는 오열이 터져 나왔다. 그 선율이 내 마음 깊숙한 곳을 건드렸고, 그동안 억눌러 온 분노와 슬픔이 한꺼번에 무너져 내렸다. 찬양 연주를 마친 연주자가 내게 다가와 조심스레 물었다.

"대표님, 괜찮으세요? 혹시 기도 제목이 있을까요?"

그 순간, 나는 더는 숨길 수 없었다. 조심스럽게 속마음을 털어놓았다. "촬영 때문에 온 게 아니라, 복수를 위해 왔습니다." 순간 현장이 조용해졌다. 스태프들은 놀랐지만, 곧 진심 어린 위로와 함께 나를 감싸 주었다. 그리고 멈추라고 권면했다. 그날 이후, 내 마음의 문이 조금씩 열리기 시작했다.

그날 밤 상영한 영화 〈용서〉에서, 이삭과 이스마엘, 메시아닉 유대인과 아랍 청년들이 서로의 발을 씻기며 용서를 고백하는 장면이 내 심장을 쳤다. 이승종 목사, 싸이먼 박 목사, 지용훈 목사, 성현경 목사와 식탁을 나누며 위로와 기도를 받았다. 그때부터 내 안에서 '복수의 계획'과 '하나님의 계획'이 부딪히기 시작했다.

"성훈아, 내가 너의 마음을 안다. 용서해라"는 주님의 음성이 마음 깊은 곳에서 들려왔다. LA로 이동하는 비행기 안에서 나는 깨달았다. 명동의 빌딩도, 필리핀의 광산도, 하나님 앞에서는 티끌이었다.

무엇보다 열 살 된 아들의 얼굴이 떠올랐다. "내가 복수를 실행한다면, 이 아이는 '살인자의 아들'로 살아가야 한다." 그 생각에 가슴이 무너졌다.

LA 숙소에서 켠 TV에는 '용서'에 대한 설교가 흘러나왔다. "원수 갚음은 주께 맡기라. 용서하지 못하면 두 개의 무덤, 나와 원수의 무덤을 판다." 그 말씀 앞에서 밤을 지새우며 울었다.

다음 날 복수를 중단하겠다는 뜻을 전하려 했지만 연락은 닿지 않았다. 훗날 알게 되었다. 내가 의지하던 연결선이 다른 사건으로 일제히 검거되어 연락이 두절된 상태였다. 그 '연락 두절'이 내 인생의 갈림길이었다. 복수는 실행되지 않았다. 하나님이 길을 막으셨다.

그 후, 우리들은 하와이로 넘어갔다. 바캉스 휴식을 기대하며 하와이에 도착해 보니 바닷가나 리조트가 아니라, 사람들로 가득한 집회 장소였다. "여기 뭐 하는 곳입니까?" 묻자 믿음의 형제는 "곧 끝납니다. 끝나고 함께 휴식해요"라고 대답했다. 실상은 코나 YWAM(예수전도단) 열방대학의 컨퍼런스였다. 그곳에서 오대원 목사님, 데이빗 로스 목사님, 피터 양 목사님을 만났다. 매일 컨퍼런스 강의를 들으며 마음이 조금씩 풀렸다.

어느 날, 바닷가를 함께 걷던 믿음의 형제가 조용히 말했다. "대표님, 하나님이 살아계신지 모르시겠죠? 어린아이처럼 '하나님, 저를 만나 주세요'라고 기도해 보십시오"

다음 날, 영화팀은 급히 한국으로 돌아가고 나만 현장에 남았다. 손에 쥔 건 50달러가 채 안 되는 현금뿐. 나는 코나(Kona)에 붙들린 사람이 됐다. 기대했던 휴식은 없었다.

그날 저녁 강의는 로렌 커닝햄(Loren Cunningham) 목사님이 전하셨다. 집으로 돌아오니 목사님이 사인한 〈하나님의 책〉이 책상 위에 놓여 있었다. 책을 읽다 존 웨슬리(John Wesley)의 기록을 보았다. 사역의 소진과 회의 속에서 돌아가려던 길, "오후 9시 15분, 한 설교자의 말씀을 듣다가 마음이 뜨거워지는 성령의 체험과 구원의 확신"을 얻었다는 대목이었다. 나는 그 문장을 한동안 붙들고 앉아 있었다. '나도… 그 시간을 만나고 싶다.'

그날 밤, 생애 처음으로 무릎을 꿇고 간절히 기도했다. "하나님, 저는 아직 하나님을 잘 모릅니다. 성공이라는 이름으로 달려왔지만, 모든 걸 잃었습니다. 건강도, 가정도, 재산도, 살아갈 용기조차 없습니다. 정말 살아계신다면, 저도 웨슬리처럼 만나 주십시오."

그리고 다음 날, 나는 시계를 보며 9시 15분을 기다렸다. '정말 살아계신다면, 오늘 9시 15분에 저를 만나 주십시오.' 그 순간, 누군가 내 어깨를 가볍게 두드렸다.

"How are you?"

시계는 정확히 9시 15분을 가리키고 있었다. 그는 바로 그날의 강사, 데이빗 데미안(David Demian) 목사님이었다.

이어진 설교의 첫머리는 이랬다. "죄는 하나님과의 관계가 끊기는 순간부터 시작됩니다. 하나님이 생명수를 부으시려면, 먼저 오염된 컵을 비워야 합니다."

그 말이 내 심장을 뚫었다. 폭력, 음란, 사기, 분노, 복수심, 중독… 내 안의 더러움을 하나씩 끄집어내어 통회했다. 얼마나 울었는지 모른다. 다만 그날 이후, 나는 알았다. 하나님은 살아계셨고, 나를 만나 주셨다.

그 만남이 내 발걸음을 돌려세웠다. 복수의 계획은 그 자리에서 무너졌다. 대신 새로운 부르심이 시작되었다. 감옥으로, 하지만 이번에는 복수가 아니라 복음으로.

### 새로운 부르심, 교정 선교의 길

한국으로 돌아온 뒤, 나는 내가 만난 하나님을 교도소의 친구들에게 전했다. 그들 가운데 한 명은 교도소 안에서 복음을 전하며 방마다 찬양과 기도를 이끌었다. 야한 그림이 붙어 있던 벽에는 예수님의 초상과 말씀 구절이 걸렸고, 그 작은 불씨는 교도소 안의 부흥으로 번졌다.

이 변화가 훗날 국제교도협회 한국(PFK, Prison Fellowship Korea)의 씨앗이 되었다.

2015년, 나는 백석신학교에서 공부를 시작했고, 2017년에는 출소자들과 신학생이 함께 모여 '지저스 블러드 아미'를 세웠다. 2018년에는 소망교도소 김영식 소장님을 통해 국제교도협회(PFI, Prison Fellowship International)를 알게 되었고, 2021년, 미국 본사를 방문하여 PFK를 공식 설립했다.

그해, 나는 마침내 오랜 세월 마음속에 기억해 온 오네시모 선교회의 김석기 목사님을 직접 만났다. 그분은 오랫동안 미국 교도소 사역을 감당해 오신 선교의 선배였다. 과거 미국에서 들었던 '그 목사님'이 바로 그분이라는 사실을 깨달았을 때, 나는 놀라움과 감사로 울었다. 하나님께서 정말 하늘의 인연으로 우리의 길을 잇고 계셨던 것이다.

그 만남 이후, 우리는 한국에 있는 여러 형제와 함께 갇힌 자와 억눌린 자, 그리고 상처 입은 가정을 위한 사역을 본격화했다.

2023년에는 오네시모 선교회와 함께 KWMC 한인세계선교대회에서 마약·교도소 사역 부스를 운영했고, 미국의 교도소와 재활센터를 방문하며 Faith-Based Rehabilitation Center(신앙기반 재활센터)의 비전을 구체화했다.

### 사명으로 이어진 두 번째 인생

PFK는 오늘, 전 세계 120여 개 회원국이 함께하는 세계적 교정선교 네트워크 PFI의 한국 파트너로 서 있다. 우리는 복음과 회복, 책임과 화해를 중심으로 마약 예방, 재범 방지, 피해자 치유를 함께 고민한다.

또한, 한국의 강점을 살려 콘서트와 간증회, 예술 프로그램 등 다양한 문화 사역을 통해 복음의 메시지를 더 많은 이들에게 전하고 있다.

- 춘천교도소와 소년원 등에서의 정기 교화 프로그램
- '청취자의 길'과 '삭개오 프로젝트'를 통한 가해자와 피해자의 화해
- '엔젤트리스' 프로그램을 통한 가족 위로 사역

이 모든 과정은 결국 한 방향을 가리킨다.

"감옥에서 끝나지 않는 삶, 사람이 다시 사람답게 서는 길." 나는 회개와 용서를 통해 불의의 병기였던 과거에서 의의 병기로 거듭났다. 인생은 '가장 늦었다'고 느끼는 그때가, 사실은 다시 시작할 타이밍이었다.

모든 것이 무너지고, 사람들이 "이제 끝났다"고 말하던 그 자리에서 나는 하나님을 만났다. 그 만남이 내 인생의 두 번째 장을 열었다. 그리고 이제, 나의 길은 오직 하나다. 내가 구원받은 그 은혜를 따라, 갇히고 묶이고 억눌린 이들을 깨우는 삶. 이것이 내 두 번째 인생이며, 오늘 내가 계속 걸어가야 할 사명이다.

왼쪽부터 PFK 제이원 사무국장, PFK 곽성훈 대표, 다니엘 베이, PFI 아시아 담당, 소망교도소 김영식 소장

# 40
## PFI(국제교도협회), 세계 교정 선교의 역사와 비전의 길
Prison Fellowship International :
The Journey of Global Prison Ministry

### :: 감옥, 복음이 가장 빛나는 자리

하나님은 언제나 세상의 가장 낮은 자리에서 일하셨다. 누군가의 인생이 끊어진 것처럼 보이는 그곳, 감옥은 인간의 실패와 절망이 가장 짙게 깔린 공간이지만, 바로 그곳에서 복음은 오히려 가장 강렬한 빛으로 임한다.

PFI(Prison Fellowship International, 국제교도협회)는 그 어둠 한가운데에서 "복음의 회복"과 "정의의 화해"를 선포하며, 전 세계 교정 선교의 새로운 장을 열어 온 사역 네트워크다. 이 사역은 단순한 교화 프로그램이 아니라, "죄의 자리에서 은혜의 자리로, 갇힌 인생에서 회복된 인생으로" 옮겨 가는 복음적 회복 운동이다.

## :: 역사적 배경. 감옥에서 태어난 복음의 씨앗

국제교도협회는 한 사람의 '회심'에서 시작됐다. 1970년대 초, 미국 닉슨 행정부의 법무수석이었던 찰스 콜슨(Charles W. Colson)은 워터게이트 사건으로 연루되어 수감되었다. 권력의 정상에서 감옥으로—그 추락의 경험은 그의 인생을 완전히 바꾸었다. 감옥 안에서 그는 인간의 나약함과 죄의 실체, 그리고 무엇보다 복음의 능력을 깨달았다.

출소 후 콜슨은 "Prison Fellowship(교도협회)"을 설립했다. 그는 말했다. "감옥은 하나님의 교실이었다. 나는 그곳에서 은혜의 의미를 배웠다."

그가 세운 이 사역은 단순한 자선 활동이 아니었다. 그는 복음의 능력이 범죄자들의 인생을 근본적으로 변화시킬 수 있음을 믿었고, 수감자와 그 가족, 피해자와 공동체 모두가 '회개와 용서'를 통해 회복될 수 있음을 전했다.

콜슨의 비전은 미국을 넘어 세계로 확장되었다. 1983년, 각국의 지도자들이 뜻을 모아 "Prison Fellowship International(PFI)"이 창립되었고, 오늘날 120여 개국 이상이 함께하는 세계 최대의 기독교 교정 선교 네트워크로 성장했다.

## :: 사역의 핵심. 복음, 회복, 화해, 그리고 책임

PFI의 모든 프로그램은 단 한 가지 중심축 위에서 움직인다. "사람이 다시 사람답게 서는 것." 이를 위해 PFI는 네 가지 핵심 가치(Value)를 세웠다.

① **복음(Gospel)** : 인생의 근본 변화는 말씀과 복음으로부터 시작된다. 복음은 죄인을 의인으로, 절망을 소망으로 바꾼다.

② **회복(Restoration)** : 범죄로 깨어진 관계(하나님 – 사람 – 이웃 – 사회)를 복원한다. 회개와 용서, 신앙공동체를 통한 재사회화가 그 열쇠다.

③ **화해(Reconciliation)** : 가해자와 피해자, 수감자와 가족, 사회와 교정 기관이 하나님의 공의와 사랑 안에서 화해하는 것을 목표로 한다.

④ **책임(Responsibility)** : 죄의 결과를 직면하고, 회복을 위한 책임 있는 행동을 선택하게 한다. 진정한 회개는 '삶의 변화'로 증명되어야 한다.

PFI는 단순한 교정 프로그램이 아니라, '복음으로 교정 시스템을 재해석하는 신앙운동'이다.

## :: 주요 프로그램.
### 세계 곳곳에서 피어나는 회복의 이야기

PFI는 각 나라의 문화와 법 체계에 맞춰 다양한 사역 모델을 개발했다. 대표적인 프로그램은 다음과 같다.

- The Prisoner's Journey (청취자의 길)

복음을 처음 접하는 수감자들에게 예수 그리스도의 생애를 소개하고, 신앙공동체 속에서 인격적 변화와 회개를 경험하게 하는 과정이다. 전 세계 80여 개국에서 진행 중이며, 수많은 수감자가 새 인생을 시작했다.

- Sycamore Tree Project (삭개오 프로젝트)

누가복음의 '삭개오 이야기'를 중심으로, 가해자와 피해자가 직접 만나 '용서와 화해'를 나누는 회복적 정의 프로그램이다. 범죄로 인한 상처와 분노, 미움을 하나님 앞에서 풀어내며, 진정한 회복의 길을 걷도록 돕는다.

- Angel Tree (엔젤트리 프로그램)

수감자의 자녀들에게 크리스마스 선물과 메시지를 전달하는 가족 회복 사역이다. "아빠가, 엄마가 널 사랑한다"는 편지 한 통이 아이들의 마음에 다시 소망을 심는다.

- Community Reintegration (재사회화 프로그램)

출소 이후 공동체 복귀를 돕는 동행 프로그램으로, 직업 교육, 신앙 멘토링, 교회 연결을 통해 재범을 예방한다.

이 외에도 PFI는 각국 정부·교정 당국과 협력하며 법·정책적 차원의 '복음 기반 회복적 정의'(Faith-Based Restorative Justice) 모델을 제시하고 있다.

## :: 한국 PFK의 여정과 오네시모 선교회와의 협력

국제교도협회(PFI)의 세계적 비전은 한국에서도 구체적인 열매로 이어지고 있다. PFK(Prison Fellowship Korea)는 복음과 회복, 책임과 화해의 정신을 토대로 한국 교정 사역의 현장 속으로 발을 내디뎠다.

이 여정의 중심에는, 미국 현장에서 오랜 세월 교도소 복음사역을 감당해 온 오네시모 선교회와의 만남이 있었다.

김석기 목사의 헌신적 사역은 PFK가 한국 교정선교의 방향을 세우는데 귀한 이정표가 되었고, 두 단체는 '복음으로 사람을 새롭게 세우는 사역'이라는 같은 부르심 아래 함께 협력하며 새로운 선교적 지평을 열어가고 있다.

:: 비전의 길.
### 감옥에서 세상으로, 세상에서 천국으로

PFI의 궁극적인 비전은 단순히 '갇힌 자의 교화'가 아니다. 그것은 '복음 안에서의 전인적 회복'이다. "감옥에서 끝나지 않는 삶, 사람이 다시 사람답게 서는 길."

PFI는 오늘도 그 길을 전 세계에서 만들어 가고 있다. 눈물과 회개의 현장, 기도와 찬양이 있는 교정 사역은 세상 어디에도 없는 하나님의 회복 교실이다.

PFK 역시 이 흐름 속에서 한국의 교정 선교가 "회개와 용서, 책임과 화해"의 본이 되도록 그 길을 걸어가고 있다.

복음은 감옥의 문을 열고, 회개는 영혼의 사슬을 끊는다. 그리고 화해는 새로운 공동체를 세운다. PFI의 사역은 그 진리를 오늘도, 세계 곳곳에서 증언하고 있다.

# 41
## PFK(한국교도협회), 한국 교정 선교의 동행과 새로운 지평

### :: 설립 배경. 갇힌 자를 위한 복음의 부르심

국제교도협회(PFI)의 세계적 흐름 속에서, 한국의 교정 사역은 2021년 새로운 전환점을 맞았다. 곽성훈 대표는 회심 이후 복음으로 변화된 수많은 수감자를 보며, "갇힌 자를 위한 복음의 사명"이 한국 교정 현장에도 본격적으로 심어져야 함을 확신했다.

그는 2018년 소망교도소 김영식 소장을 통해 국제교도협회(PFI)의 사역을 접했고, 세계 각국의 Faith-Based Correction 모델과 회복적 정의(RESTORATIVE JUSTICE)의 원리를 배우며 한국형 교정선교 모델의 필요성을 절감했다.

이에 2021년, Prison Fellowship Korea(PFK)가 공식 설립되었다. PFK는 국제교도협회(PFI)의 정회원으로, 120여 개 회원국과 함께 복음·회복·책임·화해의 4대 핵심 가치를 공유하며 한국적 문화와 신앙 현실에 맞는 신앙기반 교정선교(Faith-

Based Prison Ministry)를 펼치고 있다.

### :: 협력과 확장. 오네시모 선교회와의 동행

　PFK의 여정은 결코 혼자가 아니었다. 곽성훈 대표는 미국 LA 시절, 한국인 재소자를 유일하게 찾아가 면회했던 '그 이름 없는 목사님'의 이야기를 오래도록 기억하고 있었다. 그리고 마침내, 2021년 미국 방문 중 오네시모 선교회의 김석기 목사를 직접 만나게 되었다. 그 만남은 단순한 인연이 아니라, 하늘이 잇는 사명적 연결이었다.

　김석기 목사는 오랜 세월 미국 교도소 사역 현장에서 복음으로 갇힌 자를 섬겨 온 선교의 선배였고, 그의 헌신은 PFK가 지향하는 사역의 본이 되었다. 이후 두 사역은 연합하여 한국과 미국을 잇는 교정선교의 다리를 놓았다. 2023년, PFK와 오네시모 선교회는 KWMC(한인세계선교대회)에서 '마약 · 교도소 사역' 부스를 공동 운영하며 Faith-Based Rehabilitation(신앙기반 재활센터) 비전을 함께 나누었다.

　이 협력은 앞으로 한국-미주 교정선교 네트워크 구축의 초석이 되고 있다.

### :: 주요 사역. 복음과 회복, 책임과 화해

　PFK의 모든 사역은 "사람이 다시 사람답게 서는 길"이라는 복음적 회복의 비전 위에 세워져 있다.

① 교정기관 복음사역
  - 춘천교도소, 소년원, 소망교도소 등에서 정기 예배·교화 프로그램 운영
  - 큐티(Quiet Time), 찬양예배, 그룹 나눔을 통해 수감자의 정서 안정 및 영적 성숙 도모
② 회복적 정의 프로그램
  - 청취자의 길(The Listener's Way) : 수감자가 자신의 삶을 돌아보고, 타인의 이야기를 경청하며 회복적 소통을 배우는 과정
  - 삭개오 프로젝트(Zacchaeus Project) : 가해자와 피해자 사이의 진정한 화해를 추구하는 '회복적 만남' 프로그램
③ 가족 회복 사역
  - 엔젤트리(Angel Tree) : 가족에게 선물과 편지를 전달하며, 하나님의 사랑과 공동체의 품을 경험하게 하는 사역

이러한 사역은 교도소 내 단순한 '교화 프로그램'이 아니라, 복음에 기초한 '회복과 화해의 실천 운동'이다.

## :: 문화사역, 담장을 낮추는 복음의 통로

PFK는 한국이 가진 문화적 강점을 복음 전파의 도구로 삼고 있다. '문화와 복음의 결합'을 통해, 세상과 교정 현장의 담장을 낮추는 사역을 지속적으로 확장 중이다.

- 간증 콘서트 / 토크 콘서트 : 배우, 가수, 예술가들이 함께하는

복음 스토리텔링 무대
- **음악회 / 예술 워크숍** : 수감자와 가족이 함께하는 창작 예배, 찬양 워십
- **홍보대사 사역** : 배우 양동근, 가수 소향, 전 헤리티지 멤버 이철규 형제 등 문화계 크리스천들이 PFK와 함께 회복의 메시지를 전하고 있다.

문화사역은 단지 공연이 아니라, "예술로 복음을 체험하고, 예배로 삶을 새롭게 하는 회복의 장"이다.

## :: Faith-Based Rehabilitation Vision (신앙기반 재활센터의 비전)

PFK는 단순히 '수감자의 복귀'를 넘어, '신앙을 통한 전인적 회복'을 목표로 한다. 이를 위해 Faith-Based Rehabilitation Center(신앙기반 재활센터) 설립을 추진 중이다. 이곳은 단순한 사회복귀 시설이 아닌, 말씀·기도·공동체·직업훈련이 통합된 영적 재활의 플랫폼이 될 것이다.

- 1단계 : 교정기관 내 영성·상담 프로그램
- 2단계 : 출소 후 거주 및 직업훈련
- 3단계 : 신앙공동체 정착과 멘토링 시스템

PFK는 이 과정을 통해 수감자가 단순히 '사회로 돌아가는 것'이 아니라 '하나님의 사람으로 새롭게 서는 것'을 목표로 한다.

## :: 한국 교정선교의 새로운 길

PFK의 비전은 분명하다. "감옥에서 끝나지 않는 삶, 사람이 다시 사람답게 서는 길." 이 길은 복음의 능력으로 죄의 굴레를 끊고, 상처를 치유하며, 잃어버린 정체성을 회복시키는 여정이다.

PFK는 오네시모 선교회와 함께 한국 교정선교의 새로운 지평(New Horizon)을 열고 있다. 복음으로 회복된 한 영혼이 또 다른 영혼을 세우는 일, 그 순종의 발걸음이 오늘도 교도소 담장을 넘어, 세상을 향해 나아가고 있다.

왼쪽부터 PFK 곽성훈 대표, 관계자(외국 분),
김경숙 사모, 김석기 목사, 소망교도소 김영식 소장, PFK 제이원 사무국장

## 42
## PFK 제이원 목사,
## 예비된 인연 위에 세워진 교정사역의 유업

### 하나님의 무대 위에서

나와 곽성훈 대표의 만남은 우연이 아니었다. 그것은 마치 오래전부터 이미 써 내려간 대본처럼, 하나님께서 정교하게 짜놓으신 무대 위의 한 장면이었다. 돌이켜보면 그 순간은 하나의 해프닝이 아니라, 분명한 섭리였다.

나는 교포 목회자였지만, 사실 이사야 61장이 선포하는 '가난한 자, 소외된 자, 억눌린 자, 이방인'에게는 깊은 관심을 두지 못했다. 내 마음의 불꽃은 늘 '다음 세대'에 있었고, 어린 시절부터 품어온 문화사역의 비전을 통해 그 길을 걸으리라 믿었다.

그러던 어느 날, 기독교 영화를 제작하는 분을 만나게 되었다. 그 인연으로, 나는 낯설지만 운명처럼 다가온 프로젝트 〈블랙가스펠〉과 연결되었다.

## 영화 〈블랙가스펠〉과의 여정, 그리고 곽성훈 대표

그 길은 2010년, 뉴욕 할렘으로 이어졌다. 나의 마음 속에 자리한 질문은 단순했지만 무겁고 깊었다. "흑인들의 노래에서 터져 나오는 그 영혼의 울림은 어디에서 비롯되는가?" 그 해답은 그들의 역사 속에 있었다.

블랙가스펠(흑인영가)의 뿌리는 노예 생활의 한(恨) 같은 아픔에서 시작되었다. 인간의 존엄을 짓밟힌 억압의 역사, 이름조차 빼앗긴 채 하루하루를 버텨야 했던 그들의 삶 속에서, 붙잡을 수 있었던 유일한 빛은 하나님이었다.

그들의 노래는 단순한 선율이 아니라, 울부짖음이자 기도였다. 밭에서 채찍에 맞으며 토해낸 노래, 새벽의 눈물로 흥얼거린 선율은 억눌린 영혼의 절규이자, 여전히 살아 있는 믿음의 고백이었다. 그래서 블랙가스펠은 단순한 음악 장르가 아니다. 그것은 고난 중에도 하나님을 붙든 자들의 간증이며, 찢겨진 심령에서 솟구쳐 나온 믿음의 외침이다.

나는 바로 그 신앙의 진액을 직접 마주하고 싶었다. 단순히 리듬을 배우고 기교를 익히는 차원이 아니라, 그들의 노래 속에 스며든 영혼의 떨림을 만나고 싶었다. 그래서 배우 양동근, 정준, 김유미, 그리고 국내 유일의 블랙가스펠 그룹 '헤리티지'와 함께 2010년의 할렘으로 향했다.

그곳에서 우리는 그들의 삶 속으로, 교회와 무대 한가운데로 뛰어들었다.

그 여정 가운데, 나는 곽성훈 대표를 만났다. 그는 원래 LA로 향하던 길에 잠시 뉴욕에 머물렀고, 하나님의 인도하심 속에 며칠 동안 우리와 숙소를 함께하게 되었다. 저녁이면 같은 방을 썼는데, 그의 얼굴에는 내려놓지 못한 긴장과 불안이 묻어 있었다. 겉으로는 웃고 있었지만, 인생의 무거운 짐을 홀로 감당하는 듯한 모습이었다.

나는 조심스레 틈을 내어 하나님의 위로와 은혜에 대해 이야기했다. 흑인들이 노래를 통해 한을 토해내며 은혜를 경험했듯, 곽 대표 또한 예수님의 손길로 깊은 위로를 받기를 간절히 바랐다. 며칠 뒤, 그는 뉴욕을 떠나 LA로 향했다.

짧은 만남이었지만 그 인연은 내게 오래 남았다. 그것은 하나님께서 준비하신 무대 위, 한 편의 은혜로운 장면이었다.

### 광야의 골짜기에서 피어난 부르심

〈블랙가스펠〉 촬영 후 나는 한국에 남게 되었다. 뜻하지 않게 서울에서 작은 기도 모임을 인도하게 되었고, 그 모임은 차츰 사람들을 불러 모았다. 교회를 세울 계획은 없었지만, 어느새 나는 담임 목사가 되어 있었다.

작은 교회였지만 성령님의 역사는 놀라웠다. 병든 자가 회복되고, 눈물로 예배하던 성도가 말할 수 없는 평강을 체험했다. 그러나 기적의 시간 뒤에는 누구도 예상치 못한 고난이 숨어 있었다.

어느 날, 한 청년을 돕다 뜻밖의 사건을 당했다. 마약 테러였다. 그 일로 사역도, 교회도, 가정도, 마음의 기반도 한순간에 무너졌다. 견딜 수 없던 나는 결국 하와이로 향했다.

하와이의 바다는 찬란했지만, 내 마음은 돌처럼 무거웠다. 하루하루는 무의미하게 흘렀고, 나는 그저 죽을 날짜만 세고 있었다. 그때 나는 절규했다. "하나님, 왜 저를 이렇게 부수셨습니까? 왜 모든 것을 잃게 하셨습니까?"

그 순간, 오랫동안 멀리 두었던 이사야 61장의 말씀이 내 영혼을 파고들었다.

"주 여호와의 영이 내게 임하셨으니, 이는 여호와께서 내게 기름을 부으사 가난한 자에게 아름다운 소식을 전하게 하려 하심이라. 나를 보내사 마음이 상한 자를 고치며, 포로 된 자에게 자유를, 갇힌 자에게 놓임을 선포하게 하려 하심이라."

나는 이 말씀을 수없이 설교했지만, 정작 내 삶에서는 멀리 두고 있었다. 그때 깨달았다. 누구보다 가난하고, 누구보다 상한 자가 바로 나 자신이었다는 것을.

그때 한국에서 한 믿음의 동역자로부터 한 통의 전화가 걸려왔다. 그는 내 형편을 꿰뚫고 있었고, 즉시 나를 한국으로 불러들였다. 나는 부산의 한 병원에 입원했고, 그곳에서 하나님이 나를 완전히 버리지 않으셨음을 깨달았다.

그리고 놀라운 일은 이어졌다. 내가 입원한 병실에는, 오래전

뉴욕에서 만났던 곽성훈 대표님이 계셨던 것이다. 그는 얼마 전 다리를 다쳐 수술을 받고 회복 중이었다. 우리는 뜻밖의 재회를 하게 되었다. 뉴욕에서의 만남이 잠시 스쳐 간 인연인 줄 알았는데, 하나님은 그 인연을 다시 이어주셨다. 나는 영혼과 육체가 동시에 무너져 병원에 있었고, 그는 다리의 상처를 회복하며 같은 병실에 누워 있었다. 이번에는 상황이 역전되었다. 과거 뉴욕에서는 내가 그의 마음을 어루만졌다면, 부산에서는 그가 내 상처를 품어 주었다. 그 병실은 고통과 회복이 교차하는 자리였고, 하나님의 새로운 역사가 싹트는 공간이었다.

그때 곽 대표는 이미 Jesus Blood Army Ministry (JBAM)를 세우고, 예수의 보혈로 무너진 영혼을 다시 세우는 사역을 하고 있었다. 거리의 청년들, 중독자, 출소자, 이방인들… 그는 세상에서 잊힌 자들을 찾아가 "예수의 보혈은 여전히 능력이 있다"고 선포하고 있었다.

그의 사역은 화려하지 않다. 그러나 찬양과 말씀, 치유의 기도를 통해 수많은 영혼이 다시 일어서는 기적이 일어나고 있다. 그의 삶 속에는 이사야 61장이 약속한 복음의 능력이 실제로 살아 움직이고 있었다. "가난한 자에게 기쁜 소식을, 상한 마음에 고침을, 포로 된 자에게 자유를, 갇힌 자에게 놓임을 선포하는" 그 말씀은, 곽성훈 대표님의 삶과 JBAM 사역 안에서 지금도 실제로 이루어지고 있는 것이다.

그 후 나는 그의 도움으로 부산의 작은 오피스텔에서 1년 동안 지냈다. 세상과 단절된 고독의 시간 속에서, 나는 낙동강을 따라 걷고, 하나님과 씨름하며, 다시 한 번 '상한 심령을 고치시는 하나님'을 배웠다.

그 곁에는 언제나 곽성훈 대표가 있었다. 그는 억지로 나를 일으키지 않고, 조용히 곁을 지키며 밥을 챙겨주었다. 그의 존재는 내게 하나님의 은혜 손길처럼 느껴졌다.

그 1년은 고통스러웠지만, 지금 돌이켜보면 하나님께서 나를 다시 빚으신 은혜의 시간이었고, 상처가 끝이 아니라 새로운 부르심을 준비하는 회복의 광야였음을 깊이 깨닫는다.

### 부르심의 회복과 교정사역의 유업

2023년, 부산에서 긴 회복의 시간을 마무리하고 나는 다시 서울로 올라왔다. 곽성훈 대표는 Prison Fellowship International(PFI) 본부를 다녀온 뒤, 한국에 Prison Fellowship Korea(PFK)를 설립하며 본격적인 교정 사역을 시작하게 되었다. 그는 내게 말했다.

"소망교도소에서 PFI 교육 프로그램인 '청취자의 길(The Listener's Way)' 프로그램을 시작하려 합니다. 직접 맡아 주시겠습니까?"

그 부탁은 단순한 제안이 아니었다. 다시 일어나 새로운 사명의 길로 나아가라는 하나님의 부르심이었다.

나는 소망교도소에 상주하며 교정 사역을 시작했다. '청취자의 길'은 단순한 교육이 아니라, 경청을 통한 치유의 여정이었다. 누가복음을 기반으로 서로의 이야기를 진심으로 듣고, 자기 삶을 성찰하며, 하나님과 사람 앞에서 마음을 여는 시간이었다.

수형자들은 말하고 싶어 하지만, 정작 들어주는 이는 없다. 이 프로그램은 그 침묵 속에서 귀 기울이는 법을 가르치며, 관계의 회복과 영혼의 변화를 이끌었다.

그곳에서 나는 김영식 소장을 만나 '회복적 사법(Restorative Justice)'의 비전을 배웠다. 교도소가 단순한 통제의 공간이 아니라, 회복과 부흥의 공동체가 되어야 한다는 그의 말은 내 마음을 크게 울렸고, 교정 사역을 바라보는 시야를 넓혀 주었다.

나는 종종 옥상에 올라 감옥 전체를 바라보며 기도했다. "주님, 부흥이 감옥에도 임할 수 있겠습니까?" 그러면 마음 깊은 곳에서 응답이 들렸다. "부흥은 감옥에도 임할 수 있다."

그 순간, 나는 확신했다. 내 사명은 단순한 프로그램 운영이 아니라, 부흥을 준비하는 일이었다. 2024년, 남가주 사랑의교회에서 열린 KWMC 세계선교대회에서 처음으로 '교정사역'이 공식 세미나 주제로 다뤄졌다. 그 자리에서 나는 김영식 소장, 곽성훈 대표, 그리고 오네시모 선교회의 김석기 목사를 만났다. 교정사역이 세계 선교대회의 무대 위에서 선포되는 그 순간은, 마치 하나님께서 오랫동안 준비해 오신 한 장면을 보는 듯했다.

세미나가 끝난 저녁, 우리는 목사님의 집에 초대받았다. 목사님의 식탁에 둘러앉아 나눈 대화는 단순한 교류의 자리가 아니었다. 그것은 오랜 세월 감옥을 누비며 흘린 눈물과 기도의 간증이 고스란히 담긴 시간이었고, 하나님의 마음을 나누는 성스러운 교제였다. 김석기 목사님은 조용히 그러나 힘 있게 자신의 이야기를 풀어내셨다. 오네시모의 길, 버려진 자들을 향한 복음.

"감옥은 세상이 버린 곳이지만, 하나님은 결코 버리지 않으십니다." 목사님의 첫마디는 깊은 울림으로 우리 마음에 새겨졌다.

1994년, 그는 오네시모 선교회를 세우며 감옥 안에서도 복음이 흘러가야 한다는 소명으로 사역을 시작했다. 이 사역의 출발점에는 한 가지 확신이 있었다. 이름 없는 죄수, 세상으로부터 낙인찍히고 잊혀진 이들도, 사도 바울의 편지 속 오네시모처럼 복음을 통해 새롭게 될 수 있다는 믿음이었다.

그는 캘리포니아 전역의 교도소를 직접 찾아가 예배를 인도하고, 재소자들과 상담하며, 복음을 전했다. 또한 통신 성경대학을 개설하여 수형자들이 감옥 안에서도 말씀을 배우고 신앙으로 성장할 수 있도록 도왔다. 쇠창살 너머로 건네진 한 장의 편지와 한 권의 교재에는 단순한 종이가 아닌, "하나님께서 너를 잊지 않으셨다"는 살아 있는 메시지가 담겨 있었다.

그 사역의 현장에는 수많은 간증이 흘러나왔다. "목사님, 저는 가족에게도, 세상에게도 버림받은 줄 알았습니다. 그러나 말씀을 배우며 알게 되었습니다. 하나님은 저를 결코 버리지 않으셨습니다. 저는 여전히 하나님의 자녀입니다."

어떤 재소자는 이렇게 고백하며 눈물을 흘렸고, 또 다른 이는 동료 수감자들을 모아 성경공부 모임을 시작하며 감옥 안에 작은 교회 공동체를 세워 갔다.

오네시모 선교회의 사역은 감옥이라는 가장 낮고 어두운 자리에서 오히려 가장 뜨겁고 밝은 부흥의 불꽃을 일으켜 왔다. 매년 열리는 후원 음악회는 단순히 재정을 모으는 행사가 아니라, 한인 교회와 성도들이 한마음으로 모여 "너희는 혼자가 아니다"라는 복음의 메시지를 세상과 교도소 안에 동시에 선포하는 은혜의 장이었다. 그날 울려 퍼진 찬양은 하늘로 올려졌다가 다시 감옥으로 흘러들어, 메마른 영혼을 적시는 은혜의 강물이 되었다.

그날 저녁 식탁에서 김석기 목사님의 간증을 들으며, 우리는 모두 마음이 뜨거워졌다. 교정사역은 단순한 사회봉사가 아니라, 하나님의 눈물과 사랑이 가장 낮은 곳으로 흘러가는 선교였다. 김영식 소장님은 소망교도소의 회복적 사법 비전을 나누셨고, 곽성훈 대표님은 한국 교정사역의 미래를 이야기하셨다. 그리고 목사님은 끝내 이렇게 말씀하셨다.

"이 사역은 한 세대에서 끝날 수 없습니다. 누군가가 반드시 유업을 이어받아야 합니다. 다음 세대가 감옥으로 들어가 복음을 전하고, 잊힌 자들을 찾아야 합니다."

그 말씀 앞에서 방 안은 고요해졌다. 그러나 곧 곽성훈 대표님이 단호하게 고개를 끄덕이셨고, 힘 있게 대답하셨다. 나 또한 깊은 떨림 속에서 고백했다. "목사님, 우리가 그 유업을 받겠습니다."

그 순간은 단순한 약속이 아니었다. 그것은 한 세대가 흘린 눈물과 기도의 씨앗을 다음 세대가 이어받는, 하나님 앞의 거룩한 서약이었다. 그날 밤 김석기 목사님의 집은 작은 교회가 되었고, 우리는 함께 무릎 꿇어 기도하며 감옥이라는 어두운 골짜기에도 부흥의 불길이 타오를 것을 믿고 선포했다.

나는 그날을 잊을 수 없다. 오네시모의 길을 열었던 선배 세대의 헌신 위에, 이제 우리의 발걸음이 이어지고 있다. 그것이 바로 하나님의 눈물로 시작된 우리의 사명이었다.

### 앞으로의 다짐

유업을 잇겠다고 고백한 그날 이후, 나는 매일 같은 질문으로 새벽을 연다. "주님, 오늘도 감옥의 문이 아닌 마음의 문부터 열게 하소서."

나는 약속한다. 첫째, 겸손과 기도로 시작하겠다. 프로그램보다 임재가 먼저이고, 성과보다 순종이 먼저임을 잊지 않겠다. 매일 말씀과 회개로 컵을 비우고, 성령의 생명수가 흐를 자리를 남겨 두겠다.

둘째, 회복적 사법의 길을 꾸준히 밟겠다. 가해자·피해자·공동체가 함께 치유되는 길을 현장에서 검증하고, **'청취자의 길(The Listener's Way)'**을 표준화·현지화해 더 많은 교도소와 보호관찰 현장에 뿌리내리게 하겠다. 경청으로 시작해 책임과 화해로 끝나는 훈련을 일상화하겠다.

셋째, 가정까지 동행하겠다. 수형자만이 아니라 배우자와 자녀, 부모를 향한 돌봄을 강화하고, 애도와 트라우마, 교육 공백을 메우는 실질적 지원을 만들겠다. "한 사람의 회복이 한 가정의 복음"이 되도록 가족 모임·멘토링·기도망을 촘촘히 엮겠다.

넷째, 피해자 치유를 우선순위에 두겠다. 피해자의 이름을 잊지 않고, 그들의 안전과 회복을 위한 동반자이겠다. 필요하면 말 대신 침묵으로, 조언 대신 경청으로, 제도와 자원을 연결하는 손발이 되겠다.

다섯째, "신앙기반 재활(Faith-Based Rehabilitation)"을 현실로 세우겠다. PFK·오네시모와 연대하여 중독 회복·직업 재훈련·주거·멘토십이 묶인 통합 모델을 구축하고, 지역 교회와 기업, 자원봉사 네트워크를 잇겠다. "출소 후 1년의 고비"를 함께 넘는 시스템을 만들겠다.

여섯째, 문화사역으로 담장을 낮추겠다. 노래와 증언, 토크와 예술을 통해 교도와 시민이 같은 공간에 앉아 듣고 울며 배우게 하겠다. 낙인 대신 이야기, 두려움 대신 이해가 흐르는 자리들을 꾸준히 열겠다.

일곱째, 투명성과 책무성을 지키겠다. 재정과 성과를 정직하게 공개하고, 실패도 숨기지 않겠다. 하나님 앞과 사람 앞에서 깨끗이 운영하며, 한 영혼을 위한 작은 비용도 기도로 집행하겠다.

여덟째, 다음 세대를 세우겠다. 청년 사역자·평신도 리더·교정 전문 인력을 장기 로드맵으로 양성하고, 현장 실습·코호트

훈련·공동 연구로 배움을 축적하겠다. "유업이 끝나지 않도록" 사람을 남기겠다.

아홉째, 연합을 선택하겠다. PFK와 오네시모, 소망교도소와 지역 교회, 국내외 교정 네트워크와 한 몸처럼 협력하겠다. 이름보다 사명을 앞세우고, 공로보다 열매를 택하겠다.

마지막으로, 부흥을 준비하겠다. 감옥이라는 특수한 장소에도 성령이 임하시면, 돌 같은 마음이 살처럼 변하고, 원망이 감사로, 단절이 화해로 바뀌는 것을 나는 보았다. 그래서 오늘도 옥상에서, 면회실 앞에서, 예배실 끝자리에서 조용히 고백한다.

"주님, 부흥이 감옥에도 임할 수 있습니다. 저를 그 준비에 쓰소서."

나의 길은 이제 분명하다. 나는 들을 것이다. 더 낮아질 것이다. 그리고 끝까지 동행할 것이다. 유업을 잇는 순종이 한 영혼, 한 가정, 한 도시를 살리는 씨앗이 되도록. 하나님이 예비하신 인연 위에, 오늘도 작은 한 걸음을 떼겠다.

정로로 가라.
이는 선한 길이니
너희 심령이 평강을 얻으리라
렘 6:16

나는 정로로 가지 않았습니다.
아니,
정로가 어딘지도 몰랐습니다.
그러나 하나님께서는
제 삶을 다루시고 간섭하시며
결국 올바른 길로 인도하셨습니다.
우리의 여정이
광야와 감옥을 지나더라도,
주님은 끝까지
정로의 길로 이끄십니다.

| 에필로그 |

## 삶과 사역의 고백
## 독자에게 보내는 메시지

돌아보니 제 인생은 언제나 하나님의 손에 있었습니다.

제가 정로를 알지 못했을 때에도, 때로는 어리석은 비둘기처럼 애굽과 앗수르를 향해 눈먼 걸음을 걸었을 때에도, 하나님은 저를 결코 놓지 않으셨습니다.

광야 같은 이민자의 삶, 무너지고 흩어진 가정, 끝이 보이지 않던 감옥의 문, 그리고 수많은 눈물과 절망의 순간들. 그러나 그 모든 길 위에서 하나님은 새로운 소망을 열어 주셨습니다. 광야는 단순한 고난이 아니라 훈련의 장이었고, 감옥은 절망의 자리가 아니라 복음의 통로였습니다. 하나님께서는 제가 가야 할 길을 다듬으시고, 오직 주님의 은혜로 오늘까지 인도하셨습니다.

사역을 이어오며 깨달은 것이 있다면, 그것은 결과는 우리의 몫이 아니라는 것입니다. 우리는 다만 순종하여 씨앗을 뿌릴 뿐, 자라게 하시는 분은 하나님이십니다. 때로는 바위 위에 떨어진 것 같은 씨앗도, 눈물을 흘린 기도도, 하나님의 때에 싹을 틔우고 열매를 맺었습니다.

　오늘 이 글을 읽는 여러분에게도 권하고 싶습니다.
　인생의 길이 막혀 보여도, 억울한 일에 마음이 무너져도, 끝까지 하나님 붙드시기를 바랍니다. "정로로 가라." 주님이 친히 이끄시는 그 길은 비록 좁고 험할지라도, 결국 평강과 생명의 길로 이어집니다.
　김경숙 사모와 함께 걸어온 지난 세월은, 부족한 우리를 사용하신 하나님 은혜의 증거입니다. 우리는 오직 주님의 은혜로 여기까지 왔습니다. 그리고 이제는 고백합니다.
　우리는 아무것도 없는 자 같으나, 모든 것을 가진 자로다
　| 고후 6:10

　이 책을 덮는 순간, 독자 여러분의 마음에도 같은 고백이 울려 퍼지기를 바랍니다.
　주님이 지금도 우리와 함께하시며, 정로의 길로 인도하십니다.
　아멘.